A TITRE LIMINAIRE
A L'ATTENTION DES CANDIDATS LECTEURS

La réussite aux épreuves d'admissibilité et d'admission notamment des chefs de service de police municipale dépend de différents paramètres que s'efforce de présenter cet ouvrage. D'abord, les épreuves écrites et aussi les épreuves orales suppose des connaissances, mais sans être seulement des épreuves de connaissances ! Ensuite, elles exigent la motivation que tout candidat possède bien sûr. Pour autant, la motivation passe par d'autres moyens que la simple affirmation par les candidats. Enfin, cet examen exige des compétences. C'est une règle de bons sens qu'il convient de rappeler car... l'habit (l'uniforme au cas d'espèce) ne fait pas le moine !

Il est donc nécessaire de rappeler que les examens et concours ont pour but d'apprécier une aptitude, une capacité à maîtriser son stress, et à encadrer une équipe, dans un environnement territorial où le chef de service sera une aide à la décision d'un élu. Chaque candidat doit être dans une posture de conviction, et ne pas laisser paraître dans les écrits ou la parole ni dans la gestuelle le stress, l'anxiété ou le fait qu'il existe le moindre doute.

Être motivé c'est y croire !

SOMMAIRE DE L'OUVRAGE

TITRE 1 : LES ÉPREUVES ÉCRITES D'ADMISSIBILITÉ

- PARTIE 1 - PRÉSENTATION DES ÉPREUVES D'ADMISSIBILITÉ
- PARTIE 2 – L'ÉPREUVE DE QUESTIONS A RÉPONSE COURTE (QRC)
- PARTIE 3 – L'ÉPREUVE DE CAS PRATIQUE (EXAM PRO)
- PARTIE 4 – L'ÉPREUVE DE NOTE AVEC SOLUTIONS OPÉRATIONNELLES (CONCOURS, AVANCEMENT DE GRADE)

TITRE 2 : LES ÉPREUVES ORALES D'ADMISSION

- PARTIE 1 - PRÉSENTATION DES ÉPREUVES D'ADMISSION
- PARTIE 2 - RÉUSSIR L'ÉPREUVE DE LANGUE VIVANTE
- PARTIE 3 - PRÉPARER UNE PRÉSENTATION PERTINENTE POUR L'ORAL
- PARTIE 4 - COMPRENDRE COMMENT RÉPONDRE AUX QUESTIONS DU JURY
- PARTIE 5 – L'ENCADREMENT

TITRE 3 : CONNAISSANCES, RÉVISIONS, ENTRAINEMENTS

- PARTIE 1 - CONNAISSANCES DE BASE : ORGANISATION DE LA SÉCURITÉ EN FRANCE
- PARTIE 2 : CONNAISSANCES DE BASE : ÉTAT & COLLECTIVITÉS TERRITORIALES
- PARTIE 3 - CONNAISSANCES DE BASE : LA POLICE MUNICIPALE
- PARTIE 4 - CONNAISSANCES DE BASE : LA FONCTION PUBLIQUE TERRITORIALE
- PARTIE 5 : CONNAISSANCES DE BASE : DROIT PÉNAL, PROCÉDURE PÉNALE, JUSTIVE
- PARTIE 6 - QUESTIONS POUR S'ENTRAINER : DÉCOUPER, PLIER ET TIRER AU SORT !
- PARTIE 7 - ÉLÉMENTS DE CORRECTION POUR S'AUTO-ÉVALUER
- PARTIE 8 - TEXTES INCONTOURNABLES POUR ALLER PLUS LOIN

TITRE 1
LES ÉPREUVES ÉCRITES D'ADMISSIBILITÉ

PARTIE 1
PRÉSENTATION DES ÉPREUVES ÉCRITES D'ADMISSIBILITÉ

CHAPITRE 1

LE TEST PSYCHOLOGIQUE PRÉALABLE POUR LE CONCOURS

Le décret n° 2011-444 du 21 avril 2011 portant statut particulier du cadre d'emplois des chefs de service de police municipale précise en son article 4 : « *Peuvent seuls être admis à concourir les candidats ayant satisfait à un test destiné à permettre une évaluation de leur profil psychologique. Ce test est organisé par les centres de gestion dans des conditions garantissant l'anonymat des intéressés.* » Concernant le concours, l'article 2 du décret n° 2011-445 du 21 avril 2011 sur le programme des épreuves ajoute : « *Avant chaque session de l'un de ces concours, le candidat doit avoir satisfait au test destiné à permettre une évaluation de son profil psychologique prévu à l'article 4 du décret du 21 avril 2011 susvisé. Un psychologue possédant les qualifications requises participe à l'élaboration du test et à l'interprétation de ses résultats.* »

L'objectif de ce test est de repérer les candidats ayant un profil pathologique et donc inadapté à la fonction de chef de service de police municipale ou présentant un profil psychologique de la personnalité, anormal dans les conditions de travail de ce cadre d'emplois. L'idée est donc d'éliminer les extrêmes. Toutefois, le test n'est pas un outil psychiatrique.

Le texte réglementaire en usant des termes « *le candidat doit avoir satisfait au test* » indique implicitement que le test est une épreuve de pré-sélection, de pré-admissibilité, mais ne consiste pas en soi une épreuve au sens réglementaire. La réussite au test délivre l'autorisation à concourir aux épreuves d'admissibilité et d'admission du concours. Le candidat est confronté à une série de questions autour de plusieurs thématiques pour évaluer sa personnalité. De ce test ressort sa capacité et son aptitude à la gestion du stress, l'esprit d'équipe, la disponibilité, la maîtrise de soi ...

CHAPITRE 2

LES ÉPREUVES D'ADMISSIBILITÉ POUR LE CONCOURS

Le décret n° 2011-445 du 21 avril 2011 fixe les modalités d'organisation des concours pour le recrutement des chefs de service de police municipale.

I LE CONCOURS EXTERNE

Le concours externe de recrutement des chefs de service de police municipale comporte des épreuves d'admissibilité et des épreuves d'admission. Les épreuves d'admissibilité comprennent :

1° La rédaction d'une note à partir des éléments d'un dossier portant sur une situation en relation avec les missions du cadre d'emplois. Cette épreuve doit notamment permettre au jury d'apprécier les capacités de synthèse du candidat et son aptitude à élaborer des propositions visant à apporter des solutions aux problèmes soulevés par le dossier précité (durée : trois heures ; coefficient 3) ;

2° Une épreuve écrite consistant en des réponses à des questions de droit public, portant notamment sur le fonctionnement des collectivités territoriales et les pouvoirs de police du maire, et à des questions de droit pénal (durée : trois heures ; coefficient 3).

II LE CONCOURS INTERNE

Le concours interne de recrutement des chefs de service de police municipale comporte des épreuves d'admissibilité et des épreuves d'admission. Les épreuves d'admissibilité comprennent :

1° La rédaction d'une note à partir des éléments d'un dossier portant sur une situation en relation avec les missions du cadre d'emplois. Cette épreuve doit notamment permettre au jury d'apprécier les capacités de synthèse du candidat et son aptitude à élaborer des propositions visant à apporter des solutions aux problèmes soulevés par le dossier précité (durée : trois heures ; coefficient 3) ;

2° Une épreuve écrite consistant en des réponses à des questions de droit public, portant notamment sur le fonctionnement des collectivités territoriales et les pouvoirs de police du maire, et à des questions de droit pénal (durée : trois heures ; coefficient 2).

III LE TROISIEME CONCOURS

Le troisième concours de recrutement des chefs de service de police municipale comporte des épreuves d'admissibilité et des épreuves d'admission. Les épreuves d'admissibilité comprennent :

1° La rédaction d'une note à partir des éléments d'un dossier portant sur une situation en relation avec les missions du cadre d'emplois. Cette épreuve doit notamment permettre au jury d'apprécier les capacités de synthèse du candidat et son aptitude à élaborer des propositions visant à apporter des solutions aux problèmes soulevés par le dossier précité (durée : trois heures ; coefficient 3) ;

2° Une épreuve écrite consistant en des réponses à des questions de droit public, portant notamment sur le fonctionnement des collectivités territoriales et les pouvoirs de police du maire, et à des questions de droit pénal (durée : trois heures ; coefficient 2).

CHAPITRE 3
LES ÉPREUVES D'ADMISSIBILITÉ POUR L'EXAMEN PROFESSIONNEL PAR PROMOTION INTERNE

Deux épreuves écrites

Le décret n° 2011-448 du 21 avril 2011 fixe les modalités d'organisation de l'examen professionnel. Les épreuves d'admissibilité comprennent :

1° Un questionnaire appelant des réponses courtes portant sur l'organisation de la sécurité et sur les pouvoirs de police du maire (durée : deux heures ; coefficient 2) ;

2° La résolution d'un cas pratique à partir des éléments d'un dossier portant sur les missions incombant aux chefs de service de police municipale.

Cette épreuve doit permettre d'apprécier les capacités d'analyse du candidat et son aptitude à rédiger des propositions de solutions aux problèmes soulevés par le dossier précité (durée : deux heures; coefficient 1).

CHAPITRE 4

CHEF DE SERVICE DE POLICE MUNICIPALE PRINCIPAL DE 1ERE CLASSE ET 2ème CLASSE

L'épreuve écrite Chef de service principal de 1ère classe

Pour cet examen professionnel, l'épreuve écrite consiste en la rédaction d'un rapport à partir des éléments d'un dossier portant sur la réglementation relative à la police municipale territoriale, assorti de propositions opérationnelles. La durée est de 3 heures et affecté d'un coefficient 1.

Il est attribué à cette épreuve une note allant de 0 à 20. Chaque note est multipliée par le coefficient correspondant. Ne participent à l'épreuve orale que les candidats ayant obtenu une note au moins égale à 5 sur 20 à l'épreuve écrite.

L'épreuve écrite Chef de service principal de 2ème classe

Elle consiste en la rédaction d'un rapport à partir des éléments d'un dossier portant sur la réglementation relative à la police municipale, assorti de propositions opérationnelles. La durée est de 3 heures et affecté d'un coefficient 1.

Il est attribué à cette épreuve une note allant de 0 à 20. Chaque note est multipliée par le coefficient correspondant. Ne participent à l'épreuve orale que les candidats ayant obtenu une note au moins égale à 5 sur 20 à l'épreuve écrite.

CHAPITRE 5

LES ÉPREUVES PHYSIQUES APRES LES ÉCRITS

I UNE ÉPREUVE OBLIGATOIRE D'ADMISSION : EXTERNE ET TROISIEME CONCOURS

Des épreuves physiques (coefficient 1) sont identiques pour tous les concours. L'arrêté du 20 janvier 2000 fixe le programme des épreuves des concours pour le recrutement des chefs de service de police municipale. Les épreuves physiques se déroulent selon les modalités suivantes :

1. Épreuve de course à pied : 100 m.

2. Autres épreuves physiques :

-soit saut en hauteur ;

-soit saut en longueur ;

-soit lancer de poids (6 kg pour les hommes ; 4 kg pour les femmes) ;

-soit natation (50 m nage libre, départ plongé).

Les barèmes de notation se réfèrent aux conditions de déroulement des exercices physiques définies par les règlements en vigueur dans les fédérations françaises d'athlétisme et de natation. La notation des épreuves est assurée par un groupe de correcteurs nommés à titre d'experts sous l'autorité du président du jury. Si, par la suite des conditions atmosphériques, les installations sportives sont impraticables, certains des exercices peuvent être reportés à une date ultérieure par décision du président.

La somme des points de cotation obtenus dans les deux exercices est majorée d'un demi-point par année d'âge au-dessus de 28 ans chez les femmes et de 30 ans chez les hommes, dans la limite de 10 points, l'âge des candidat(e)s étant apprécié à la date de l'ouverture du concours. Cette somme est divisée par deux pour obtenir la note finale du candidat qui ne peut toutefois excéder 20 sur 20.

II UNE ÉPREUVE D'ADMISSION FACULTATIVE : CONCOURS INTERNE ET EXAMEN PROFESSIONNEL

Les épreuves physiques sont facultatives pour les candidats se présentant au concours interne et à l'examen professionnel. Les épreuves sont identiques aux deux autres concours (voir I).

Le barème de notation diffère s'agissant d'une épreuve facultative : seuls les points excédant la note de 10/20 aux épreuves facultatives s'ajoutent au total des notes obtenues aux épreuves obligatoires et sont valables uniquement pour l'admission.

III LES NOTES SUR LES ÉPREUVES SPORTIVES

L'épreuve sportive demande un entraînement qui doit débuter le plus tôt possible de la préparation à l'examen au regard des notations définies.

> *Conseil : Il peut être utile de se rapprocher d'un collègue de la filière sportive de sa collectivité pour de précieux conseils s'agissant des épreuves de lancer de poids ou d'autres épreuves pour le savoir-faire technique.*

Hommes

Note	100 m	Saut en hauteur (en Cm)	Saut en longueur (en M)	Lancer de poids 6kg (en M)	Natation (50 M nage libre)
20	11"7	168	6	11, 50	33"
19	11"8	165	5, 90	11	35"
18	11"9	162	5, 80	10, 50	37"
17	12"1	159	5, 60	10	39"
16	12"2	156	5, 40	9, 55	41"
15	12"4	151	5, 20	9, 10	43"
14	12"6	147	5, 00	8, 65	45"
13	12"7	143	4, 80	8, 20	47"5
12	12"9	138	4, 60	7, 75	50"
11	13"1	133	4, 40	7, 30	53"
10	13"3	128	4, 20	6, 90	56"
9	13"4	123	4, 00	6, 50	1'
8	13"6	118	3, 80	6, 15	1'05'
7	13"8	113	3, 60	5, 80	1'10"
6	14"	108	3, 40	5, 45	1'15"
5	14"2	103	3, 20	5, 15	1'20"
4	14"4	98	3, 00	4, 85	1'25"
3	14"6	93	2, 80	4, 56	1'30"
2	14"8	88	2, 60	4, 25	50 M (*)
1	15"	83	2, 40	4	25 M (*)

(*) Sans limite de temps.

Femmes

Note	100 m	Saut en hauteur (en Cm)	Saut en longueur (en M)	Lancer de poids 4kg (en M)	Natation (50 M nage libre)
20	13"3	135	4,20	8	38"
19	13"5	133	4,10	7,75	40"
18	13"7	131	4,00	7,50	42"
17	13"8	129	3,90	7,25	45"
16	14"	127	3,80	7	48"
15	14"2	125	3,70	6,75	51"
14	14"4	122	3,60	6,50	54"
13	14"6	119	3,50	6,25	58"
12	14"8	116	3,40	6	1'02"
11	15"	113	3,30	5,75	1'06"
10	15"2	110	3,15	5,50	1'10"
9	15"4	107	3,00	5,25	1'15"
8	15"6	103	2,85	5	1'20"
7	15"8	99	2,70	4,75	1'26"
6	16"	95	2,55	4,50	1'32"
5	16"3	91	2,40	4,25	1'34"
4	16"6	87	2,20	4	1'38"
3	16"8	83	2,00	3,75	1'44"
2	17"9	79	1,80	3,50	50 M (*)
1	17"3	75	1,60	3,25	25 M (*)

(*) sans limite de temps

Tableau récapitulatif des épreuves

	Épreuves écrites	Épreuves d'admission	Épreuves d'admission facultatives
Concours externe	Note avec solutions opérationnelles QRC	Entretien Epreuves physiques	Langue vivante
Concours interne	Note avec solutions opérationnelles QRC	Entretien	Langue vivante Épreuves physiques
Troisième concours	Note avec solutions opérationnelles QRC	Entretien Epreuves physiques	
Examen professionnel	QRC Résolution d'un cas pratique	Entretien	Langue vivante Épreuves physiques

PARTIE 2
L'ÉPREUVE DE QUESTIONS A RÉPONSE COURTE (QRC)

CHAPITRE 1

UN PROGRAMME INDICATIF

I UNE ÉPREUVE ÉCRITE DE QUESTIONS : QUEZACO ?

Une épreuve écrite

L'épreuve du questionnaire est d'abord une épreuve écrite. Chaque réponse aux questions traitées doit donc être intégralement rédigée sans utilisation de style télégraphique, de prises de notes ou d'utilisation abusive de liste énumérative. Les règles orthographiques et syntaxiques ont leur importance, et à défaut, tout candidat pourrait être pénalisé. Les examinateurs apprécient les qualités rédactionnelles des candidats, et leur capacité à être clair. Ce qui induit la nécessité de présenter les idées de manière cohérente !

Une épreuve de connaissances

Chaque question ne peut être abordée qu'avec des connaissances puisque le candidat ne dispose d'aucun support pour aborder l'épreuve. Un travail en amont de révision et de mémorisation est donc important. Le programme de révision démontre des connaissances ayant une connotation juridique importante. L'emploi d'un vocabulaire précis, de définitions exactes, et des textes de référence (voir de la jurisprudence) est une nécessité pour cette épreuve.

Quel type de questions ?

Chaque question porte sur un aspect du programme (voir ci-après le paragraphe II). L'énoncé peut se présenter sous diverses formes. En voici des exemples tirés d'annales :

1. forme interrogative : Comment s'exerce le contrôle sur les collectivités territoriales ? Quel est le rôle du maire en qualité de Directeur des opérations de secours ? Qu'est-ce que le règlement sanitaire départemental ? Quelle est la différence entre la discrétion professionnelle et le devoir de réserve ? ;

2. forme énumérative : Enumérez les principes budgétaires, Citez trois circonstances aggravantes d'une infraction pénale ;

3. forme définition (souvent à 1 point) : Définissez l'infraction pénale ;

4. forme ouverte (souvent à barème élevé) : La complicité, Le préfet, La faute pénale ;

5. énoncé précis sur des mots clés : Les pouvoirs du maire en matière de police sanitaire, Différence entre déconcentration et décentralisation, Présentez les différences entre l'amnistie, la prescription de la peine et la réhabilitation.

II PROGRAMME QRC POUR LE CONCOURS

L'arrêté du 20 janvier 2000 fixe le programme des épreuves des concours pour le recrutement des chefs de service de police municipale. Le programme est le suivant :

A.-Droit constitutionnel et institutions politiques

Notions générales sur :

> La Constitution, l'organisation de l'Etat, les divers régimes politiques, la souveraineté et ses modes d'expression ;
>
> Les libertés individuelles ; la Cour européenne des droits de l'homme ;
>
> Les institutions politiques françaises actuelles ; la Constitution de 1958, l'organisation des pouvoirs, les rapports entre les pouvoirs.

B.-Droit administratif et institutions administratives

Notions générales sur :

a) L'organisation administrative :

> La décentralisation, la déconcentration, les cadres territoriaux de l'organisation administrative ;
>
> L'administration de l'Etat : administration centrale, services à compétence nationale, services déconcentrés, le préfet ;
>
> Les autorités administratives indépendantes ;
>
> Les collectivités territoriales : la région, le département, la commune, les collectivités à statut spécial, les groupements de collectivités territoriales.

b) La justice administrative :

> La séparation des autorités administratives et judiciaires ;
>
> L'organisation de la justice administrative, le Conseil d'Etat, les cours administratives d'appel, les tribunaux administratifs ;
>
> Les recours devant la juridiction administrative.

c) La réglementation juridique de l'activité administrative :

> Les sources du droit administratif ;
>
> Le principe de légalité, le contrôle de la légalité, la hiérarchie des normes ;
>
> Les actes administratifs unilatéraux, le pouvoir réglementaire ;
>
> La responsabilité administrative.

C.-Fonction publique

> Principes généraux de la fonction publique : statut, recrutement, obligations et droits des fonctionnaires.
>
> Notions générales sur la fonction publique territoriale.

D.-Droit de l'Union européenne

> Notions générales sur : Nature et composantes de l'Union européenne.
>
> Droit communautaire :

Les différents types d'actes ; L'incidence du droit communautaire sur le droit français ; Les juridictions communautaires : la cour de justice des Communautés et le tribunal de première instance.

E.-Organisation de la sécurité et pouvoirs de police du maire

L'organisation de la sécurité en France : répartition des compétences entre la police et la gendarmerie prévue par la loi n° 95-73 du 21 janvier 1995 d'orientation et de programmation relative à la sécurité.

L'organisation des services d'incendie et de secours résultant notamment de la loi n° 96-369 du 3 mai 1996.

Les polices municipales et notamment les apports de la loi n° 99-291 du 15 avril 1999.

Principes essentiels du droit pénal général :

L'infraction ; La responsabilité pénale des personnes physiques et des personnes morales ;

Les récidives, le casier judiciaire ;

Les classifications des peines ; L'extinction des peines et l'effacement des condamnations.

Notions générales sur la procédure pénale :

Code de procédure pénale : articles 16 à 21-1 : catégories d'agents de police judiciaire et pouvoirs de ces agents.

Le maire officier de police judiciaire.

Le maire, autorité de police administrative :

Régime juridique ;

Domaines d'intervention : police de la tranquillité, police de la sécurité, police de la salubrité.

Exemple : Session 2017 – QRC CONCOURS EXTERNE, INTERNE et 3ème CONCOURS :

Vous répondrez aux questions suivantes dans l'ordre qui vous convient, en prenant soin d'indiquer leur numéro. Vous développerez vos réponses, si nécessaire.

Question 1 (2 points) : Les évolutions des compétences du département.

Question 2 (3 points) : La réforme de la carte régionale.

Question 3 (3 points) : La différence entre police judiciaire et police administrative.

Question 4 (3 points) : Les évolutions de l'intercommunalité.

Question 5 (2 points) : Les missions obligatoires d'un service départemental d'incendie et de secours (SDIS). Vous préciserez ensuite les liens entre la police municipale et les sapeurs-pompiers.

Question 6 (3 points) : Les pouvoirs de police du maire.

Question 7 (3 points) : Les collectivités territoriales et l'état d'urgence.

Question 8 (1 point) : Le Maire et la police des édifices menaçant ruine.

Question 9 (1 point) : Les pouvoirs de police administrative et de police judiciaire du policier municipal et son positionnement par rapport aux autres forces de sécurité

Question 10 (2 points) : Les éléments essentiels de l'infraction pénale.

Question 11 (1 point) : La tentative.

Question 12 (1 point) : Les causes d'irresponsabilité ou d'atténuation de responsabilité pénale des personnes physiques.

Question 13 (1 point) : La responsabilité pénale du mineur délinquant.

Question 14 (1 point) : La légitime défense.

Question 15 (3 points) : Le Défenseur des droits et la déontologie de la sécurité.

II PROGRAMME QRC POUR L'EXAMEN PROFESSIONNEL

A la différence du concours, aucun texte ne définit le programme de révision de l'épreuve du questionnaire pour l'examen professionnel. Les centres de gestion départementaux organisateurs de l'examen professionnels préconisent de se référer à l'ancien programme de l'épreuve figurant dans l'arrêté abrogé du 20 janvier 2000 fixant les modalités d'organisation des examens professionnels prévus par les articles 25 et 26 du décret n°2000-43 du 20 janvier 2000 portant statut particulier du cadre d'emplois des chefs de service de police municipale. Ce programme est le suivant :

Organisation de la sécurité et pouvoirs de police du maire

- L'organisation de la sécurité en France : répartition des compétences entre la police et la gendarmerie prévue par la loi n° 95-73 du 21 janvier 1995 d'orientation et de programmation relative à la sécurité.

- L'organisation des services d'incendie et de secours résultant notamment de la loi n° 96-369 du 3 mai 1996.

- Les polices municipales, et notamment les apports de la loi n° 99-291 du 15 avril 1999.

- Principes essentiels du droit pénal général :

    - l'infraction ; - la responsabilité pénale des personnes physiques et des personnes morales ,

    - les récidives, le casier judiciaire ;

    - les classifications des peines ; - l'extinction des peines et l'effacement des condamnations.

- Notions générales sur la procédure pénale :

    - code de procédure pénale : articles 16 à 21-1 : catégories d'agents de police judiciaire et pouvoirs de ces agents.

- Le maire officier de police judiciaire.

- Le maire, autorité de police administrative :

    - régime juridique ;

    - domaines d'intervention : police de la tranquillité, police de la sécurité, police de la salubrité.

Exemple : Session 2017 QRC EXAMEN PROFESSIONNEL PAR PROMOTION INTERNE

Vous répondrez aux questions suivantes dans l'ordre qui vous convient, en prenant soin d'indiquer leur numéro. Vous développerez vos réponses, si nécessaire.

Question 1 (1 point) : Que définit l'article L.2212-2 du CGCT ?

Question 2 (2 points) : Comment le Maire peut-il réglementer la vente ambulante dans la commune ?

Question 3 (1,5 point) : Détaillez la procédure d'assermentation.

Question 4 (1 point) : Définissez la classification tripartite de l'infraction.

Question 5 (1 point) : Citez quatre causes d'irresponsabilité pénale.

Question 6 (2 points) : Citez quatre pouvoirs de police détenus par les Présidents d'Établissements publics de coopération intercommunale.

Question 7 (1,5 points) : Dans quelles circonstances le Préfet peut-il réquisitionner des policiers municipaux ?

Question 8 (1,5 point) : Citez les possibilités réglementaires de mutualisation des polices municipales.

Question 9 (1 point) : Quelles sont les obligations du Maire concernant la gestion d'un dispositif de vidéoprotection ?

Question 10 (1,5 point) : Quelles sont les obligations du Maire en matière de prévention des risques majeurs dans la commune ?

Question 11 (2 points) : La convention locale de coopération de sécurité : objectif, conception, mise en œuvre ?

Question 12 (0,5 point) : Qualifiez l'infraction et donnez les peines correspondant aux actes suivants :

a/ excès de vitesse supérieur à 20 km/h et inférieur à 30 km/h ?

b/ récidive d'excès de vitesse supérieur à 50 km/h ?

Question 13 (2 points) : La procédure de péril imminent : circonstances et mesures.

Question 14 (1,5 point) : Donnez les délais d'effacement des condamnations suivantes au casier judiciaire :

a/ Déclaration de culpabilité assortie d'une dispense de peine.

b/ Sanction ou mesure éducative prononcée contre les mineurs, sauf en cas de nouvelle mesure ou condamnation.

c/ Condamnation prononcée pour contravention.

CHAPITRE 2
UNE ÉPREUVE DE CONNAISSANCES

I TRAVAILLER LE PROGRAMME EN AMONT

Acquérir des connaissances

Acheter un ouvrage, imprimer des recherches documentaires, lire et lire encore des articles, se confectionner ses propres fiches mémo techniques, etc... Il n'existe pas de solution miracle pour travailler le programme en amont, il n'y a que la solution adaptée à chacun. La plupart des candidats optent pour la confection de fiches mémo techniques, car ils estiment que la rédiger est déjà un travail de mémorisation. D'autres préfèrent investir dans un ouvrage de connaissances, mais est-il à jour ?

Le souci premier de tous les candidats est la gestion du temps. Concilier vie professionnelle, vie familiale et révision d'un programme assez conséquent est difficile. Il sera nécessaire à chacun de s'organiser pour dégager du temps. Car il est aussi très risqué de faire des impasses ! Une chose est certaine : l'acquisition de connaissances est une condition nécessaire pour la réussite de cette épreuve.

Mémoriser les connaissances

Lire ne suffit pas, il faut mémoriser les connaissances. Tous les moyens sont bons. Le « bachotage », le « par cœur », répéter réciter encore et encore...

II SUIVRE L'ACTUALITÉ LIÉE AU PROGRAMME

Une nécessité, un investissement

Le cadrage des épreuves met en avant la nécessité de suivre l'actualité en lien avec le contenu du programme. Les sources documentaires sont riches aujourd'hui avec internet. Tout candidat devra privilégier les sources officielles (sites ministériels, revues professionnelles...) pour comprendre les enjeux d'une réforme, d'une évolution législative ou réglementaire et bien sûr connaître les modifications apportées. En effet, une source officielle est neutre en termes d'approche, et les connaissances seront ainsi exemptes de toute appréciation politique, syndicale ou personnelle qui n'a pas sa place.

Faire de l'actualité un entrainement

Un bon exercice consiste à suivre l'actualité médiatisée (et donc peu objective) et de prendre du recul en se posant la question suivante : « à quelle connaissance fait appel cette information ? ». Il est en effet étonnant d'entendre aujourd'hui des propos détournés ou déformés sur des notions pourtant réglementées comme le droit de grève, le droit de retrait, le couvre-feu, le service minimum, la vidéoprotection (ou vidéosurveillance ?) etc. Ainsi, le premier réflexe à avoir est de définir la notion entendue ou commentée dans les médias, si tant est qu'elle fasse partie du programme de révision, et d'aller de suite améliorer ses connaissances en cas de doute.

Le suivi de l'actualité est un investissement pour l'épreuve orale d'admission. En effet, il n'est pas à exclure que les membres du jury posent une question sur un sujet d'actualité. Là encore, des connaissances neutres sont attendues de la part des candidats, en dehors de toute opinion personnelle (voir les parties suivantes sur l'épreuve d'entretien).

CHAPITRE 3
LES REGLES POUR RÉUSSIR LE QRC

I PRÉVOIR DE RÉPONDRE DANS LE DÉSORDRE

Un désordre qui doit être stratégique !

Le libellé de l'épreuve indique que tout candidat peut traiter les questions dans l'ordre qu'il souhaite. Donc, il n'est pas nécessaire de répondre dans l'ordre de la numérotation des questions. Ce qui est fort utile si les premières questions n'inspirent pas le candidat !

Mettre les numéros de chaque question traitée en exergue

Pour faciliter la lecture des examinateurs, il suffit avant de développer sa réponse, d'indiquer de manière explicite le numéro de la question traitée, voir souligner. Voici un exemple :

Question 5

Azert ertyui vbn, tyuio sdfghj tyuiop dfghjklm retyuio ghjklm rtyuio fghjkl rtyuiop hhjklm retyuiop dfghjklmù rtyufgh tyu fghj . rtyui fghjk tyuio , rtyui , rtyuio , rtyuio . Idfghj yuio Azert ertyui vbn, tyuio sdfghj tyuiop dfghjklm retyuio ghjklm rtyuio fghjkl rtyuiop hhjklm retyuiop dfghjklmù rtyufgh tyu fghj . rtyui fghjk tyuio , rtyui , rtyuio , rtyuio . Idfghj yuio

Question 4

Azert ertyui vbn, tyuio sdfghj tyuiop dfghjklm retyuio ghjklm rtyuio fghjkl rtyuiop hhjklm retyuiop dfghjklmù rtyufgh tyu fghj . rtyui fghjk tyuio , rtyui , rtyuio , rtyuio . Idfghj yuio Azert ertyui vbn, tyuio sdfghj tyuiop dfghjklm retyuio ghjklm rtyuio fghjkl rtyuiop hhjklm retyuiop dfghjklmù rtyufgh tyu fghj . rtyui fghjk tyuio , rtyui , rtyuio , rtyuio . Idfghj yuio

---

A savoir : Il n'est pas utile de recopier le barème de points, ce serait inutilement perdre du temps.

Il est tout à fait possible de recopier le titrage de la question posée. Dans l'absolu, c'est idéal, et fait preuve d'une présentation rigoureuse. Toutefois, recopier l'énoncé d'une quinzaine de questions risque, là encore, de faire perdre du temps au candidat. Mieux vaut donc privilégier la gestion du temps et le développement des réponses.

II ADOPTER UNE PRÉSENTATION IRRÉPROCHABLE

Donner envie et avoir l'envie !

La présentation générale ne peut que séduire les examinateurs lorsque le candidat démontre un effort pour donner envie d'être lu. Ratures, surlignage, astérisques sont à l'inverse à proscrire. La cohérence des sauts de ligne dans l'ensemble de la copie peut aussi avoir son importance : ni trop peu pour « aérer » la copie, ni trop pour ne pas « casser » la fluidité des développements dans une réponse. Voici une présentation générale pouvant être adoptée (colonne de gauche) et commentée (colonne de droite) :

Question 5
    Azert ertyui vbn, tyuio sdfghj tyuiop dfghjklm retyuio ghjklm rtyuio fghjkl rtyuiop hhjklm retyuiop dfghjklmù rtyufgh tyu fghj . rtyui fghjk tyuio , rtyui , rtyuio , rtyuio . Idfghj yuio Azert ertyui vbn, tyuio sdfghj tyuiop dfghjklm retyuio ghjklm rtyuio fghjkl rtyuiop hhjklm retyuiop dfghjklmù rtyufgh tyu fghj . rtyui fghjk tyuio , rtyui , rtyuio , rtyuio . Idfghj yuio
 	
                                Saut de 2 lignes
Question 2
    Azert ertyui vbn, tyuio sdfghj tyuiop dfghjklm retyuio ghjklm rtyuio fghjkl rtyuiop hhjklm retyuiop dfghjklmù rtyufgh tyu fghj . rtyui fghjk tyuio , rtyui , rtyuio , rtyuio . Idfghj yuio Azert ertyui, rtyuio . Idfghj yuio.
	Les questions et leur numéro sont soulignées à la règle
	
	Le développement de la réponse débute par un retrait en marge
	
	Les réponses à chaque question sont espacées d'un saut de 2 lignes

Question 11
    Azert ertyui vbn, tyuio sdfghj tyuiop dfghjklm retyuio ghjklm rtyuio fghjkl rtyuiop hhjklm retyuiop dfghjklmù rtyufgh tyu fghj . rtyui fghjk tyuio , rtyui , rtyuio , rtyuio . Idfghj yuio Azert ertyui vbn, tyuio sdfghj tyuiop dfghjklm retyuio ghjklm rtyuio fghjkl rtyuiop hhjklm retyuiop dfghjklmù rtyufgh tyu fghj . rtyui fghjk tyuio , rtyui , rtyuio , rtyuio .
 	
    Azert ertyui vbn, tyuio sdfghj tyuiop dfghjklm retyuio ghjklm rtyuio fghjkl rtyuiop hhjklm retyuiop dfghjklmù rtyufgh tyu fghj . rtyui fghjk tyuio , rtyui , rtyuio , rtyuio . Idfghj yuio Azert ertyui vbn, tyuio sdfghj tyuiop dfghjklm retyuio ghjklm rtyuio fghjkl rtyuiop hhjklm retyuiop dfghjklmù rtyufgh tyu fghj . rtyui fghjk tyuio , rtyui , rtyuio , rtyuio . Idfghj yuio
 	
Question 8
	La question 11 comporte deux idées principales marquées chacune par un retrait en marge d'une part, et un saut de 1 ligne entre elles d'autre part.

Azert ertyui vbn, tyuio sdfghj tyuiop dfghjklm retyuio ghjklm rtyuio fghjkl rtyuiop hhjklm retyuiop dfghjklmù rtyufgh tyu fghj . rtyui fghjk tyuio , rtyui , rtyuio , rtyuio . Idfghj yuio Azert ertyui vbn, tyuio sdfghj tyuiop dfghjklm retyuio ghjklm rtyuio fghjkl rtyuiop hhjklm retyuiop dfghjklmù rtyufgh tyu fghj . rtyui fghjk tyuio , rtyui , rtyuio , rtyuio . Idfghj yuio	Le candidat passe ensuite à la question 8 en sautant, là encore, un espace de 2 lignes

A savoir : Ce n'est pas à l'examinateur de faire un effort pour comprendre la copie d'un candidat, c'est au candidat de déployer sa stratégie sur la présentation de forme pour donner envie d'être lu.

La présentation aide à apprécier le fond

Soigner la copie est une nécessité. Une écriture lisible est toujours appréciée, mais les inégalités règnent en la matière. Aussi, si l'écriture n'est pas forcément idéale, tout candidat a la maîtrise sur la présentation aérée et irréprochable. Un examinateur corrige des dizaines de copies, autant lui rendre la tâche plus « agréable », d'autant que les examinateurs connaissent le formatage attendu de l'écrit, et comptent sur l'effort en ce sens du candidat.

III VEILLER AU BAREME DE NOTATION

Combien de lignes pour une réponse ?

Faut-il rédiger 5, 10 ou 20 lignes ? La réponse n'est pas si simple, et ce n'est pas le nombre de lignes rédigées qui fait la notation ! En revanche, chacun doit comprendre qu'il est inutile de rédiger 30 lignes pour une question à 1 point, car c'est passer beaucoup de temps pour obtenir un seul et 1 seul point. En revanche, rédiger 5 lignes pour une question notée à 2 points sera sans nul doute insuffisant pour obtenir la notation maximale de 2 points.

Repérer le nombre de points

Donc, tout candidat doit retenir que le barème de notation est très important et doit guider le nombre de lignes à rédiger.

Faut-il répondre à toutes les questions ?

Idéalement, toutes les questions doivent être traitées. Toutefois, deux hypothèses sont possibles, et ne permettent pas d'aborder toutes les questions :

- Le manque de temps,
- L'absence de connaissances.

L'absence de connaissances est difficile à gérer. Rien ne sert de « broder ». Tout au plus, le candidat tentera une définition. Il vaudra mieux privilégier les questions que l'on maîtrise, et c'est tout l'intérêt de pouvoir répondre dans le désordre. Il ne sera pas utile de « broder plusieurs lignes », en vain, et de perdre du temps au détriment de questions ayant un barème de points supérieurs ou équivalents mais mieux maîtrisés. Il est essentiel de de porter une attention particulière entre le barème de points et les connaissances d'une point de vue stratégique.

Le manque de temps peut se travailler en amont. En effet, l'épreuve QRC suppose une méthodologie destinée à optimiser le temps. Chaque candidat s'efforcera de l'appliquer dans le but de ne pas manquer de temps pour finir de traiter toutes les questions !

IV STRUCTURER SA RÉPONSE AU-DELA DE 2 POINTS

Combiner connaissances et structuration

La difficulté réside dans la nécessité de répondre à plus d'une dizaine de questions. Et ce, de manière cohérente. A partir de 2 points, la réponse suppose de structurer la réponse en deux grandes thématiques, et faire en sorte de démontrer que les développements tournent autour de deux aspects essentiels. Ces deux aspects seront démarqués. Ils doivent être visibles par le jeu de retraits en marge, de mots connecteurs (d'une part/d'autre part), voire d'un saut de ligne au sein de la réponse.

Cette nécessité découle du barème de notation et de l'exigence posée dans le cadrage de cette épreuve par les centres de gestion organisateurs. Donc, une question à deux points (ou plus pour les concours) suppose une réponse plus développée et plus précise avec des développements d'au moins 10 à 15 lignes.

Exemple de question/réponse : Le contrôle de légalité (2 points)

L'idée sera ici de définir ce qu'est le contrôle de légalité, qui l'exerce, avec des exemples d'actes soumis au contrôle de légalité. Sur la forme, une brève phrase introductive commence les propos, puis deux angles sont séparés de manière visuelle :

Certains actes pris par les collectivités territoriales (commune, département, région) sont soumis à un contrôle de légalité de manière obligatoire, et transmis en préfecture.

    Le contrôle de légalité consiste à vérifier a posteriori (et non pas a priori) la conformité des actes pris par les collectivités territoriales et leurs établissements publics avec les dispositions législatives et réglementaires en vigueur. Il est exercé par le préfet de département pour les actes pris par les communes ou les départements et leurs établissements publics, et le préfet de région s'agissant des actes pris au niveau de la région. Seuls les actes les plus importants sont transmis en préfecture tels que les délibérations des organes délibérants ou les marchés publics.

    Si le préfet estime que l'acte n'est pas régulier, il va se rapprocher de la collectivité, ou de l'établissement public pour solliciter une modification ou un retrait de l'acte. Le préfet n'a pas le pouvoir d'annuler l'acte. Il devra saisir dans un délai de deux mois le tribunal administratif pour lui demander l'annulation en précisant le motif de l'illégalité (c'est le déféré préfectoral). Seul le juge administratif appréciera la légalité de l'acte et pourra soit prononcer sa légalité, soit l'annuler s'il le considère illégal.

Concours : un plan matérialisé à 3 points

A ce jour, les candidats à l'examen professionnel ne connaissent pas de questions notées à 3 points. En revanche, les candidats au concours ont des questions dont le barème de notation est de 3 points. Il est alors nécessaire de rédiger une brève introduction, et d'identifier deux grandes parties. Cette absence de structuration sera pénalisé. Deux possibilités de structuration existent :

- Soit deux parties matérialisées par des titrages, avec des développements pour chacune de ces grandes parties ;

- Soit deux grandes parties matérialisées uniquement par la mise en page (retrait en marge, mots connecteurs, saut de ligne) sans rédiger de titrages pour les parties. Cette option est majoritairement appliquée par les candidats.

Structuration d'une réponse à une question notée à 3 points

Le contenu de la réponse à une question dont le barème est de 3 points est le suivant :

- Une introduction : une phrase introductive + une brève annonce de plan

- La partie 1 (titrée ou pas)

    o Développements rédigés

- Saut de 1 ligne

- La partie 2 (titrée ou pas)

o Développements rédigés.

Exemple de question/réponse : Le rôle du maire (3 points)

1ère réponse avec plan matérialisé par des titrages

Le maire est élu par le conseil municipal pour une durée de six ans. Le maire détient des pouvoirs différents selon qu'il agit en tant qu'organe exécutif de la commune (1) ou en tant qu'agent de l'État (2).

1. *Le maire, organe exécutif de la commune*

Le maire représente la commune à l'égard des tiers et peut agir en justice au nom de la commune. Il prépare et exécute le budget, ainsi que les délibérations du conseil municipal. Il peut également être chargé de certaines de ses compétences par délégation du conseil. Il a pour mission l'administration municipale, mais il a la faculté de faire des délégations de fonctions ou de signature. En outre, le maire détient des pouvoirs propres de police administrative.

De plus, il exerce ses attributions sous le contrôle du conseil municipal, dans le cadre des délégations qui peuvent lui être accordées, et aussi sous le contrôle du préfet de département, lorsque les actes sont soumis au contrôle de légalité.

2. *Le maire en tant qu'agent de l'État*

Dans le cadre de ses fonctions, le maire agit également en tant qu'agent de l'Etat. A ce titre, il est notamment chargé de l'état civil, de la révision et de la tenue des listes électorales, de l'organisation des élections ainsi que du recensement citoyen. En outre, il dispose d'attributions spécifiques en matière de police et de sécurité civile. Lorsque le maire intervient en tant qu'agent de l'État, il agit, selon le cas, sous le contrôle de l'autorité administrative (préfet de département) ou de l'autorité judiciaire en tant qu'officier de police judiciaire (procureur de la République).

2de réponse avec plan matérialisé sans titrages

Le maire est élu par le conseil municipal pour une durée de six ans. Le maire détient des pouvoirs différents selon qu'il agit en tant qu'organe exécutif de la commune (1) ou en tant qu'agent de l'État (2).

Concernant le maire en tant qu'organe exécutif de la commune d'une part, il représente la commune à l'égard des tiers et peut agir en justice au nom de la commune. Le maire a aussi pour missions de préparer et d'exécuter le budget, ainsi que les délibérations du conseil municipal. Il peut aussi être chargé de certaines de ses compétences par délégation du conseil. Il a pour rôle l'administration municipale, mais il a la faculté de faire des délégations de fonctions ou de signature. En outre, le maire détient des pouvoirs propres de police administrative. De plus, il exerce ses attributions sous le contrôle du conseil municipal, dans le cadre des délégations qui peuvent lui être accordées, et sous le contrôle du préfet de département, lorsque les actes sont soumis au contrôle de légalité.

Concernant le maire en tant qu'agent de l'État d'autre part, il exerce diverses attributions. A ce titre il est notamment chargé de l'état civil, de la révision et de la tenue des listes électorales, de l'organisation des élections ainsi que du recensement citoyen. En outre, il dispose d'attributions spécifiques en matière de police et de sécurité civile. Lorsque le maire intervient en tant qu'agent de l'État, il agit, selon le cas, sous le contrôle de l'autorité administrative (préfet de département) ou de celui de l'autorité judiciaire en tant qu'officier de police judiciaire (procureur de la République).

V RESPECTER LES CONSIGNES

Faire attention à l'énoncé de la question !

Bien sûr, chacun va lire toutes les questions qui lui sont posées. Mais la question est tout aussi précise que la réponse doit l'être ! Si la question porte sur « Les attributions de… », il est inutile de parler de la désignation ou de l'élection. Hormis peut-être lors de la seule phrase introductive (et pas plus !). A l'inverse, si la question porte sur « La désignation de… », il est alors inutile de parler des attributions.

Ainsi, le hors sujet est facile alors que ce type d'épreuves porte sur des connaissances. Il faut donc vite identifier le mot clé de la question pour ne pas partir sur un autre sujet.

La neutralité, la réserve

Les réponses devront toujours être formulées sans prise de position personnelle. C'est une épreuve de connaissances où aucun avis personnel n'a sa place.

Une seule encre d'écriture !

Un candidat ne peut employer qu'une seule couleur d'encre noire ou bleue et ce, quelle que soit les épreuves écrites. Il n'est donc pas question d'utiliser un marqueur de couleur ou de souligner un titre ou l'énoncé d'une question par une autre couleur. La copie serait éliminée.

A savoir : Pour éviter tout désagrément, chaque candidat pourra se munir le jour de l'examen de deux stylos aux couleurs d'encre identique !

CHAPITRE 4
LA MÉTHODOLOGIE POUR RÉUSSIR LE QRC

I PRÉSENTATION DE LA MÉTHODOLOGIE

Des étapes à respecter

Pour réussir l'épreuve de QRC, le temps doit être réparti de la manière suivante :

1. Survoler toutes les questions,
2. Sélectionner les questions « maîtrisées » et fixer un ordre de traitement pour répondre,
3. Traiter chaque question en identifier le mot clé de l'énoncé pour ne pas faire du hors-sujet,
4. Faire une prise de notes sur la question en notant toutes les idées en lien avec la question sur une feuille de brouillon (transmise lors de l'épreuve),
5. Organiser les idées de manière cohérente sur son brouillon,
6. Rédiger la réponse définitive directement sur la copie,
7. Une fois toutes les questions traiter, finir par une relecture générale.

A savoir : En cas d'hésitation, certains préféreront traiter les questions à 1 point pour aller plus vite, d'autres répondront plutôt aux questions à fort barème de points. Stratégiquement, il vaut mieux privilégier les questions à plus fort barème, en supposant qu'elles soient maîtrisées ...

Comment aborder une question ?

La définition est toujours à penser, le texte de référence est souvent utile. Ensuite, et en fonction du barème de points, il sera noté au brouillon toutes les idées en lien direct avec l'énoncé de la question.

De manière très schématique, une question à 1 point suppose une définition, un rappel de textes, des exemples, une précision. Cinq à huit lignes sont un minimum ce qui représentent au moins trois à quatre phrases.

Combien de temps consacrer à une question ?

Plus le barème de points attribué à la question est élevé, plus le temps à y consacrer sera grand, et ce d'autant plus s'il faut structurer la réponse en deux parties. Le calcul du temps à consacrer peut s'établir à partir d'un raisonnement simple :

Examen professionnel : épreuve de deux heures (120 minutes) pour 20 points

    Donc : 120 minutes/20 = 6 minutes par point.

    Donc, le temps consacré est de 6 mn pour une question à 1 pt, 12 mn pour une question à 2 points, 9 mn pour une question à 1.5 point.

Concours : épreuve de trois heures (180 minutes) pour 20 points

    Donc : 180 minutes/20 = 9 minutes par point.

    Donc, le temps consacré est de 9 mn pour une question à 1 pt, 18 mn pour une question à 2 points, 27 mn pour une question à 3 points.

Organiser et surveiller le temps

Ainsi présentée, la méthodologie a pour objet d'optimiser la gestion du temps pour consacrer davantage de temps aux questions dont le barème de points est plus élevé, parce que ces questions supposent une réponse plus approfondie. Chaque candidat doit veiller au temps écoulé en ayant un regard constant sur sa montre. A l'évidence, les toutes premières questions devraient ne pas poser de difficulté en termes de gestion du temps puisque le candidat aura fait le choix de traiter d'abord les questions les plus maitrisées. Pour autant, il ne doit pas « bâcler » ses réponses, et s'accordera le temps de développer plus longuement les questions à 2 points (examen professionnel, concours) et 3 points (concours).

II UNE GESTION DU TEMPS PROPORTIONNELLE AU BAREME DE POINTS

Répartir le temps proportionnellement au barème : pourquoi ?

Il sera utile de répéter une nouvelle fois que le barème de points oriente le candidat : plus il est élevé, plus la réponse doit être développée. En conséquence, pour développer sa réponse, le candidat doit s'accorder davantage de temps ! C'est du bon sens, cela va mieux en le disant. Les copies des QRC montrent régulièrement des questions à 1 point traitées en une trentaine de lignes, et des questions à 2 points traitées en une ou deux phrases.

Ébaucher la réponse par des idées notées au brouillon

La recherche d'idées passe par une prise de notes rapides sur une feuille de brouillon (distribuée aux candidats) avec des idées clés et des mots clés. Il faut faire appel à sa mémoire, et noter le maximum d'idées en lien avec le sujet et en fonction de ses connaissances dans la limite du temps accordé par le barème de points. Ensuite, la rédaction se fait directement sur la copie en évoquant dans un ordre logique les développements autour des idées ainsi notées.

Organiser deux grandes parties cohérentes au cas par cas

Cette phase de l'élaboration du plan ne concerne que les questions les plus notées (2 à 3 points). Après avoir noté idées et connaissances au brouillon, il faut les regrouper dans un ordre logique en deux grandes parties. Pour se faire, il suffit de numéroter sur son brouillon chaque idée notée, de la plus importante à celle qui semble la moins importante.

Dans ce cadre, l'introduction comportera toujours un rappel de définition et un texte de référence, une éventuelle phrase générale en lien avec le sujet, une annonce de plan. Sur l'annonce de plan, les examinateurs doivent comprendre aisément les deux parties qui vont être développées. Il est utile de mettre entre parenthèses le chiffrage correspondant après l'annonce des thématiques. Exemples de formulation d'annonce de plan :

C'est pourquoi il sera présenté ... (1), puis .... (2). - Il est possible de distinguer ... (1), et ... (2).

A savoir : L'utilisation du mot « partie » est à éviter car ce terme trop universitaire n'a pas sa place dans une épreuve qui se veut à vocation professionnelle.

Penser « barème de points » !

Prenons un exemple tendant à démontrer qu'en fonction du barème de points, la même question appelle à des développements plus ou moins approfondis.

Question à 1 point : Quel est le rôle du maire en matière de prévention de troubles à la moralité publique ? Voici des éléments de réponse attendus à 1 point :

- définition de l'ordre public élargie à la moralité publique,
- définition de la moralité publique,
- un exemple (interdiction de l'ouverture d'un sex-shop près d'une école),
- souligner la désuétude de la notion.

Question à 2 points : Quel est le rôle du maire en matière de prévention de troubles à la moralité publique ?. Voici des éléments de réponse attendus à 2 points :

- définition de l'ordre public (CGCT), élargie à la moralité publique par le CE en 1959 (société des films Lutétia : ville de pèlerinage et circonstances locales),
- définition de la moralité publique,
- mesure d'interdiction prise par le maire par arrêté motivé, avec des mesures proportionnées par rapport au trouble à prévenir + des exemples (interdiction de l'ouverture d'un sex-shop près d'une école),
- souligner la désuétude de la notion. Questionnements : interdiction de se promener torse nu ? Conseil : nécessité de motiver un arrêté par d'autres composantes parallèles (tranquillité, salubrité...) pour sécuriser l'arrêté en cas de recours sur l'illégalité.

III PENSER CONSTAMMENT A L'ACTUALITÉ

Insérer l'actualité dès que possible !

L'actualité en lien avec une question a toujours un caractère pertinent, et va valoriser la réponse développée.

Quel que soit le barème de points !

Pour un barème de 1 point, parler de l'actualité sur le sujet en une ou deux phrases sera pertinent, et pris en compte positivement par les examinateurs. Mais pour 1 point, il n'est pas nécessaire de développer l'actualité davantage, car le candidat doit d'abord répondre à l'énoncé avec, a minima, l'apport d'une définition. En revanche, plus le barème de points est élevé, plus l'actualité pourra être abordée. A 2 points, deux ou trois phrases sur le sujet semblent correctes. A 3 points, l'actualité peut être évoqué dès l'introduction ou bien lors d'une partie si cela semble perspicace.

Exemple :

Les peines correctionnelles des personnes physiques **(1 point)**

Les peines correctionnelles sont des peines encourues en cas de délits et qui sont prononcées par le tribunal correctionnel siégeant au sein du tribunal judiciaire. Les délits sont une des trois infractions prévues par le Code pénal. Ce dernier définit des peines spécifiques qui ont été réformées et sont entrées en vigueur le 24 mars 2020 à la suite de la réforme de la loi de programmation pour la justice. S'agissant des personnes physiques, les nouvelles peines correctionnelles sont l'emprisonnement (possibilité d'un sursis, d'un sursis probatoire ou d'un aménagement), la détention à domicile sous surveillance électronique, le travail d'intérêt général (durée maximale 400 heures), l'amende, le jour-amende, les peines de stage, les peines privatives ou restrictives de droits et la sanction-réparation. Des peines complémentaires peuvent être prononcées par le tribunal correctionnel.

Les peines correctionnelles des personnes physiques **(2 points)**

Les peines correctionnelles sont des peines encourues en cas de délits et qui sont prononcées par le tribunal correctionnel siégeant au sein du tribunal judiciaire. Les délits sont une des trois infractions prévues par le Code pénal. Ce dernier définit des peines spécifiques qui ont été réformées à la suite de la réforme de la loi de programmation pour la justice (1) et sont entrées en vigueur le 24 mars 2020 (2).

Concernant la réforme des peines correctionnelles d'une part, l'enjeu de la réforme de la justice est de limiter les peines d'emprisonnement dont il n'est pas démontré la capacité de réinsérer les détenus, outre de pallier au problème de surpopulation carcérale. Il est désormais interdit de prononcer des peines d'emprisonnement fermes de moins d'1 mois. De plus, la conversion de peine sous libération sous contrainte devient une étape normale de l'exécution d'une peine pour encadrer et accompagner un condamné à moins de 5 ans d'emprisonnement et sortant de détention. Enfin, la loi a créé une nouvelle peine autonome : la détention à domicile sous surveillance électronique, d'une durée de 15 jours à 6 mois, qui devient la deuxième peine dans l'échelle des peines correctionnelles, et remplace le principe de l'amende jusqu'alors applicable dans l'ancienne échelle des peines.

Concernant les peines correctionnelles encourues par les personnes physiques d'autre part, il s'agit d'abord de l'emprisonnement (possibilité d'un sursis, d'un sursis probatoire ou d'un aménagement). Ensuite, la détention à domicile sous surveillance électronique. Enfin, les peines envisageables sont le travail d'intérêt général dont la durée a été augmentée à 400 heures, l'amende, le jour-amende (contribution quotidienne à verser, transformée en jour de prison à défaut), les peines de stage (tout stage confondu), les peines privatives ou restrictives de droits (inéligibilité, suppression du droit de vote...), et la sanction-réparation pour réparer le préjudice subi par une victime. Des peines complémentaires peuvent être prononcées par le tribunal correctionnel.

III EXEMPLES ILLUSTRATIFS : APPLICATION DE LA MÉTHODOLOGIE

1er exemple : Les pouvoirs de police du maire

Étape 1 : bien lire l'énoncé du sujet et identifier les mots clés

La question porte sur « le maire », et non d'autres acteurs. Elle porte sur « les pouvoirs de police ». Mais l'énoncé évoque-t-il un pouvoir de police judiciaire ou administratif ? un pouvoir de police administrative générale ou spéciale ? Rien de tel, ce qui suppose de parler de l'ensemble de ces pouvoirs ...

Étape 2 : noter au brouillon idées et connaissances dans un temps proportionnel au barème de points

Pêle-mêle, tout candidat pourra lister les idées. Par exemple : police administrative, police judiciaire, définitions, ordre public et composantes, police administrative générale et spéciale, mesures de police et arrêté de police, exemples, pouvoirs du maire en tant qu'OPJ, ...

Étape 3 : organiser les idées sur sa feuille de brouillon

Les idées étant noté en désordre, il convient de procéder à la relecture de son brouillon pour donner un ordre cohérent à l'ensemble. Ainsi, il est envisageable de regrouper tout ce qui est en lien avec la police administrative d'une part, et la police judiciaire d'autre part. Ce qui pourrait être la structuration de deux grandes thématiques. Il suffit alors de numéroter les idées dans un ordre cohérent pour pouvoir ensuite passer à la phase de rédaction.

Étape 4 : la rédaction de la réponse sur la copie

Les développements commenceront par une brève phrase introductive suivie d'une phrase d'annonce de plan. Puis, la première partie abordera le thème identifié de la police administrative. Visuellement et pour faciliter la clarté et la compréhension de l'examinateur, des mots pourront être utilisés pour bien marquer la structuration (« concernant d'une part, concernant d'autre part »). Dans un souci pédagogique, la réponse ci-après développe la structuration de la réponse, et souligne les mots de liaison.

Les pouvoirs de police du maire (2 ou 3 points)

Possible phrase introductive : *En tant qu'organe exécutif de la commune, le maire cumule plusieurs fonctions notamment des pouvoirs de police.* Possible annonce de plan : *Selon qu'il agisse en tant qu'agent de la commune ou en tant qu'agent de l'État dans la commune, le maire est chargé de missions de police administrative (1), et aussi des pouvoirs de police judiciaire (2).*

<u>Concernant</u> les pouvoirs de police administrative <u>d'une part</u>, il convient de préciser que le maire détient des pouvoirs de police administrative générale, et des pouvoirs de police administrative spéciale. La police administrative générale consiste à prévenir les atteintes à l'ordre public. Il s'agit surtout d'une mission de prévention. L'ordre public se définit dans le Code général des collectivités territoriales à partir de trois composantes : la sécurité, la tranquillité et la salubrité publiques. Le maire peut par exemple intervenir pour assurer la sécurité et la tranquillité des foires et des spectacles, par des mesures d'encadrement voire des mesures d'interdiction, ou limiter la circulation des mineurs la nuit. Le Conseil d'État a reconnu deux autres composantes et permet au maire d'intervenir pour prévenir le bon ordre moral, sous réserve de circonstances locales, et le respect de la dignité humaine. La dignité humaine permet notamment d'interdire certains spectacles réputés lui porter atteinte (par exemple le lancer de nains dans une discothèque, ou un spectacle dans lequel il existe un risque que des propos négationnistes et antisémites soient tenus). Pour agir, le maire peut prendre des mesures par arrêté. Le conseil d'Etat a précisé en 1933 (arrêt Benjamin) que la liberté est la règle et la mesure de police l'exception. Les mesures de police doivent être nécessaires (un réel trouble à l'ordre public existe) et proportionnées au trouble (elles ne doivent pas porter des atteintes inutiles aux droits et libertés). Enfin, le maire est tenu d'édicter des mesures de police s'il constate un risque de troubles à l'ordre public. La carence du maire est constitutive d'une faute engageant la responsabilité de la commune. En cas de carence, ou lorsque l'atteinte à l'ordre public implique une mesure dépassant les limites du territoire de la commune, le préfet peut se substituer au maire après mise en demeure. <u>Par ailleurs</u>, le maire est aussi chargé de missions de police administrative spéciale, qui sont prévues par la loi ou un

règlement. Parmi les nombreuses polices administratives spéciales, on trouve la police de la circulation et du stationnement, la police des cimetières, la police des plages et des immeubles menaçant ruine. La police administrative spéciale d'une autorité nationale l'emporte en principe sur la police administrative générale du maire. Le maire ne peut pas, par exemple, interdire l'implantation d'antennes relais sur le territoire de sa commune, car cette implantation résulte d'un pouvoir de police administrative spéciale reconnu à des autorités administratives nationales.

<u>Concernant</u> les pouvoirs de police judiciaire <u>d'autre part</u>, il faut rappeler que le maire a qualité d'officier de police judiciaire (sauf pour les maires d'arrondissement à Paris, Marseille et Lyon). Les officiers de police judiciaire ont pour mission de constater les infractions à la loi pénale, d'en rassembler les preuves et d'en rechercher les auteurs tant qu'une information n'est pas ouverte. Si par principe il dispose des pouvoirs identiques aux officiers de police judiciaire, le maire n'est pas en capacité d'exercer l'ensemble des missions de police judiciaire, d'autant qu'il existe de nombreux agents spécifiquement chargés de missions de police judiciaire. Il ne peut pas posséder d'armes en cette qualité. En revanche, le maire peut verbaliser une personne qui a commis une infraction, et il doit informer le procureur de la République lorsqu'il a connaissance de crimes ou de délits commis sur le territoire de la commune. En tant qu'officier de police judiciaire, il agit sous la direction du procureur de la République.

Conseil : Cet exemple a aussi pour objectif de rappeler à tout candidat la nécessité de maîtriser la distinction entre les pouvoirs de police du maire et l'importance de lire le libellé des questions posées.

2ème exemple : Les collectivités territoriales et l'état d'urgence sanitaire (2 ou 3 points)

Étape 1 : bien lire l'énoncé du sujet et identifier les mots clés

La question porte sur un sujet d'actualité : l'état d'urgence sanitaire, et pas d'autres circonstances exceptionnelles. Elle vise toutes les collectivités territoriales, ce qui suppose de parler de l'ensemble de ces collectivités et non des seules communes …

Étape 2 : noter au brouillon idées et connaissances dans un temps proportionnel au barème de points

Pêle-mêle, tout candidat pourra lister les idées et connaissances. Par exemple : loi sur l'état d'urgence, mesures de confinement, fermetures des écoles, et tout établissement scolaire, rôle de la police municipale, police administrative du maire, arrêté de police, continuité ou fermeture des services publics, services publics municipaux, départementaux, régionaux…

Étape 3 : organiser les idées sur sa feuille de brouillon

Les idées étant noté en désordre, il convient de relire son brouillon pour donner un ordre cohérent à l'ensemble. Ainsi, il est envisageable de regrouper tout ce qui est en lien avec les mesures impactant toutes les collectivités territoriales d'une part, et la commune d'autre part en lien avec le rôle du maire et la police municipale. Ce qui pourrait être la structuration de deux grandes thématiques. Il suffit alors de numéroter les idées dans un ordre cohérent pour pouvoir ensuite passer à la phase de rédaction.

Étape 4 : la rédaction de la réponse sur la copie

Les développements commenceront par une brève phrase introductive suivie d'une phrase d'annonce de plan. Puis, la première partie abordera le grand thème dégagé sur le rôle tenu par toutes les collectivités territoriales. Visuellement et pour faciliter la clarté et la compréhension de l'examinateur, des mots pourront être utilisés pour bien marquer la structuration (« concernant d'une part, concernant d'autre part »). Dans un souci pédagogique, la réponse ci-après structure la réponse, et souligne les mots de liaison.

Les collectivités territoriales et l'état d'urgence sanitaire

L'état d'urgence sanitaire est un régime exceptionnel organisé par la loi du 23 mars 2020 d'urgence pour faire face à l'épidémie de covid-19. L'état d'urgence sanitaire a été déclaré pour une durée de deux mois à compter de l'entrée en vigueur de la loi, soit jusqu'au 24 mai 2020. Depuis l'instauration de ce régime exceptionnel, le ministre de l'Intérieur et les préfets disposent de prérogatives supplémentaires. Cette évolution ne concerne pas les collectivités territoriales à proprement parler, mais leurs représentants sont appelés à participer aux mesures mises en place (1), surtout le maire (2).

<u>Concernant d'une part</u>, l'ensemble des collectivités territoriales, celles-ci sont tenues de respecter les mesures prises pour limiter la propagation du virus sur l'ensemble du territoire national. Ainsi, tous les représentants des collectivités territoriales doivent s'assurer de la fermeture des établissements scolaires, écoles, collèges et lycées, tout en mettant en place un accueil spécifique dédié aux enfants des personnels soignants. Les services publics municipaux, départementaux ou régionaux accueillant du public ont été fermés à compter du 16 mars 2020. Un service minimum a été organisé au cas par cas pour répondre aux usagers : mise en place d'une plate-forme téléphonique, maintien du versement des prestations sociales pour les départements, enlèvement des ordures ménagères. En tant que chef du personnel, les maires, les présidents du conseil départemental et du conseil régional ont dû prendre des dispositions pour réorganiser les services aux fins d'assurer la protection sanitaire du personnel, notamment par la mise en place du télétravail ou la mise en place de mesures de distanciation et la distribution de matériels protecteurs aux agents publics.

<u>Concernant d'autre part</u> les maires, ils sont appelés à participer au respect des mesures de confinement et à la coordination de l'action des forces de l'ordre. Ils ont pu renforcer la présence de la police municipale pour contrôler et constater les infractions crées : amende forfaitaire de 135 euros pour une première violation (majorée à 375 euros en de non-paiement dans les 45 jours), jusqu'à 1 500 euros d'amende en cas de violation dans les quinze jours, et jusqu'à 6 mois d'emprisonnement et 3 750 euros d'amende en cas de troisième violation dans les trente jours. Par ailleurs, le maire est l'autorité de police administrative générale, chargé de protéger la sécurité, la tranquillité et la salubrité publiques (art. L. 2212-1 et s. du CGCT), exerçant ses pouvoirs sous le contrôle administratif du préfet (art. L. 212224 CGCT). Le fait que l'état d'urgence sanitaire ait été déclaré sur l'ensemble du territoire fait présumer l'existence d'un risque réel d'atteinte à la santé publique. Mais le maire peut-il prendre des mesures sur le fondement de la santé de la population ou pour prévenir des risques de propagation ? Il importe de préciser que toute mesure de police doit être motivé sur les composantes définies par le CGCT, et la santé publique n'en pas partie. Certes, l'article L. 2212-2, alinéa 5 du CGCT prévoit aussi que le maire doit prévenir, par des précautions convenables, et faire cesser, par la distribution des secours nécessaires, les maladies épidémiques ou contagieuses, et de pourvoir d'urgence à toutes les mesures d'assistance et de secours. En matière de santé, seul le préfet pourra prendre des mesures de police spéciales étendues à plusieurs territoires, et le maire ne pourra pas prendre des mesures qui relèvent exclusivement de l'État. Ainsi, des tribunaux administratifs ont suspendu des arrêtés du maire rendant obligatoire le port du masque pour sortir, d'autres ont admis la mise en place de couvre-feux sous réserve qu'ils soient dûment motivés et limités dans l'espace et dans le temps.

Astuce pour la rédaction

Employer des connections logiques est un des moyens de rendre cohérent ses idées.

Des connecteurs pour expliquer : C'est-à-dire, Ainsi, … Par exemple, …. Notamment, …. Particulièrement, ou en particulier, ….

Des connecteurs pour articuler des conclusions ou propositions : En conséquence, …. Aussi, …. Dans ces conditions, …. Pour conclure, …. En définitive, ….

Des connecteurs pour exprimer la condition : Si, …. Même si, …. A condition que, …. Dans l'hypothèse où, ….

Des connecteurs pour indiquer l'objectif, le but : Pour que, …. Afin que, ou de, … En vue de, …

Des connecteurs pour exprimer le temps : Quand, … Comme, …. Tandis que, …. Avant que, …. Après que, …. Dès que, …. A l'instant où, ….

Des connecteurs pour indiquer la cause, la raison, l'origine : …. Car …, …. Parce que…, Puisque…, Comme…, Dès lors que …, Étant donné que …, Compte tenu de …, Au vue de….

Des connecteurs pour indiquer la conséquence, le résultat : Donc, … De ce fait, …. C'est pourquoi …, Aussi (+ inversion du sujet) …, …si bien que…, …de manière que….

IV LE RETOUR D'EXPÉRIENCE DU JURY

Examen professionnel : l'épreuve de QRC

Le rapport de la Présidente du jury de l'examen professionnel d'accès, par voie de promotion interne, au grade de chef de service de police municipale (CIG grande couronne) pour la session 2017 éclaire sur les pistes de travail à fournir par chacun des candidats. Ainsi, les remarques des correcteurs sur le questionnaire sont les suivantes :

> « Les correcteurs ont noté un manque de connaissance de la règlementation, les réponses étaient souvent trop courtes et peu structurées, elles ne comportaient parfois aucune référence juridique. Les correcteurs ont par ailleurs constaté un écart de niveau important entre les copies, le niveau de certains candidats étant proprement alarmant. Le niveau rédactionnel est faible, voire très faible, l'orthographe et la syntaxe sont souvent défaillantes.

Conseils aux candidats :

- Mieux structurer les réponses,
- Prendre du recul et de la hauteur afin de se positionner en cadre capable de présenter la règlementation à l'élu,
- Travailler la connaissance de l'environnement professionnel,
- Travailler davantage les connaissances juridiques. »

Concours : l'épreuve de QRC

Le rapport de la Présidente du jury du concours de chef de service de police municipale (CIG grande couronne) pour la session 2017 éclaire sur les pistes de travail à fournir par chacun des candidats. Ainsi, les remarques des correcteurs sur le questionnaire sont les suivantes :

> « Le niveau des connaissances des candidats est jugé faible par pratiquement l'ensemble des correcteurs. Le niveau d'expression est considéré comme faible à très faible au mieux moyen. Les candidats ont parfois été assez minimalistes dans le développement de leurs réponses. Des lacunes importantes ont été relevées concernant le fonctionnement des collectivités territoriales ainsi qu'un manque de précision sur les questions de droit pénal. L'organisation administrative de la France n'est pas non plus maitrisée. L'orthographe et la syntaxe sont également des points faibles pour beaucoup de candidats. »

PARTIE 3
L'ÉPREUVE DE CAS PRATIQUE (EXAMEN PROFESSIONNEL)

CHAPITRE 1

COMPRENDRE LES ATTENDUS DE L'ÉPREUVE

I UN CAS PRATIQUE A VOCATION PROFESSIONNELLE

Un sujet portant sur des missions du chef de service de police municipale

Le libellé réglementaire de l'épreuve de cas pratique indique que l'épreuve d'admissibilité est la résolution d'un cas pratique à partir des éléments d'un dossier portant sur les missions incombant aux chefs de service de police municipale. La résolution du cas pratique se fait à partir d'un dossier. Ce dossier comporte un sujet qui présente une situation concrète comportant des éléments de contexte précis sur la collectivité employant le candidat considéré comme chef de service de police municipale.

Le dossier comprendra une dizaine de pages au maximum. L'épreuve n'est pas une épreuve de synthèse qui se limiterait à résumer les éléments essentiels sur un sujet. Le dossier est mis au service du candidat afin qu'il y trouve des éléments utiles à la résolution du cas qui lui est soumis.

Un niveau attendu d'analyse juridique et professionnel

La copie rédigée par le candidat doit permettre d'apprécier les capacités d'analyse du candidat et son aptitude à rédiger des propositions de solutions aux problèmes soulevés par le cas pratique défini. L'épreuve ne comporte pas de programme réglementaire, mais le sujet porte sur des missions dévolues à un chef de service qui prétend avoir les capacités à intégrer le niveau de cadre intermédiaire de catégorie B de la fonction publique territoriale. A ce stade, et compte tenu des missions, il doit comprendre et maîtriser l'environnement juridique de la police municipale et des pouvoirs de police du maire (voir l'échelle de l'intercommunalité). Il est donc utile de rappeler que le décret n°2011-444 du 21 avril 2011 portant statut particulier du cadre d'emplois des chefs de service de police municipale précisent leur rôle en ces termes :

Les chefs de service de police municipale exécutent dans les conditions fixées, notamment, par la loi du 15 avril 1999 susvisée et sous l'autorité du maire les missions relevant de la compétence de ce dernier en matière de prévention et de surveillance du bon ordre, de la tranquillité, de la sécurité et de la salubrité publiques.

Ils assurent l'exécution des arrêtés de police du maire et constatent, par procès-verbaux dans les conditions prévues à l'article 21-2 du code de procédure pénale, les contraventions auxdits arrêtés ainsi qu'aux dispositions des codes et lois pour lesquelles compétence leur est donnée.

Ils assurent l'encadrement des membres du cadre d'emplois des agents de police municipale, dont ils coordonnent l'activité. Ils ont vocation à exercer les fonctions d'adjoint au directeur de police municipale.

Une mise en situation professionnelle : une logique de projet !

Le candidat ne trouvera pas dans le dossier toutes les données nécessaires à la résolution du cas pratiques. Ses connaissances ainsi que son expérience lui seront indispensables. Ainsi, trop de candidats se contentent de paraphraser les documents du dossier, et d'y piocher des éléments de solution mis bout à bout sans cohérence, et sans argumentation ! Or, la résolution du cas nécessite que le candidat prenne le temps d'analyser la situation ou le problème à résoudre pour les comprendre, et qu'il prenne la mesure de la nature et de l'importance relative des informations fournies par le dossier, de façon à pouvoir s'en servir éventuellement.

Les informations éparses du dossier n'apporteront jamais LA solution applicable pour la collectivité dont les données sont décrites dans le seul énoncé. Aussi, le candidat peut s'inspirer des informations du dossier, mais il devra les exploiter d'une autre manière pour les rendre transposables à la collectivité et à la situation décrite dans l'énoncé.

Une logique transversale de projet

Ainsi, le sujet, quel qu'il soit, doit toujours amener le candidat :

- à prendre l'exacte mesure d'une situation (projet à conduire, problème à résoudre, difficultés à prévenir, etc.) ;

- à décider ou à éclairer des choix dans le respect des contraintes temporelles, humaines, budgétaires, techniques et des règles en vigueur.

A savoir : L'aspect transversal fait souvent défaut dans les copies de cas pratiques. La conduite de projet n'est pas bien maîtrisée, la budgétisation fait souvent défaut.

Exemple concret : la session 2017 - Libellé du sujet

Chef de service de police municipale, vous êtes en poste dans la commune de Sécuriville, 30 000 habitants. Dans la perspective des fêtes de fin d'année, votre Maire est saisi par l'association locale des commerçants du centre-ville pour organiser un marché de Noël.

Ce marché de Noël serait composé d'une vingtaine de stands, il se déroulerait du 15 au 26 décembre 2017. Votre Maire vous demande d'élaborer une proposition d'occupation du domaine public et de sécurisation du site, en tenant compte des obligations juridiques dans un contexte de plan vigipirate renforcé.

Extraits du Rapport de la Présidente du jury de l'examen professionnel d'accès, par voie de promotion interne, au grade de chef de service de police municipale sur la session 2017

(…) « Pour certains candidats les moyens mis en œuvre ne sont pas en adéquation avec la situation exposée dans le cas pratique. Beaucoup de candidats oublient la sécurisation du site, l'aspect budgétaire et financier est rarement abordé, de même que l'aspect managérial. L'évaluation du dispositif proposé est absente. Les candidats n'ont pas l'idée de proposer une planification.

Les propositions opérationnelles sont quelquefois formulées en méconnaissance des contraintes liées au plan Vigipirate. » « Conseils aux candidats :

- Ne pas oublier d'associer l'ensemble des acteurs

- Travailler la présentation et le déroulement des idées pour rendre le devoir plus cohérent.

- Prendre connaissance de la note de cadrage.

- Bien s'approprier les éléments du dossier
- Adopter un point de vue de cadre en ne se limitant pas à énumérer des propositions : il est impératif d'acquérir une logique de projet ».

II UNE ÉPREUVE ÉCRITE : DES EXIGENCES DE FORMALISME

Une épreuve écrite : la clarté de la rédaction

Le candidat doit rédiger intégralement une copie sans utiliser de style télégraphique. Les phrases doivent être bien construites, le sens doit être clair, les informations doivent être précises.

A savoir : Trop de copies d'examen sont encore négligées et mal écrites. La forme va pénaliser le fond au sens où les solutions proposées ne seront pas claires, et les examinateurs n'ont pas pour rôle de faire des efforts pour comprendre ce que le candidat a voulu dire !

De la même manière, le candidat doit éviter les fautes d'orthographe et de syntaxe qui, si elles sont nombreuses, peuvent conduite à une pénalité. Toutefois, même si un candidat subit une pénalité, cela ne l'empêchera pas d'être admissible !

Conseil : Se garder 5 minutes de relecture avant la fin de l'épreuve est toujours préconisée pour limiter les fautes d'orthographe.

Une note éliminatoire

Toute note inférieure à 5 sur 20 entraîne l'élimination du candidat. Seuls les candidats déclarés admissibles par le jury sont autorisés à se présenter aux épreuves d'admission.

La présentation incontournable

La copie ci-après déroule le contenu attendu sur la colonne de gauche, et des conseils sur la colonne de droite.

Déroulé de la copie	Conseils
LE TIMBRE Collectivité émettrice, service, date, Destinataire Objet et Référence(s)	Changer de page entre le timbre (feuillet recto 1ère page) et l'introduction (feuillet verso)
L'INTRODUCTION Entrée en matière, problématique, contextualisation, annonce de plan.	Sauter 2 lignes entre l'introduction et le titrage de la partie 1.
PARTIE 1 : *I/ Et tapati et tapata* Chapeau introductif : *« Il sera présenté … (1.1), puis … (1.2) »* Sous-partie 1 : 1.1 Développements Sous-partie 2 : 1.2 Développements	Sauter 1 seule ligne pour démarquer les sous-parties à l'intérieur de chaque grande partie.

Transition : « *Après avoir présenté …, il convient de présenter la logique de projet pour … sur notre collectivité* » **PARTIE 2** : *II/ Plan d'action pour …. au sein de la CT Xville* Chapeau introductif « *Il sera présenté le projet en abordant … (2.1), ainsi que … (2.2), en prêtant une attention particulière sur (2.3), et une vigilance sur (2.4), sans oublier … (2.5), ainsi que …(2.6).* Sous-partie 1 Sous partie 2 Sous partie 3, Et autres sous-parties **Conclusion**	Les titrage ne comporte pas le mot « Partie », il est chiffré (I, I.1…). La phrase de transition est mise en valeur par des sauts de 2 lignes : après la fin de la partie 1, et aussi avant le titrage de la partie 2.

III LA « BONNE » COPIE : C'EST QUOI ?

L'évaluation sur la forme et sur le fond

Une copie doit être présentée de manière irréprochable avec un plan structuré et matérialisé par des titrages. Le plan est binaire : deux grandes parties sont matérialisées, chacune d'entre elles comportant plusieurs sous-parties matérialisées également par des titrages. Le nombre de sous-parties est binaire en partie 1. Cependant en partie 2, le nombre de sous-parties n'est pas limité tout en devant rester cohérent.

La rédaction doit être claire, le style doit être correct, et la copie doit révéler une aptitude rédactionnelle. La copie doit être achevée. On distingue deux cas de figure :

- les copies dans lesquelles les fautes d'orthographe et de syntaxe participent d'un défaut global d'expression. Ces copies ne sauraient, en tout état de cause, obtenir la moyenne et elles peuvent même se voir attribuer une note éliminatoire ;

- les copies qui, malgré quelques fautes d'orthographe, témoignent d'une maîtrise de la langue correcte. Un système de pénalités s'applique alors en fonction du nombre de fautes.

L'évaluation sur le fond

Le cas pratique doit être résolu : le candidat doit proposer des solutions opérationnelles pour résoudre la consigne du destinataire (mise en place d'un dispositif, résolution d'un problème) en prenant en compte les données définies dans l'énoncé du sujet et propres à la collectivité où il travaille. La logique de projet doit être mise en œuvre à l'image d'une posture professionnelle au quotidien.

Un candidat devrait donc obtenir la moyenne (ou plus) quand sa copie est fondée sur une analyse pertinente des informations essentielles de la commande et des éléments de contexte fournis. A ce titre, il doit faire preuve de connaissances professionnelles précises, et proposer des solutions et des dispositions pertinentes pour répondre au problème posé.

CHAPITRE II

MÉTHODOLOGIE POUR RÉUSSIR

I DES ÉTAPES A RESPECTER POUR BIEN GÉRER LE TEMPS ET L'ÉPREUVE

Une méthodologie pour gagner en efficacité

Tout dossier comporte un sujet décrivant un contexte local et comportant une commande de la part d'un destinataire, un sommaire des documents joints, et des documents d'environ une dizaine de pages. La méthodologie repose sur les étapes suivantes :

- La lecture du sujet avec l'exploitation et le repérage des données locales pour anticiper les points importants pour faire des solutions opérationnelles adaptées,
- L'exploitation du sommaire pour repérer les axes généraux du sujet,
- Le survol des documents du dossier,
- La lecture rapide des documents dans un ordre établi qui est souvent plus pertinent que celui de la pagination du dossier,
- L'élaboration du plan au brouillon,
- La rédaction d'une introduction au brouillon,
- La rédaction des développements sur la copie,
- La relecture.

ÉTAPE 1 : La lecture du sujet, l'étape primordiale à ne pas bâcler !

L'énoncé du sujet comprend les données spécifiques et descriptives de la collectivité. Toute information donnée à ce stade doit être exploitée pour les solutions opérationnelles (donc la partie 2). C'est à partir du seul sujet que le candidat pourra élaborer des solutions réalistes et adaptées à la collectivité.

Exemple de lectures exploitées utilement en logique projet du sujet

(les indications ne sont données qu'à titre purement illustratives et toute autre idée pertinente est la bienvenue !).

Enoncé du sujet 2017	Eléments contextuels à exploiter
Chef de service de police municipale, vous êtes en poste dans la commune de Sécuriville, 30 000 habitants. Dans la perspective des fêtes de fin d'année, votre Maire est saisi par l'association locale des commerçants du centre-ville pour organiser un marché de Noël.	Contact à prévoir : le représentant de l'association locale Toujours penser au rôle du chef de service
Ce marché de Noël serait composé d'une vingtaine de stands, il se déroulerait du 15 au 26 décembre 2017.	Planning à prévoir avec la date butoir du 15.12 qui marque le début du marché de Noël 20 stands : quel emplacement (surface à prévoir + lieu sécurisé car Vigipirate) ?
Votre Maire vous demande d'élaborer une proposition d'occupation du domaine public et de sécurisation du site, en tenant compte des obligations juridiques dans un contexte de plan vigipirate renforcé.	2 axes attendus : 1/ l'occupation du DP (autorisation, règlement intérieur, redevances …) + 2/ la sécurisation du site (accès stationnement, barrières de sécurité, cheminement pour les secours, surveillance des lieux pendant 11 jours…)

Énoncé du sujet 2014	Eléments contextuels à exploiter
Vous êtes chef de service de police municipale, dans la commune de Xville de 42 000 habitants, à la tête	Toujours penser au rôle du chef de service

d'un service composé de 30 policiers municipaux, de 12 agents de surveillance de la voie publique et de 8 agents administratifs, qui ont la fonction d'opérateurs de vidéoprotection.	Ici, descriptif des moyens humains dont 8 opérateurs de VP et un CSU. Ces moyens seront à valoriser et à exploiter dans les solutions.
La collectivité a déployé, depuis deux années, un système de vidéoprotection pour endiguer l'évolution des actes de petites et de moyennes délinquances. Les images provenant des 45 caméras, implantées sur l'ensemble du territoire communal, sont renvoyées vers un centre de supervision, installé au dernier étage du poste de police.	
Les commerçants, du vaste centre-ville, se plaignent des difficultés croissantes de circulation, informations relayées par le directeur des réseaux de transport public et constatées par l'ensemble de vos personnels chargés des missions de voie publique.	Les soucis viennent du centre-ville, problème de circulation. Partenaire à prévoir : le directeur des réseaux de transport public. Sans doute souci de stationnement. Partenaires à impliquer : les commerçants (une association de commerçants)
Le Maire de la commune de Xville vous demande, d'une part, de lui exposer les éléments qui lui permettraient de mettre en œuvre la vidéo-verbalisation sur le secteur affecté et d'autre part, en lui faisant des propositions opérationnelles sans pour cela déprécier le dispositif initial de vidéoprotection.	P1: vidéoverbalisation, VP, agents verbalisateurs… P2: Projet pour le centre-ville. Combien de VP sur le secteur centre-ville ? Quid de l'assermentation des 8 agents ? Bilan à prévoir sur l'efficacité du dispositif

Des éléments contextuels à relier avec la logique de projet !

La réussite de l'épreuve suppose de connaître le projet de service ou la logique projet. Car à partir des éléments contextuels extraits du libellé du sujet, la maîtrise de la logique projet permet déjà de noter des idées sans parcourir forcément le dossier.

Eléments contextuels notés sur le sujet 2014	A relier avec la logique projet
Toujours penser au rôle du chef de service Ici, descriptif des moyens humains dont 8 opérateurs de VP et un CSU Les soucis viennent du centre-ville, problème de circulation. Partenaire : le directeur des réseaux de transport public. Sans doute souci de stationnement. Partenaires : les commerçants (une association de commerçants) Combien de VP sur le secteur centre-ville ? Quid de l'assermentation des 8 agents ? Bilan à prévoir sur l'efficacité du dispositif	Diagnostic préalable sur les difficultés recensées en termes de circulation (horaires, lieux…): auprès des agents opérateurs, du directeur des transports publics, de l'association des commerçants. L'enjeu : la vidéoverbalisation ne concerne que des infractions limitativement énumérées. Quid des agents verbalisateurs ? Recenser également l'emplacement et le nombre de VP sur le seul centre-ville. Evaluation à prévoir : des critères quantitatifs en termes de verbalisations, et qualitatifs auprès de l'association des commerçants, du directeur des transports publics, des agents verbalisateurs.

Eléments contextuels notés sur le sujet 2017	A relier avec la logique projet et donc à détailler
Contact : le représentant de l'association locale Toujours penser au rôle du chef de service Echéancier à prévoir pour la date butoir du 15.12 qui marque le début du marché de Noël 20 stands : quel emplacement (surface à prévoir + lieu sécurisé car Vigipirate) 2 axes attendus : 1/ l'occupation du DP (autorisation, règlement intérieur, redevances …) + 2/ la sécurisation du site (accès stationnement, cheminement pour les secours, surveillance des lieux pendant 11 jours…)	Identification des besoins de l'association, (surface des stands, nature des commerces, superficie générale…), et de la sécurité prévue par l'organisateur. Prise de contact par le chef PM. Règlement intérieur pour le marché de Noël, demande d'autorisation du DP, redevances à prévoir. Processus décisionnel : rôle respectif du conseil municipal et du maire (montant des redevances et autorisation délivrée) Choix d'un site sécurisé et à sécuriser : facilité d'accès pour le public, mise en place de consignes de sécurité, affichage sur place, communication à la population sur le plan vigipirate, surveillance pendant 11 jours en affectant des agents de PM…

Peut-on inventer des données qui n'existent pas dans le sujet ?

Certains candidats posent des postulats dans la partie opérationnelle en apportant des précisions qui n'existent pas dans l'énoncé. Par exemple, il est courant de lire : « nous avons pu constater des embouteillages récurrents aux feux tricolores du centre-ville » ou encore « les caméras de vidéoprotection sont en bon état et leur renouvellement n'est pas nécessaire ». Il faut proscrire ce type de rédaction ! Un candidat qui inventerait son propre scénario sans rapport avec la situation pour proposer des solutions serait toujours pénalisé.

ÉTAPE 2 : exploiter rapidement le sommaire des documents

La liste des documents permet de dégager des catégories d'information qui sont les prémices des informations essentielles à traiter essentiellement dans la partie 1.

Exemple de sommaire (session 2014) et idée ressortant du sommaire

Document 1 : « Article 10 de la Loi n° 95-73 du 21 janvier 1995 d'orientation et de programmation relative à la sécurité » - Légifrance – 4 pages.

- Une loi sur la sécurité donc un cadre juridique à présenter

Document 2 : « Article L121-2 et L121-3 du code de la route » - Légifrance- 1 page.

- Cadre juridique sur le code de la route. Or le sujet parle de soucis de difficulté de circulation et le souhait de verbaliser

Document 3 : «Articles 529-10 et 529-11 du code de procédure pénale » - Légifrance - 2 pages.

- Autre cadre juridique : le CPP. Il y a donc 3 aspects à traiter dans le cadre juridique

Document 4 : « Des automobilistes sous vidéosurveillance » - Le Figaro Automobile du 9 avril 2013 - 1 page.

- Surveillance du comportement des usagers de la route

Document 5 : « Fiche métier d'agent de surveillance de la voie publique » - Centre de gestion de la fonction publique territoriale de l'Ain –1 page.

- Mission de l'ASVP

Document 6 : « Paris : souriez vous êtes filmés ...Et verbalisés » – Métronews du 1er avril 2013 - 1 page.

- La verbalisation est issue de caméras

Document 7 : «La vidéoprotection : un nouvel outil pour la sécurité des Montévrinois» - http://montevrain.fr – article téléchargé le 18 mars 2014 - 1 page.

- Les finalités de la VP

Il ressort de l'ensemble de ces idées que deux grands axes se profilent, ce que confirme le libellé génal du sujet : d'une part la réglementation en lien avec la vidéoprotection, d'autre part les règles en matière de verbalisation au code de la route mais aussi les compétences des agents pour les verbaliser. Ces axes généraux s'inscrivent dans le contenu de la partie 1 par nature informative.

ÉTAPE 3 : LE SURVOL DU DOSSIER QUI N'EST PAS UNE LECTURE DES DOCUMENTS !

Ensuite, dans l'ordre de la pagination des pages du dossier, le candidat lira uniquement ce que la mise en page de chacun des documents valorise : qu'est-ce qui « saute » aux yeux ? Il s'agira de lire les chapeaux introductifs des documents qui, par nature, synthétise l'essentiel, les éléments textuels en gros caractères ou en caractères gras. Là encore, le but est d'identifier des catégories d'informations.

A savoir : Trop de candidats à ce stade ont la tentation de lire tous les documents un par un. C'est une erreur grave car le risque est de se noyer dans une masse d'informations, des détails, et de perdre du temps à tout lire ! Alors qu'il faut au moins 1h15 pour rédiger une copie !

Parallèlement, le candidat prend des notes au brouillon qu'il pourra classer en fonction de grands thèmes. A l'issue du survol, des idées thématiques sont dégagées surtout pour la partie 1 qui est la synthèse du sujet, et moins pour la partie 2.

ÉTAPE 4 : LA LECTURE SÉLECTIVE DES DOCUMENTS

Il s'agit ici de trouver du contenu pour expliquer chacun des thèmes transversaux apparus lors du sommaire et du survol. La prise de notes au brouillon doit être efficace : ni trop peu, ni trop, avec l'indication de la page du dossier où est apparu l'information.

ÉTAPE 5 : L'ÉLABORATION DU PLAN

Le plan se travaille au brouillon. Les titrages des grandes parties ne sont pas difficiles en suivant des conseils simples :

Pour le titrage de la partie 1, le mot clé correspondant au sujet à traiter doit apparaître. Rien n'empêche d'ailleurs le candidat de reprendre l'énoncé de la commande du sujet. Pour les sous-parties, il convient de regrouper les divers axes identifiés et d'organiser les idées de telle sorte que deux sous-parties soient à peu près équilibrées.

Pour le titrage de la partie 2, il faut rédiger le nom de la commune et le nom du projet. Les sous-parties développeront certes la logique de projet, mais des objectifs à atteindre peuvent parfaitement être mis en avant dans les titrages des sous-parties plutôt que les termes assez généraux de conception/réalisation/évaluation.

Un formalisme général est ainsi à respecter avec un plan binaire en deux grandes parties à valoriser. Il n'existe pas de plan type. Néanmoins, le plan binaire attendu comporte les deux grandes parties suivantes :

- Partie 1 : une synthèse sur la thématique du sujet à traiter

Il s'agit dans cette partie de démontrer ses capacités à 1/ la synthèse et 2/ l'explication des informations au départ éparses dans un ordre cohérent.

1/ Synthèse sur quoi ? au cas par cas, le candidat traitera du cadre juridique lié au sujet, des enjeux, de l'environnement technique, des avantages, du cadre juridique...

2/ Cette synthèse se fait à partir d'un ordre logique (les deux sous-partie) qui permette de démontrer la capacité à « ranger » toutes les informations essentielles de chacun des documents dans un nouvel ordre logique. Au cas par cas, le candidat développera le sens général des textes, les recommandations des organismes, les difficultés rencontrées, les enjeux d'un dispositif...

Deux grandes sous-parties sont à matérialiser avec des titrages.

- Partie 2 : la logique de projet adaptée à la collectivité X

La partie 2 développe la logique de projet, en reprenant et en les exploitant les données décrites dans l'énoncé du sujet : définition des objectifs à atteindre et rappel des résultats attendus, planification, rôle du chef de service de police municipale, actions à mettre en œuvre (comment, pourquoi, avec qui), budgétisation, évaluation des résultats obtenus pour les comparer aux résultats attendus initialement... Le nombre de sous-parties importe pour la résolution d'un cas pratique. Il est admis une sous-partie par action développée.

Exemple de plan pour le sujet 2014 :

Le Maire de la commune de Xville vous demande, d'une part, de lui exposer les éléments qui lui permettraient de mettre en œuvre la vidéo-verbalisation sur le secteur affecté et d'autre part, en lui faisant des propositions opérationnelles sans pour cela déprécier le dispositif initial de vidéoprotection.

1/ Le dispositif de la vidéoprotection, outil de verbalisation

    A Dispositions législatives et réglementaires sur la vidéoprotection

    B Règles des compétences en matière de constatations d'infractions aux règles de circulation.

2/ Plan d'action pour déployer la vidéoverbalisation dans le centre-ville de Xville

    A Le périmètre de vidéo-verbalisation

    B La nature des infractions

    C La temporisation des infractions

    D La conservation des images

    E Les moyens dédiés

    G La qualité des agents verbalisateurs

    H L'information au public

    I Les impacts financiers

ÉTAPE 6 : LA RÉDACTION DE L'INTRODUCTION

Le déroulé de l'introduction est à maîtriser. Il diffère légèrement du concours ou des autres épreuves écrites. Idéalement, l'introduction comporte un rappel de la situation locale et des problématiques rencontrées. Elle comporte aussi un rappel de la commande du destinataire, et se termine par l'annonce du plan c'est-à-dire des deux grandes parties qui vont être développées. L'introduction est importante. Son déroulé correspond aux attentes des examinateurs.

Exemple d'introduction (session 2014) : Faisant suite à votre demande portant sur la faisabilité de mise en œuvre de la vidéoverbalisation, motivée par le fait des difficultés constatées en matière de circulation sur le centre-ville, j'ai l'honneur de vous communiquer les éléments d'informations suivants. Aussi, pour répondre au mieux aux plaintes des commerçants victimes de ces problématiques récurrentes avérées, mais également aux doléances du transporteur public, la présente note portera d'abord sur les aspects législatifs et réglementaires encadrant le développement de la vidéoprotection (1). On y différenciera la législation relative à la vidéoprotection et les conditions de constatations et de compétences pour relever les infractions aux règles de circulation et de stationnement. Puis, cette note s'orientera sur des propositions opérationnelles d'exploitation (2), le tout remis dans le contexte de l'existant du système de vidéoprotection en fonction depuis déjà deux années au sein du service de police municipale de notre collectivité.

ÉTAPE 7 : LA RÉDACTION DES DÉVELOPPEMENTS

La rédaction des développements s'appuie sur la prise de notes au brouillon. La gestion du temps est capitale car cette phase passe très vite, et la rédaction des solutions opérationnelles n'est pas aisée pour la majorité des candidats. Toute copie se présente de la manière suivante:

1. Un timbre
2. Une introduction
3. Un plan matérialisé en deux parties comportant chacune un titrage
4. Chaque grande partie comporte deux sous-parties
5. Une conclusion (facultative)

ÉTAPE 8 : LA RELECTURE

Cinq minutes sont un minimum pour se relire et corriger les éventuelles fautes d'orthographe.

II ILLUSTRATION : LECTURE DE DOCUMENTS

Trop de candidats se précipitent sur la seule lecture de documents de manière éparse, et en faisant du ligne à ligne. C'est l'échec assuré !

Une lecture pour aller à l'essentiel

Le suivi des étapes exposées précédemment permet d'identifier les grands axes du sujet à traiter, et ce pour aller à la synthèse. La synthèse, propre à la partie 1, est la nécessité de mettre en avant les informations incontournables que le destinataire doit connaître sur le sujet : aller à l'essentiel, l'incontournable en substance, mais pas les détails.

Une lecture pour chaque document pour repérer l'essentiel

La lecture ne doit pas se faire ligne à ligne. Le candidat doit se contenter (et s'efforcer) de lire le début de paragraphe seul pour repérer les informations essentielles.

Exemple : Reprise du sujet du cas pratique 2014

Le document 1 du dossier du sujet 2014 est l'article 10 de la loi n° 95-73 du 21 janvier 1995 d'orientation et de programmation relative à la sécurité. Il comprend 4 pages dans le dossier. Sa lecture ligne à ligne représente un temps non négligeable pour un dossier comportant 6 à 8 documents, et la durée à consacrer pour rédiger la copie. Il est très long, comme le montre sa reproduction :

Article 10

Modifié par LOI n°2011-267 du 14 mars 2011 - art. 17

Modifié par LOI n°2011-267 du 14 mars 2011 - art. 18

Abrogé par Ordonnance n°2012-351 du 12 mars 2012 - art. 19 (V)

I.-Les enregistrements visuels de vidéoprotection répondant aux conditions fixées au II sont soumis aux dispositions ci-après, à l'exclusion de ceux qui sont utilisés dans des traitements automatisés ou contenus dans des fichiers structurés selon des critères permettant d'identifier, directement ou indirectement, des personnes physiques, qui sont soumis à la loi n° 78-17 du 6 janvier 1978 relative à l'informatique, aux fichiers et aux libertés.

II.-La transmission et l'enregistrement d'images prises sur la voie publique par le moyen de la vidéoprotection peuvent être mis en œuvre par les autorités publiques compétentes aux fins d'assurer :

1° La protection des bâtiments et installations publics et de leurs abords ;

2° La sauvegarde des installations utiles à la défense nationale ;

3° La régulation des flux de transport ;

4° La constatation des infractions aux règles de la circulation ;

5° La prévention des atteintes à la sécurité des personnes et des biens dans des lieux particulièrement exposés à des risques d'agression, de vol ou de trafic de stupéfiants ainsi que la prévention, dans des zones particulièrement exposées à ces infractions, des fraudes douanières prévues par le second alinéa de l'article 414 du code des douanes et des délits prévus à l'article 415 du même code portant sur des fonds provenant de ces mêmes infractions ;

6° La prévention d'actes de terrorisme ;

7° La prévention des risques naturels ou technologiques ;

8° Le secours aux personnes et la défense contre l'incendie ;

9° La sécurité des installations accueillant du public dans les parcs d'attraction.

La même faculté est ouverte aux autorités publiques aux fins de prévention d'actes de terrorisme ainsi que, pour la protection des abords immédiats de leurs bâtiments et installations, aux autres personnes morales, dans les lieux susceptibles d'être exposés à des actes de terrorisme.

Il peut être également procédé à ces opérations dans des lieux et établissements ouverts au public aux fins d'y assurer la sécurité des personnes et des biens lorsque ces lieux et établissements sont particulièrement exposés à des risques d'agression ou de vol ou sont susceptibles d'être exposés à des actes de terrorisme.

Les opérations de vidéoprotection de la voie publique sont réalisées de telle sorte qu'elles ne visualisent pas les images de l'intérieur des immeubles d'habitation ni, de façon spécifique, celles de leurs entrées.

Le public est informé de manière claire et permanente de l'existence du système de vidéoprotection et de l'autorité ou de la personne responsable.

III.-L'installation d'un système de vidéoprotection dans le cadre du présent article est subordonnée à une autorisation du représentant de l'Etat dans le département et, à Paris, du préfet de police, donnée, sauf en matière de défense nationale, après avis d'une commission départementale présidée par un magistrat du siège ou un magistrat honoraire. Lorsque le système comporte des caméras installées sur le territoire de plusieurs départements, l'autorisation est délivrée par le représentant de l'Etat dans le département dans lequel est situé le siège social du demandeur et, lorsque ce siège est situé à Paris, par le préfet de police, après avis de la commission départementale de vidéoprotection compétente. Les représentants de l'Etat dans les départements dans lesquels des caméras sont installées en sont informés.

L'autorisation préfectorale prescrit toutes les précautions utiles, en particulier quant à la qualité des personnes chargées de l'exploitation du système de vidéoprotection ou visionnant les images et aux mesures à prendre pour assurer le respect des dispositions de la loi.

L'autorisation peut prescrire que les agents individuellement désignés et dûment habilités des services de police et de gendarmerie nationales ainsi que des douanes et des services d'incendie et de secours sont destinataires des images et enregistrements. Elle précise alors les modalités de transmission des images et d'accès aux enregistrements ainsi que la durée de conservation des images, dans la limite d'un mois à compter de cette transmission ou de cet accès, sans préjudice des nécessités de leur conservation pour les besoins d'une procédure pénale. La décision de permettre aux agents individuellement désignés et dûment habilités des services de police et de gendarmerie nationales ainsi que des douanes et des services d'incendie et de secours d'être destinataires des images et enregistrements peut également être prise à tout moment, après avis de la commission départementale, par arrêté préfectoral. Ce dernier précise alors les modalités de transmission des images et d'accès aux enregistrements. Lorsque l'urgence et l'exposition particulière à un risque d'actes de terrorisme le requièrent, cette décision peut être prise sans avis préalable de la commission départementale. Le président de la commission est immédiatement informé de cette décision qui fait l'objet d'un examen lors de la plus prochaine réunion de la commission.

Les systèmes de vidéoprotection installés doivent être conformes à des normes techniques définies par arrêté ministériel après avis de la Commission nationale de la vidéoprotection, à compter de l'expiration d'un délai de deux ans après la publication de l'acte définissant ces normes.

Seuls sont autorisés par la Commission nationale de l'informatique et des libertés, en application de la loi n° 78-17 du 6 janvier 1978 précitée, les systèmes installés sur la voie publique ou dans des lieux ouverts au public dont les enregistrements sont utilisés dans des traitements automatisés ou contenus dans des fichiers structurés selon des critères permettant d'identifier, directement ou indirectement, des personnes physiques.

Les systèmes de vidéoprotection sont autorisés pour une durée de cinq ans renouvelable.

La commission départementale prévue au premier alinéa du présent III peut à tout moment exercer, sauf en matière de défense nationale, un contrôle sur les conditions de fonctionnement des systèmes de vidéoprotection répondant aux conditions fixées au II. Elle émet, le cas échéant, des recommandations et propose la suspension ou la suppression des dispositifs non autorisés, non conformes à leur autorisation ou dont il est fait un usage anormal. Elle informe le maire de la commune concernée de cette proposition.

La Commission nationale de l'informatique et des libertés peut, sur demande de la commission départementale prévue au premier alinéa du présent III, du responsable d'un système ou de sa propre initiative, exercer un contrôle visant à s'assurer que le système est utilisé conformément à son autorisation et, selon le régime juridique dont le système relève, aux dispositions de la présente loi ou à celles de la loi n° 78-17 du 6 janvier 1978 précitée. Lorsque la Commission nationale de l'informatique et des libertés constate un manquement aux dispositions de la présente loi, elle peut, après avoir mis en demeure la personne responsable du système de se mettre en conformité dans un délai qu'elle fixe, demander au représentant de l'Etat dans le département et, à Paris, au préfet de police, d'ordonner la suspension ou la suppression du système de vidéoprotection. Elle informe le maire de la commune concernée de cette demande.

Les membres de la Commission nationale de l'informatique et des libertés, les agents de ses services habilités dans les conditions définies au dernier alinéa de l'article 19 de la loi n° 78-17 du 6 janvier 1978 précitée ainsi que les membres des commissions départementales de vidéoprotection ont accès de six heures à vingt et une heures, pour l'exercice de leurs missions, aux lieux, locaux, enceintes, installations ou établissements servant à la mise en œuvre d'un système de vidéoprotection, à l'exclusion des parties de ceux-ci affectées au domicile privé. Le procureur de la République territorialement compétent en est préalablement informé.

Le responsable des locaux professionnels privés est informé de son droit d'opposition à la visite. Lorsqu'il exerce ce droit, la visite ne peut se dérouler qu'après l'autorisation du juge des libertés et de la détention du tribunal de grande instance dans le ressort duquel sont situés les locaux à visiter qui statue dans des conditions fixées par décret en Conseil d'Etat. Toutefois, lorsque l'urgence, la gravité des faits à l'origine du contrôle ou le risque de destruction ou de dissimulation de documents le justifie, la visite peut avoir lieu sans que le responsable des locaux en ait été informé, sur autorisation préalable du juge des libertés et de la détention. Dans ce cas, le responsable des lieux ne peut s'opposer à la visite.

La visite s'effectue sous l'autorité et le contrôle du juge des libertés et de la détention qui l'a autorisée, en présence de l'occupant des lieux ou de son représentant qui peut se faire assister d'un conseil de son choix ou, à défaut, en présence de deux témoins qui ne sont pas placés sous l'autorité des personnes chargées de procéder au contrôle.

L'ordonnance ayant autorisé la visite est exécutoire au seul vu de la minute. Elle mentionne que le juge ayant autorisé la visite peut être saisi à tout moment d'une demande de suspension ou d'arrêt de cette visite. Elle indique le délai et la voie de recours. Elle peut faire l'objet, suivant les règles prévues par le code de procédure civile, d'un appel devant le premier président de la cour d'appel. Celui-ci connaît également des recours contre le déroulement des opérations de visite.

Les personnes mentionnées au onzième alinéa du présent III peuvent demander communication de tous documents nécessaires à l'accomplissement de leur mission, quel qu'en soit le support, et en prendre copie ; elles peuvent recueillir, sur place ou sur convocation, tout renseignement et toute justification utiles ; elles peuvent accéder aux programmes informatiques et aux données, ainsi qu'en demander la transcription par tout traitement approprié dans des documents directement utilisables pour les besoins du contrôle.

Elles peuvent, à la demande du président de la commission, être assistées par des experts désignés par l'autorité dont ceux-ci dépendent.

Il est dressé contradictoirement procès-verbal des vérifications et visites menées en application du présent article.

A la demande de la commission départementale prévue au premier alinéa du présent III, de la Commission nationale de l'informatique et des libertés ou de sa propre initiative, le représentant de l'Etat dans le département et, à Paris, le préfet de police peuvent fermer pour une durée de trois mois, après mise en demeure non suivie d'effets dans le délai qu'elle fixe, un établissement ouvert au public dans lequel est maintenu un système de vidéoprotection sans autorisation. Lorsque, à l'issue du délai de trois mois, l'établissement n'a pas sollicité la régularisation de son système, l'autorité administrative peut lui enjoindre de démonter ledit système. S'il n'est pas donné suite à cette injonction, une nouvelle mesure de fermeture de trois mois peut être prononcée.

Les autorisations mentionnées au présent III et délivrées avant le 1er janvier 2000 expirent le 24 janvier 2012. Celles délivrées entre le 1er janvier 2000 et le 31 décembre 2002 expirent le 24 janvier 2013. Celles délivrées entre le 1er janvier 2003 et le 24 janvier 2006 expirent le 24 janvier 2014.

III bis.-Lorsque l'urgence et l'exposition particulière à un risque d'actes de terrorisme le requièrent, le représentant de l'Etat dans le département et, à Paris, le préfet de police peuvent délivrer aux personnes mentionnées au II, sans avis préalable de la commission départementale, une autorisation provisoire d'installation d'un système de vidéoprotection, exploité dans les conditions prévues par le présent article, pour une durée maximale de quatre mois. Le président de la commission est immédiatement informé de cette décision. Il peut alors la réunir sans délai afin qu'elle donne un avis sur la mise en oeuvre de la procédure d'autorisation provisoire.

La même faculté est ouverte au représentant de l'Etat dans le département ou, à Paris, au préfet de police, informé de la tenue imminente d'une manifestation ou d'un rassemblement de grande ampleur présentant des risques particuliers d'atteinte à la sécurité des personnes et des biens. L'autorisation d'installation du dispositif cesse d'être valable dès que la manifestation ou le rassemblement a pris fin.

Sauf dans les cas où les manifestations ou rassemblements de grande ampleur mentionnés au deuxième alinéa ont déjà pris fin, le représentant de l'Etat dans le département et, à Paris, le préfet de police recueillent l'avis de la commission départementale sur la mise en oeuvre du système de vidéoprotection conformément à la procédure prévue au III et se prononcent sur son maintien. La commission doit rendre son avis avant l'expiration du délai de validité de l'autorisation provisoire.

IV.-Hormis le cas d'une enquête de flagrant délit, d'une enquête préliminaire ou d'une information judiciaire, les enregistrements sont détruits dans un délai maximum fixé par l'autorisation. Ce délai ne peut excéder un mois.

L'autorisation peut prévoir un délai minimal de conservation des enregistrements.

V.-Toute personne intéressée peut s'adresser au responsable d'un système de vidéoprotection afin d'obtenir un accès aux enregistrements qui la concernent ou d'en vérifier la destruction dans le délai prévu. Cet accès est de droit. Un refus d'accès peut toutefois être opposé pour un motif tenant à la sûreté de l'Etat, à la défense, à la sécurité publique, au déroulement de procédures engagées devant les juridictions ou d'opérations préliminaires à de telles procédures, ou au droit des tiers.

Toute personne intéressée peut saisir la commission départementale mentionnée au III ou la Commission nationale de l'informatique et des libertés de toute difficulté tenant au fonctionnement d'un système de vidéoprotection.

Les dispositions du précédent alinéa ne font pas obstacle au droit de la personne intéressée de saisir la juridiction compétente, au besoin en la forme du référé.

VI.-Le fait d'installer un système de vidéoprotection ou de le maintenir sans autorisation, de procéder à des enregistrements de vidéoprotection sans autorisation, de ne pas les détruire dans le délai prévu, de les falsifier, d'entraver l'action de la commission départementale ou de la Commission nationale de l'informatique et des libertés, de faire accéder des personnes non habilitées aux images ou d'utiliser ces images à d'autres fins que celles pour lesquelles elles sont autorisées est puni de trois ans d'emprisonnement et de 45 000 euros d'amende, sans préjudice des dispositions des articles 226-1 du code pénal et L. 120-2, L. 121-8 et L. 432-2-1 du code du travail.

VI bis.-Le Gouvernement transmet chaque année à la Commission nationale de l'informatique et des libertés et à la Commission nationale de la vidéoprotection un rapport faisant état de l'activité des commissions départementales visées au III et des conditions d'application du présent article.

VII.-Un décret en Conseil d'Etat, après avis de la Commission nationale de la vidéoprotection, fixe les modalités d'application du présent article et notamment les conditions dans lesquelles le public est informé de l'existence d'un dispositif de vidéoprotection ainsi que de l'identité de l'autorité ou de la personne responsable. Ce décret fixe également les conditions dans lesquelles les agents visés au III sont habilités à accéder aux enregistrements et les conditions dans lesquelles la commission départementale exerce son contrôle.

A savoir : Aucun candidat ne pourra se contenter de dire « La loi du 21 janvier 1995 définit le cadre juridique lié à la vidéoprotection ». Il faut expliquer au destinataire ce que dit ce texte, et donc présenter son contenu, mais en allant à l'essentiel.

Pour aborder la lecture d'un document, il faut lire seulement les premières lignes de chaque paragraphe structurant les documents. Voici ci-après reproduit non pas les quatre pages de lecture de ladite loi de 1995, mais seulement les débuts de paragraphes.

Puis le regroupement des idées entre documents

Après la lecture de chacun des documents, des grandes thématique vont nécessairement se recouper, mais pas forcément avec le même contenu. Une sous-partie comprend ainsi deux ou trois idées clés à développer avec une explication.

Voici ci-après un exercice de lecture rapide de ladite loi de 1995 sans faire du ligne à ligne, mais juste en focalisant les premières lignes de chaque bloc de paragraphe du document avec prise de notes succinctes. Car le candidat devra expliquer le sens général de la loi de 1995.

Lecture des débuts de paragraphe	Information à retenir
Article 10	
I.-Les enregistrements visuels de vidéoprotection répondant aux conditions fixées au II sont soumis aux dispositions ci-après, à l'exclusion de ceux qui sont utilisés dans des traitements automatisés ou contenus dans des fichiers structurés selon des critères permettant d'identifier, directement ou indirectement, des personnes physiques, qui sont soumis à la loi n° 78-17 du 6 janvier 1978 relative à l'informatique, aux fichiers et aux libertés.	Mot clé : les finalités de la VP et de l'enregistrement

Mot clé : loi 6.01.1978 |
| II.-La transmission et l'enregistrement d'images prises sur la voie publique par le moyen de la vidéoprotection peuvent être mis en œuvre par les autorités publiques compétentes aux fins d'assurer :
1° La protection des bâtiments et installations publics et de leurs abords ;
2° ….
3° …
4° …
5° …
6° …
7° …
8° …
9° … | 9 finalités sont prévues : pas la peine de les lire, le repérage chiffré est explicite, un exemple suffira et si possible un exemple en lien avec le sujet. |
La même faculté est ouverte aux autorités publiques aux fins de prévention d'actes de terrorisme ….	Finalité : terrorisme
Il peut être également procédé à ces opérations dans des lieux et établissements ouverts au public ….	MOT CLÉ : emplacement de la VP
Les opérations de vidéoprotection de la voie publique sont réalisées de telle sorte qu'elles ne visualisent pas les images de l'intérieur des immeubles d'habitation ni, de façon spécifique, celles de leurs entrées.	MOT CLÉ : protection de la vie privée, limite à l'enregistrement
Le public est informé de manière claire et permanente …..	MOT CLÉ : information du public
III.-L'installation d'un système de vidéoprotection dans le cadre du présent article est subordonnée à une autorisation du représentant de l'Etat dans le département …..	MOT CLÉ : autorisation du préfet
L'autorisation préfectorale ….	
L'autorisation peut prescrire que les agents individuellement désignés et dûment habilités des services de police et de gendarmerie nationales ainsi que des douanes et des services d'incendie et de secours sont destinataires des images et enregistrements. ….
Les systèmes de vidéoprotection installés doivent être conformes à des normes techniques définies par arrêté ministériel après avis de la Commission nationale de la vidéoprotection…	Contenu de l'autorisation du préfet
Seuls sont autorisés par la Commission nationale de l'informatique et des libertés, en application de la loi n° 78-17 du 6 janvier 1978 précitée, les systèmes installés sur la voie publique ….	MOT CLÉ : loi 1978 + CNIL

Les systèmes de vidéoprotection sont autorisés pour une durée de cinq ans renouvelable….	Durée autorisation : 5 ans
La commission départementale prévue au premier alinéa du présent III ….	MOT CLÉ : commission départementale
La Commission nationale de l'informatique et des libertés peut, ….	MOT CLÉ : CNIL
Les membres de la Commission nationale de l'informatique et des libertés, ….	
III bis.-Lorsque l'urgence et l'exposition particulière à un risque d'actes de terrorisme le requièrent, le représentant de l'Etat dans le département …	Retour sur le préfet, mais en cas d'urgence
Sauf dans les cas où les manifestations ou rassemblements de grande ampleur mentionnés au deuxième alinéa ont déjà pris fin, le représentant de l'Etat dans le département …	Retour sur le préfet
IV.-Hormis le cas d'une enquête de flagrant délit, d'une enquête préliminaire ou d'une information judiciaire, les enregistrements sont détruits dans un délai maximum fixé par l'autorisation. Ce délai ne peut excéder un mois.	MOT CLÉ : protection des données
V.-Toute personne intéressée peut s'adresser au responsable d'un système de vidéoprotection afin d'obtenir un accès aux enregistrements qui la concernent ….	MOT CLÉ : protection du public intéressé
Toute personne intéressée peut saisir la commission départementale …	MOT CLÉ : retour sur la commission départementale
VI.-Le fait d'installer un système de vidéoprotection ou de le maintenir sans autorisation, …	Pas d'intérêt puisque le candidat ne se passera pas de l'autorisation !

Exemple de résumé : La loi de 1995 encadre le dispositif de la vidéoprotection. Elle prévoit l'enregistrement des images dans neuf hypothèses parmi lesquelles la constatation des infractions aux règles de la circulation. Une autorisation préfectorale est prévue pour une durée de cinq ans. La protection des données est un impératif en lien avec la loi de 1978 informatique et libertés, ce qui nécessite d'obtenir une autorisation préalable délivrée par la commission nationale informatique et libertés. Il convient de souligner l'obligation d'une information du public sur le dispositif mis en place.

CHAPITRE III
APPLIQUER UNE LOGIQUE DE PROJET

I PROPOSER DES ACTIONS POUR RÉPONDRE AU DESTINATAIRE

C'est quoi un projet ?

De manière simpliste, il est possible de définir un projet comme un ensemble d'actions conçues et mises en œuvre pour atteindre un but précis pour répondre à un besoin spécifique.

Quel projet ?

Il faut donner la nature du projet : que veut le destinataire dans la collectivité ? Le nom du projet sera clairement énoncé dans le titrage de la grande partie 2.

Les grandes étapes du projet et sa réussite

Aussi, le projet se caractérise par les aspects suivants :

1. **Un objectif précis** : ce que veut atteindre le commanditaire (énoncé dans le libellé du sujet),

2. **Par rapport à des besoins spécifiques** : les données contextuelles sont définies dans le libellé du sujet, il faut les affiner (diagnostique sur quoi, pourquoi, comment, avec qui),

3. **Selon une planification définie** : c'est au candidat de préciser une temporalité à court, moyen ou long terme, délai en cohérence selon la complexité du projet à mener,

4. **Supposant une organisation** à mettre en place en évoquant le **processus décisionnel** nécessaire (délibération du conseil municipal ? échelle intercommunale ?) …

5. **… avec des partenaires** : le sujet peut donner des idées sur les acteurs à impliquer (usagers, association de commerçants, police nationale, services de la préfecture, service de l'État…) et les services à associer (services techniques, service communication, CHCST, organisations syndicales, organes consultatifs, DRH…),

6. **… en déterminant les moyens** : l'énoncé du sujet décrit souvent les moyens dont dispose le candidat au niveau local. Il faut évoquer tous les moyens en lien avec le projet (moyens humains, matériels, financiers, moyens mobilisables chez les partenaires), et sans oublier…

7. **… un budget à prévoir** : coût à anticiper, aides et subventions, projet sur plusieurs exercices comptables ?.

La démarche est exigeante car elle suppose que tout candidat connaisse la logique de projet au même titre qu'il aurait à travailler sur un projet pour lequel il serait missionné dans le cadre de son travail.

La bonne copie : ce qu'il faut aborder pour résoudre le cas pratique

Aussi, ce sont autant d'aspects qui doivent apparaître dans la copie :

1. Quels sont les objectifs à atteindre ? (résultats attendus mesurables),
2. Quel est le calendrier du projet ? début et fin (date butoir), et diverses phases,
3. Qui est nommé responsable du projet ?
4. Quelles sont les moyens requis ? (moyens humains, moyens matériels, moyens techniques, moyens financiers),
5. Quelles sont les solutions concrètes proposées pour atteindre l'objectif ?
6. Quels sont les outils d'évaluation ?

Ce qui fera également la différence entre les copies sont :

- les points de vigilance mis en exergue. Il est important d'énoncer des risques pour préconiser une solution à privilégier. Possible formulation : « *Il est possible de … Toutefois, cette solution risque de … C'est pourquoi il est préconisé de …* »,

- les conditions de réussite qui peuvent influer sur le bon déroulement du projet : circulation de l'information, les ressources, les délais... Possible formulation : « *Il conviendra de porter une attention particulière sur ... pour le bon déroulement du projet* ».

II NOTIONS GÉNÉRALES SUR LA LOGIQUE DE PROJET

Un travail en amont

Tout candidat doit se documenter pour comprendre la manière dont se monte et se conduit un projet. Le dossier n'apporte jamais le contenu des solutions opérationnelles attendues par le commanditaire, mais tout au plus quelques idées qui, de toute façon, devront être argumentées et adaptées à la situation locale du commanditaire. Ainsi, il est nécessaire de connaître notamment le rôle des élus, de la direction générale d'une commune ou d'un établissement public de coopération intercommunale, avec les organes dont l'avis consultatif est requis, en ayant un regard réaliste sur la planification ou encore le processus budgétaire d'une collectivité territoriale.

La conduite de projet pour la partie solutions opérationnelles

Les principales étapes liées à une logique de projet traduisent une planification des tâches. Mais il appartient à tout candidat de définir un planning à court, moyen ou long terme en fonction de la complexité du projet qui lui est soumis. Une date butoir peut être définie. Parallèlement, la budgétisation du projet, le processus décisionnel (délibération du conseil municipal ?) sont des éléments à préciser. Le tableau ci-dessous synthétise le processus général de la conduite de projet dont les éléments doivent apparaître dans la copie pour résoudre le cas pratique selon une chronologie progressive et cohérente. La démarche commence au cadrage et au lancement du projet, puis se poursuit avec les différentes actions proposées, et se termine par l'évaluation des résultats obtenus.

conception, cadrage et diagnostic	réalisation et mise en oeuvre d'actions	suivi et évaluation
• objectifs en fonction des besoins exprimés, les résultats attendus • lancement officiel du projet par la désignation du chef de projet (le candidat) • diagnostic pour affiner l'analyse de la situation locale et du besoin (sur quoi, avec qui, par qui, comment) • définition du pilotage et de la démarche, qui fait quoi ? • rôle du chef de service de police municipale • prévoir la budgétisation du projet (approche en coût global) • avis consultatif(s) à anticiper si sujet RH	• identification et liste des actions à mener • mise en œuvre par la réalisation des différentes actions (avec qui ? comment ? quels partenaires ?) : moyens humains, financiers, matériels • plan de communication interne et/ou externe: communiquer sur quoi ? pourquoi ? comment ? • au cas par cas : expérimentation avant généralisation ?	• Rapprocher les résultats obtenus aux objectifs et résultats initiaux : des ajustements seront sans doute nécessaires • mesurer les impacts du projet par des critères quantitatifs et quantitatifs (notions et exemples) • retours et capitalisation d'expérience • notion d'efficacité : les objectifs sont-ils atteints ? • notion d'efficience : les moyens utilisés sont-ils satisfaisants par rapport à l'efficacité obtenue ?

PARTIE 4
L'ÉPREUVE DE SOLUTIONS OPÉRATIONNELLES
(CONCOURS, 1ère CLASSE et 2ème CLASSE)

CHAPITRE 1
LES ATTENDUS DE L'ÉPREUVE

I UNE ÉPREUVE ÉCRITE PRÉSENTANT DES SIMILITUDES

Concours externe, concours interne, troisième concours

L'épreuve écrite (qui s'ajoute à l'épreuve de questionnaires à réponse courte) consiste en la rédaction d'une note à partir des éléments d'un dossier portant sur une situation en relation avec les missions du cadre d'emplois. Elle doit notamment permettre au jury d'apprécier les capacités de synthèse du candidat et son aptitude à élaborer des propositions visant à apporter des solutions aux problèmes soulevés par le dossier précité. La durée est de trois heures et le coefficient à 3.

Examen professionnel chef de service de police municipale de 2ème classe

L'épreuve écrite consiste en la rédaction d'un rapport à partir des éléments d'un dossier portant sur la réglementation relative à la police municipale, assorti de propositions opérationnelles. La durée est de trois heures avec un coefficient 1.

Examen professionnel d'accès par voie d'avancement de grade de Chef de service de Police municipale principal de 1ère classe

Pour cet examen professionnel, l'épreuve écrite consiste en la rédaction d'un rapport à partir des éléments d'un dossier portant sur la réglementation relative à la police municipale territoriale, assorti de propositions opérationnelles. La durée est de trois heures avec un coefficient 1.

II QUEL TYPES DE SUJETS ?

Un sujet portant sur des missions du chef de service de police municipale

Le libellé de l'épreuve est toujours en lien avec les missions d'un chef de police municipale et son environnement professionnel. L'épreuve écrite se fait à partir d'un dossier. Ce dernier énonce la présentation d'une situation concrète comportant des éléments de contexte précis sur la collectivité employant le candidat projeté chef de service de police municipale. Le dossier comprend plusieurs documents. Attention, l'épreuve n'est pas une épreuve de synthèse qui se limiterait à résumer les éléments essentiels de documents ! Le dossier est mis au service du candidat afin qu'il y trouve des éléments utiles à la rédaction de solutions opérationnelles.

Un niveau attendu d'analyse juridique et professionnel

La copie rédigée par le candidat doit permettre d'apprécier les capacités d'analyse du candidat et son aptitude à rédiger des propositions de solutions aux problèmes soulevés par le dossier. L'épreuve ne comporte pas de programme réglementaire, mais le sujet porte sur les missions dévolues à un chef de service qui prétend avoir les capacités à intégrer le niveau de cadre intermédiaire de catégorie B, voire 2ème classe ou 1ère classe dans la fonction publique territoriale. A ce stade, et compte tenu des missions, il doit comprendre et maîtriser l'environnement juridique de la police municipale et des pouvoirs de police du maire (voir l'échelle de l'intercommunalité).

Il est donc utile de rappeler que le décret n°2011-444 du 21 avril 2011 portant statut particulier du cadre d'emplois des chefs de service de police municipale précisent leur rôle en ces termes :

Les chefs de service de police municipale exécutent dans les conditions fixées, notamment, par la loi du 15 avril 1999 susvisée et sous l'autorité du maire les missions relevant de la compétence de ce dernier en matière de prévention et de surveillance du bon ordre, de la tranquillité, de la sécurité et de la salubrité publiques.

Ils assurent l'exécution des arrêtés de police du maire et constatent, par procès-verbaux dans les conditions prévues à l'article 21-2 du code de procédure pénale, les contraventions auxdits arrêtés ainsi qu'aux dispositions des codes et lois pour lesquelles compétence leur est donnée.

Ils assurent l'encadrement des membres du cadre d'emplois des agents de police municipale, dont ils coordonnent l'activité. Ils ont vocation à exercer les fonctions d'adjoint au directeur de police municipale.

Une mise en situation professionnelle : une logique de projet !

Le candidat ne trouvera pas dans le dossier toutes les données nécessaires à la présentation de solutions opérationnelles. Ses connaissances ainsi que son expérience lui seront indispensables.

Ainsi, trop de candidats se contentent de paraphraser les documents du dossier, et d'y piocher des éléments de solution mis bout à bout sans cohérence, et sans argumentation. Or, la rédaction de cette épreuve nécessite que le candidat prenne le temps d'analyser la situation ou le problème à résoudre pour les comprendre et qu'il prenne la mesure de la nature et de l'importance relative des informations fournies par le dossier, de façon à pouvoir s'en servir, certes, éventuellement. Les informations du dossier n'apporteront jamais LA solution applicable pour la collectivité dont les données sont décrites dans le seul énoncé. Certes, le candidat peut s'inspirer des informations du dossier, mais il devra les exploiter d'une autre manière et avec une approche de projet personnalisée pour les rendre transposables à cette collectivité et à la situation décrite dans l'énoncé.

Une logique transversale de projet

Trop de candidats oublient que l'épreuve écrite suppose la connaissance et la maîtrise de la logique de projet, laquelle doit être appliquée à l'appui des solutions opérationnelles attendues. Ainsi, le sujet, quel qu'il soit, doit toujours amener le candidat :

- à prendre l'exacte mesure d'une situation (projet à conduire, problème à résoudre, difficultés à prévenir, etc.) ;

- à décider ou à éclairer des choix dans le respect des contraintes temporelles, humaines, budgétaires, techniques et des règles en vigueur.

III UNE ÉPREUVE ÉCRITE : DES EXIGENCES DE FORMALISME

Une épreuve écrite : la clarté de la rédaction

Le candidat doit rédiger intégralement une copie sans utiliser de style télégraphique. Aussi, l'épreuve permet d'apprécier les aptitudes rédactionnelles du candidat. Les phrases doivent être bien construites, le sens doit être clair, les informations doivent être précises.

Trop de copies d'examen sont encore négligées et mal écrites. La forme va pénaliser le fond au sens où les solutions proposées ne seront pas claires, et les examinateurs n'ont pas pour rôle de faire des efforts pour comprendre ce que le candidat a voulu dire ! De la même manière, le candidat doit éviter les fautes d'orthographe et de syntaxe qui, si elles sont nombreuses, peuvent conduite à une pénalité. Toutefois, même si un candidat subit une pénalité, cela ne l'empêchera pas d'être admissible !

Conseil : Se garder 5 minutes de relecture avant la fin de l'épreuve est toujours préconisée pour limiter les fautes d'orthographe.

IV LA « BONNE » COPIE : C'EST QUOI ?

L'évaluation sur la forme et sur le fond

Une copie doit être présentée de manière irréprochable avec un plan structuré et matérialisé par des titrages. Le plan est binaire : deux grandes parties sont matérialisées, chacune d'entre elles comportant plusieurs sous-parties matérialisées également par des titrages.

La rédaction doit être claire, le style doit être correct, et la copie doit révéler une aptitude rédactionnelle. La copie doit être achevée. Aussi, les copies dans lesquelles les fautes d'orthographe et de syntaxe participent d'un défaut global d'expression, ne sauraient obtenir la moyenne et elles peuvent même se voir attribuer une note éliminatoire. A distinguer des copies qui, malgré quelques fautes d'orthographe, témoignent d'une maîtrise de la langue correcte.

L'évaluation sur le fond

Le candidat doit avoir proposé des solutions opérationnelles pour répondre à la demande du destinataire en prenant en compte les données décrites dans l'énoncé du sujet et propres à la collectivité où il travaille. La logique de projet doit être mise en œuvre à l'image d'une posture professionnelle au quotidien. Ainsi, une copie devrait obtenir la moyenne (ou plus) quand elle est fondée sur une analyse pertinente des informations essentielles du dossier et des éléments de contexte fournis pour répondre au problème posé.

CHAPITRE II
MÉTHODOLOGIE POUR RÉUSSIR

I DES ÉTAPES A RESPECTER POUR BIEN GÉRER LE TEMPS ET L'ÉPREUVE

Une méthodologie pour gagner en efficacité

Tout dossier comporte un sujet décrivant un contexte local et comportant une commande, un sommaire des documents joints, et des documents reproduits. La méthodologie repose sur les étapes suivantes :

- La lecture du sujet avec l'exploitation et le repérage des données locales pour les solutions opérationnelles adaptées,

- L'exploitation du sommaire pour repérer les axes généraux et logiques sur le thème du sujet,

- Le survol des documents du dossier,

- La lecture rapide des documents dans un ordre préétabli plus pertinent que la pagination,

- L'élaboration du plan au brouillon,
- La rédaction d'une introduction au brouillon,
- La rédaction de la copie,
- La relecture.

II DES SOLUTIONS OPÉRATIONNELLES TENANT COMPTE DU CONTEXTE LOCAL

ÉTAPE 1 : La lecture du sujet, étape primordiale à ne pas bâcler !

L'énoncé du sujet comprend les données spécifiques et descriptives de la collectivité. L'information à ce stade doit être exploitée dans le cadre des solutions opérationnelles. C'est à partir du seul énoncé que le candidat pourra élaborer des solutions opérationnelles adaptées à la collectivité.

Exemple d'application : Libellé EXAMEN PROFESSIONNEL CHEF DE SERVICE DE POLICE MUNICIPALE PRINCIPAL DE 2e CLASSE (Dossier de 27 pages avec 12 documents)

Vous êtes Chef de service de police municipale principal de 2e classe de Sécuriville (20 000 habitants). Sécuriville appartient à une communauté d'agglomération (80 000 habitants, 5 communes). Votre service est composé de 20 agents de police municipale et de 4 agents de surveillance de la voie publique (ASVP).

Le Maire vous confie la sécurisation sur le territoire communal, en partenariat avec le service des sports et le club local, de la prochaine course cycliste sans chronomètre. Il est prévu d'accueillir plus de 150 coureurs cyclistes et 3 500 visiteurs environ.

Pour cela, le Maire vous demande, dans un premier temps, de rédiger à son attention, exclusivement à l'aide des documents joints, un rapport relatif à la sécurisation d'évènements sur la voie publique. (10 points)

Dans un second temps, il vous demande, afin de compléter ce rapport, de formuler des propositions opérationnelles permettant d'encadrer cette course cycliste. (10 points)

Exemple de lectures exploitées utilement en logique projet du sujet

(les indications ne sont données qu'à titre purement illustratives et toute autre idée pertinente est la bienvenue !).

Rappel du libellé	Eléments contextuels en termes de solutions
Vous êtes Chef de service de police municipale principal de 2e classe de Sécuriville (20 000 habitants).	
Sécuriville appartient à une communauté d'agglomération (80 000 habitants, 5 communes).	L'échelle interco n'est pas donnée par hasard ! Les moyens humains sont décrits. Il est important de distinguer les missions des ASVP/agents
Votre service est composé de 20 agents de police municipale et de 4 agents de surveillance de la voie publique (ASVP).	Le service des sports sera un partenaire (travail transversal), le club local est un partenaire.
Le Maire vous confie la sécurisation sur le territoire communal, en partenariat avec le service des sports et le club local, de la prochaine course cycliste sans chronomètre. Il	Accueillir veut dire où, qui, quand ? : coureurs/familles et matériels en amont + le public sur l'itinéraire de la course. Quel itinéraire ?

est prévu d'accueillir plus de 150 coureurs cyclistes et 3 500 visiteurs environ. Pour cela, le Maire vous demande, dans un premier temps, de rédiger à son attention, exclusivement à l'aide des documents joints, un rapport relatif à la sécurisation d'évènements sur la voie publique. (10 points) Dans un second temps, il vous demande, afin de compléter ce rapport, de formuler des propositions opérationnelles permettant d'encadrer cette course cycliste. (10 points)	La partie 1 est une synthèse sur les règles applicables en cas d'événement sur la voie publique. Donc, il s'agira de privilégier les règles pour une course cycliste sans chronométrage. L'objectif est l'encadrement de la course : 1/arrivée du public (3500), emplacement pendant la course, 2/ participants (150 coureurs et famille) et lieu dédié, 3/ sécurité, secours etc. sur tout le trajet, d'où la nécessité d'identifier un trajet

Des éléments contextuels à relier avec la logique de projet !

Aucun candidat ne peut réussir cette épreuve s'il ne maîtrise pas la notion de projet de service ou la logique projet. Car à partir des éléments contextuels extraits du libellé du sujet, la maîtrise de la logique projet permet déjà de noter des idées sans parcourir forcément le dossier. Ce qui est une bonne chose puisque le dossier n'apporte pas le plan type et les solutions types pour la collectivité !

Eléments contextuels notés sur le sujet	A relier avec la logique projet et donc à détailler
L'échelle interco n'est pas donnée par hasard ! Les moyens humains sont décrits. Il est important de distinguer les missions des ASVP/agents Le service des sports sera un partenaire (travail transversal), le club local est un partenaire. Accueillir veut dire où, qui, quand ? : coureurs/familles et matériels en amont + le public sur l'itinéraire de la course. Quel itinéraire? La partie 1 a pour but une synthèse sur les règles applicables en cas d'événement sur la voie publique. En l'état, il s'agira de privilégier les règles pour une course cycliste sans chronométrage. L'objectif est l'encadrement de la course : 1/arrivée du public (3500), emplacement pendant la course, 2/ participants (150 coureurs et famille) et lieu dédié, 3/ sécurité, secours etc. sur tout le trajet, d'où la nécessité d'identifier un trajet	Possibilité de mutualiser moyens humains ou techniques avec des communes limitrophes ? Présence de PM le long du trajet ou pour sécuriser les interdictions de circuler ou de stationnement (affichage en amont, arrêté du maire...) Possibilité de bénévolat des membres du club local ? quid d'une remise de prix ? Choix de l'itinéraire/état des lieux. Partagé : le club local doit connaître le parcours, le service des sports connaît la spécificité de la course cycliste. Besoins des participants ? (dépôt des vélos, distribution d'eau sur le parcours ?...) Communication sur la course auprès des habitants, échelle interco, et club local 2 axes : l'accueil des participants en amont et lieu réservé à leur accueil + l'arrivée du public + l'emplacement du public sur l'itinéraire Retours d'expérience nécessaires

Peut-on inventer des données qui n'existent pas dans le sujet ?

Certains candidats posent des postulats dans les solutions opérationnelles en apportant des précisions qui n'existent pas dans l'énoncé. Par exemple, il est courant de lire : « nous avons pu constater des embouteillages récurrents aux feux tricolores du centre-ville » ou encore « les caméras de vidéoprotection sont en bon état et leur renouvellement n'est pas nécessaire ». Il faut proscrire ce type de rédaction ! Un candidat qui inventerait son propre scénario sans rapport avec la situation pour proposer des solutions serait toujours pénalisé.

ÉTAPE 2 : exploiter rapidement le sommaire des documents

La liste des documents permet de dégager des grands axes de réflexion qui sont les prémices des informations essentielles à traiter essentiellement dans la partie 1.

Document 1 : « Les maires de petites villes s'impliquent dans les politiques de sécurité », M. Kis, courrierdesmaires.fr, 24 février 2015 – 2 pages

- La problématique de l'insécurité/sécurité concernent aussi les « petites » villes
- Notion de politique de sécurité : la nécessité d'identifier les besoins, prendre en compte les attentes des administrés, définir des actions

Document 2 : « Nouvelle convention entre la police municipale et la police nationale : une coopération au quotidien », communiqué de presse, somme.gouv.fr, 3 janvier 2014 - 3 pages

- Un outil existant dont il faut expliquer l'enjeu : la convention entre PN et PM
- La notion de coproduction de sécurité, le partenariat

Document 3 : « Pourquoi il ne faut pas armer les policiers municipaux », M. Messaoudene, leplus.nouvelobs.com, 9 septembre 2016 - 2 pages

- La problématique de l'armement : avantages et inconvénients

Document 4 : « Du bloc régalien au bloc communal, la grande transition de la sécurité publique », J.Lenoir, lettreducadre.fr, 8 septembre 2016 - 3 pages

- Régalien fait penser à l'État, donc les forces de police GN/PN
- Le bloc communal fait penser au maire et à la PM, le niveau local
- Le rapprochement de ces notions renvoie à la coproduction de sécurité

Document 5 : « Sécurité : le rôle des acteurs locaux sur fond d'état d'urgence », V.Malochet, iau-idf.fr, Septembre 2016 - 3 pages

- L'implication des maires est mis en exergue (en 2016, l'état d'urgence était d'actualité)

Document 6 : « Police municipale : état d'urgence ! », A. Batailler, lettreducadre.fr, 19 septembre 2016 - 1 page

- La PM a participé aux mesures nationales découlant de l'état d'urgence

Document 7 : « Pas de temps mort la nuit pour la police municipale », F. Boyer, propos recueillis par S.Pams, lanouvellerepublique.fr, 27 février 2015 - 1 page

- Horaires de travail atypique, souci constant de sécurité, pénibilité au travail…

Document 8 : Plan d'action contre la radicalisation et le terrorisme (PART), dossier de presse (extrait), 9 mai 2016 - 2 pages

- Un focus sur la radicalisation et le terrorisme
- Un plan national existe, donc un cadre d'actions qui s'imposent/le niveau national

- La commune, le maire, la PM devront en tenir compte/le niveau local

Document 9 : « Police municipale : une clarification indispensable », P. Laurent, philippe-laurent.fr, 29 août 2016 - 2 pages

- Le statut, l'évolution des missions de la PM sont en réflexion

Sur le sujet 2017, la partie 1 porte sur la sécurité locale, et ses enjeux. Il se dégage de l'exploitation du sommaire diverses idées générales portant sur les thématiques logiques suivantes :

L'émergence des besoins sécuritaires (pour la population, période de l'état d'urgence, risques de radicalisation et de terrorisme), avec des mesures sur le niveau national (mission régalienne de l'Etat, convention prévue), transposées sur le niveau local (coproduction de sécurité, coordination des forces de police PM/PN, implication du maire et la PM, politique locale de sécurité). La question du statut, des missions, des conditions de travail (dangerosité du métier, pénibilité du métier, armement...) est posée. Il est donc important de noter au brouillon ces diverses thématiques.

ÉTAPE 3 : LE SURVOL DU DOSSIER QUI N'EST PAS UNE LECTURE !

Ensuite, dans l'ordre de la pagination des pages du dossier, le candidat lira uniquement ce que la mise en page de chacun des documents valorise : qu'est-ce qui « saute » aux yeux ? Il s'agira de lire les chapeaux introductifs des documents qui, par nature, synthétise l'essentiel, les éléments textuels en gros caractères ou en caractères gras. L'idée est toujours de dégager des axes logiques malgré la masse d'informations recueillies dans les documents. Des informations se recoupent lors du survol.

Trop de candidats à ce stade ont la tentation de lire tous les documents un par un. C'est une erreur grave car le risque est de se noyer dans une masse d'informations, des détails, et de perdre du temps à tout lire ! Alors qu'il faut au moins 1h15 pour rédiger une copie !

ÉTAPE 4 : LA LECTURE SÉLECTIVE DES DOCUMENTS

L'exercice du survol permet d'identifier les grands thèmes logiques à présenter de manière synthétique. Il s'agit maintenant de donner du contenu pour chacun des thèmes apparus. La prise de notes doit être efficace : ni trop peu, ni trop, avec l'identification de la page du dossier.

ÉTAPE 5 : L'ÉLABORATION DU PLAN

Le plan se travaille au brouillon. Les titrages des grandes parties ne sont pas difficiles en suivant des conseils simples !

Pour le titrage de la partie 1, le mot clé correspondant au sujet à traiter doit apparaître. Rien n'empêche d'ailleurs le candidat de reprendre l'énoncé de la commande du sujet. Pour les sous-parties, il convient de regrouper les divers axes identifiés et d'organiser les idées de telle sorte que deux sous-parties soient à peu près équilibrées. C'est l'exercice difficile de réorganiser les informations apparues dans des documents divers.

Pour le titrage de la partie 2, il est utile de citer le nom de la commune et le nom du projet. Les sous-parties développeront la logique de projet. Des objectifs à atteindre peuvent parfaitement être rédigés dans les titrages des sous-parties pour éviter les termes généraux de conception, réalisation ou évaluation. A l'inverse de la résolution d'un cas pratique, le nombre de sous parties attendu est de deux ou trois au maximum.

Exemple : Concours session 2017 :

« Vous rendez compte de cette situation au maire qui vous demande, de rédiger, exclusivement à l'aide des documents joints, une note sur les enjeux de la sécurité locale. (10 points) »

- Titrage : 1/ Les enjeux de la sécurité locale

« Puis, dans un deuxième temps, il vous demande de formuler un ensemble de propositions permettant de renforcer le sentiment de sécurité de la population tout en améliorant les conditions de travail de vos agents. (10 points) »

- Titrage : 2/ Plan d'action pour remédier au sentiment d'insécurité des habitants de Policeville en améliorant les conditions de travail des agents
- 2.1 Analyser la sécurité locale et sa perception par les habitants 2.2 S'appuyer sur le partenariat pour améliorer les conditions de travail des agents

ÉTAPE 6 : LA RÉDACTION DE L'INTRODUCTION

Le déroulé de l'introduction est à maîtriser. Ce sont les premières lignes lues par les examinateurs en dehors du timbre. Idéalement, l'introduction comporte une phrase d'entrée en matière, une définition du sujet avec un rappel éventuel du texte clé au cœur du sujet, le rappel de la commande du destinataire, et l'annonce du plan c'est-à-dire des deux grandes parties qui vont être développées.

ÉTAPE 7 : LA RÉDACTION DES DÉVELOPPEMENTS

La rédaction des développements s'appuie sur la prise de notes au brouillon. La gestion du temps est capitale car cette phase passe très vite, et la rédaction de l'opérationnel n'est pas facile !

ÉTAPE 8 : LA RELECTURE

Cinq minutes sont un minimum pour se relire et corriger les éventuelles fautes d'orthographe.

Déroulé de la copie	Conseils
LE TIMBRE Collectivité émettrice, service, date, Destinataire Objet Références	Changer de page entre le timbre (feuillet recto 1ère page) et l'introduction (feuillet verso)
L'INTRODUCTION Entrée en matière, problématique, contextualisation, annonce de plan.	Sauter 2 lignes entre la fin de l'introduction et le titrage de la partie 1.
PARTIE 1 : I/ Et tapati et tapata Chapeau introductif : « Il sera présenté … (1.1), puis … (1.2) » Sous-partie 1 : 1.1 Développements Sous-partie 2 : 1.2 Développements	Sauter 1 seule ligne pour démarquer les sous-parties à l'intérieur de chaque grande partie. Les titrage ne comporte pas le mot « Partie », il est chiffré.
Transition : « Après avoir présenté …, il convient de présenter la logique de projet pour … sur notre collectivité » **PARTIE 2** : II/ Plan d'action pour …. au sein de la CT Xville Chapeau introductif « Il sera présenté le projet en abordant … (2.1), ainsi que … (2.2).	La phrase de transition est mise en valeur par des sauts de 2 lignes après la fin de la partie 1, et 2 lignes avant le titrage de la partie 2.
Sous-partie 1 Développements **Sous partie 2** Développements (Eventuelle sous-partie 3 mais pas plus) **Conclusion**	

CHAPITRE III

APPLIQUER UNE LOGIQUE DE PROJET

I LES SOLUTIONS OPÉRATIONNELLES : QUEZACO ?

Exposer un projet et ses différentes phases

Au regard de tout ce qui a été précisé dans les précédents paragraphes, la bonne copie sera celle qui exposent des solutions opérationnelles qui démontrent l'aptitude du candidat :

1. à prendre l'exacte mesure d'une situation (projet à conduire, problème à résoudre, difficultés à prévenir, etc.) ;

2. à décider ou à éclairer des choix dans le respect des contraintes temporelles (échéancier et date butoir, court terme ou long terme), humaines, budgétaires (budgétisation, coût, aides financières), techniques et des règles en vigueur.

3. à utiliser de manière pertinente les moyens à sa disposition dans l'énoncé du sujet (moyens humains, matériels, partenaires).

Les remontées explicites des rapports de jurys à l'issue des épreuves écrites

Exemple 1 - Libellé du sujet du concours chef de service de police municipale Session 2017

Vous êtes nommé chef de service de la police municipale à Policeville, commune de 20 000 habitants, ville-centre d'une communauté de communes de 45 000 habitants.

La commune est en déclin économique : les fermetures d'usines et de commerces se multiplient. La commune perd de sa population. Parallèlement, un des quartiers périphériques de la ville vient d'être classé en zone de sécurité prioritaire et de nombreux habitants se plaignent de l'augmentation des incivilités et le sentiment d'insécurité se développe notamment dans le contexte actuel du niveau « Sécurité renforcée - risque attentat » du plan Vigipirate.

La police municipale est composée de 8 agents dont vous et de deux agents de surveillance de la voie publique (horaires de travail : 9h-18h). Elle dispose d'un véhicule et de moyens radios. Les policiers sont équipés d'armes de catégorie D et n'ont pas de gilets pare-balles. Un système de vidéoprotection est installé en centre-ville. Le renouvellement de la convention de coordination avec la police nationale est à l'étude depuis quelques mois ; il est notamment question de créer une brigade de nuit. Dès votre prise de poste, vous remarquez un fort malaise au sein de l'équipe des policiers municipaux (horaires dépassés, manque de moyens, missions élargies, notamment).

Vous rendez compte de cette situation au maire qui vous demande, de rédiger, exclusivement à l'aide des documents joints, une note sur les enjeux de la sécurité locale. (10 points)

Puis, dans un deuxième temps, il vous demande de formuler un ensemble de propositions permettant de renforcer le sentiment de sécurité de la population tout en améliorant les conditions de travail de vos agents. (10 points). Pour traiter cette seconde partie, vous mobiliserez également vos connaissances.

<u>Retour : Extraits du Rapport de la Présidente du jury du concours de chef de service de police municipale sur la session 2017 :</u>

« La maitrise de l'épreuve par les candidats a été jugé faible à l'unanimité des correcteurs. Les connaissances également faibles ou moyennes. Le niveau d'expression plutôt moyen à faible. Les

correcteurs constatent des difficultés évidentes dans la maîtrise de la méthodologie de la note, notamment en ce qui concerne le dossier très souvent sous exploité. Les candidats ont des difficultés à structurer leurs devoirs, la syntaxe et l'orthographe sont souvent également défaillants. Le mode projet n'a jamais été utilisé ».

Exemple 2 - Libellé du sujet 2016 l'examen professionnel d'accès par voie d'avancement de grade de Chef de service de Police municipale principal de 1 ère classe

Vous êtes chef de service de la police municipale de Sécuriville, comptant 22 000 habitants. Le service de la police municipale compte 10 agents de police municipale et 2 agents de surveillance de la voie publique en zone Police Nationale. La ville dispose d'un réseau de vidéoprotection efficace doté d'une quinzaine de caméras implantées sur des points stratégiques.

Face aux cambriolages qui sont malgré tout en augmentation dans certains quartiers pavillonnaires de la commune, la municipalité souhaite renforcer sa politique de sécurité et de prévention tout en impliquant les habitants comme acteurs de la tranquillité publique.

Dans un premier temps, le maire vous demande de rédiger à son attention, exclusivement à l'aide des documents joints, un rapport portant sur les prérogatives du maire en matière de lutte contre les cambriolages. (10 points)

Dans un deuxième temps, il vous demande de rédiger un ensemble de propositions opérationnelles pour la mise en place d'un dispositif coordonné pour lutter contre les cambriolages dans la commune. (10 points)

Retour : Rapport du Président du jury de l'examen professionnel d'accès par voie d'avancement de grade de Chef de service de Police municipale principal de 1ère classe

« Au-delà de la lutte contre les cambriolages, les candidats devaient repérer 2 informations essentielles, la coordination avec la police nationale et donc monter une convention de coordination et dans un second lieu l'intervention de la population et donc définir ce degré d'intervention. Les correcteurs ont mis en avant l'écriture plutôt fluide des candidats qui ont bien compris l'exercice. Néanmoins, ils manquent de positionnement général en tant que chef de service et ne se projettent pas dans de nouvelles fonctions. Il faut prendre la mesure des enjeux pour la collectivité. »

Lire le sujet pour repérer des solutions opérationnelles

Application : Libellé du sujet du concours chef de service de police municipale, Session 2017

Vous êtes nommé chef de service de la police municipale à Policeville, commune de 20 000 habitants, ville-centre d'une communauté de communes de 45 000 habitants. La commune est en déclin économique : les fermetures d'usines et de commerces se multiplient. La commune perd de sa population. Parallèlement, un des quartiers périphériques de la ville vient d'être classé en zone de sécurité prioritaire et de nombreux habitants se plaignent de l'augmentation des incivilités et le sentiment d'insécurité se développe notamment dans le contexte actuel du niveau « Sécurité renforcée - risque attentat » du plan Vigipirate.

La police municipale est composée de 8 agents dont vous et de deux agents de surveillance de la voie publique (horaires de travail : 9h-18h). Elle dispose d'un véhicule et de moyens radios. Les policiers sont équipés d'armes de catégorie D et n'ont pas de gilets pare-balles. Un système de vidéoprotection est installé en centre-ville. Le renouvellement de la convention de coordination avec la police nationale est à l'étude depuis quelques mois ; il est notamment question de créer une brigade de nuit. Dès votre prise de poste, vous remarquez un fort malaise au sein de l'équipe des policiers municipaux (horaires dépassés, manque de moyens, missions élargies, notamment).

Vous rendez compte de cette situation au maire qui vous demande, de rédiger, exclusivement à l'aide des documents joints, une note sur les enjeux de la sécurité locale. (10 points)

Puis, dans un deuxième temps, il vous demande de formuler un ensemble de propositions permettant de renforcer le sentiment de sécurité de la population tout en améliorant les conditions de travail de vos agents. (10 points)

L'essentiel à retenir pour des solutions « adaptées » : Pour la partie 2, seul l'énoncé du sujet permet d'extraire les premiers éléments à traiter dans la logique de projet.

Libellé du sujet 2017	Eléments à exploiter en logique de projet
La commune est en déclin économique : les fermetures d'usines et de commerces se multiplient. La commune perd de sa population. Parallèlement, un des quartiers périphériques de la ville vient d'être classé en zone de sécurité prioritaire et de nombreux habitants se plaignent de l'augmentation des incivilités et le sentiment d'insécurité se développe notamment dans le contexte actuel du niveau « Sécurité renforcée – risque attentat » du plan Vigipirate. La police municipale est composée de 8 agents dont vous et de deux agents de surveillance de la voie publique (horaires de travail : 9h-18h). Elle dispose d'un véhicule et de moyens radios. Les policiers sont équipés d'armes de catégorie D et n'ont pas de gilets pare-balles. Un système de vidéoprotection est installé en centre-ville. Le renouvellement de la convention de coordination avec la police nationale est à l'étude depuis quelques mois ; il est notamment question de créer une brigade de nuit. Dès votre prise de poste, vous remarquez un fort malaise au sein de l'équipe des policiers municipaux (horaires dépassés, manque de moyens, missions élargies, notamment). Partie 1 : les enjeux de la sécurité locale. Partie 2 : ensemble de propositions permettant de renforcer le sentiment de sécurité de la population tout en améliorant les conditions de travail de vos agents.	Sous-jacent : redynamiser la vie locale ZSP : un lieu à prendre en compte

Augmentation des incivilités : lesquelles ? à analyser (plaintes ? courrier ? autres services à impliquer ? exploitation des images de VP). Insécurité par rapport à quoi ? A relier avec le but du plan vigipirate.

Descriptif des moyens humains et matériels à exploiter et horaires travail. La question de l'armement sera importante à traiter.

Le renouvellement de la convention est à exploiter. Le chef de service doit se rapprocher du commissariat pour faire un état des lieux sur les moyens existants humains, matériels mutualisés outre les horaires et lieux d'intervention. La convention pourra faire l'objet d'un avenant. Se rattacher du service de la préfecture et du procureur de la République à cet effet. La convention est un des outils pour remédier au malaise (missions, moyens…), mobiliser d'autres moyens. Réflexion sur la brigade de nuit à exploiter ensuite. 2 axes : 1/remédier au sentiment d'insécurité des habitants + 2/ améliorer les conditions de travail |

II LA DÉMARCHE PROJET : UNE EXIGENCE

C'est quoi un projet ? et quel projet ?

De manière simpliste, il est possible de définir un projet comme un ensemble d'actions conçues et mises en œuvre pour atteindre un but précis pour répondre à un besoin spécifique. Il faut donner la nature du projet : que veut le destinataire dans la collectivité ? Le nom du projet sera clairement énoncé dans le titrage de la grande partie 2.

Les grandes étapes du projet et sa réussite

Aussi, le projet se caractérise par les aspects suivants :

1. Un objectif précis : ce que veut atteindre le commanditaire (énoncé dans le libellé du sujet),

2.   Par rapport à des besoins spécifiques : les données contextuelles sont définies dans le libellé du sujet, il faut les affiner (diagnostique sur quoi, pourquoi, comment, avec qui),

3.   Selon une planification définie par le candidat (temporalité à court, moyen ou long terme),

4.   Supposant une organisation à mettre en place (la conduite du projet, les instances de décisions, la réorganisation du service, la nomination d'un chef de projet sont autant de dimensions au cas par cas), en évoquant la validation du projet (validation d'un comité de suivi ou d'un COPIL...) et le processus décisionnel nécessaire (délibération du conseil municipal ? échelle intercommunale ?...),

5.   Avec des partenaires : le sujet peut donner des idées sur les acteurs à impliquer (usagers, association de commerçants, police nationale, services de la préfecture, service de l'État...) et les services à associer (services techniques, service communication, CHCST, organisations syndicales, organes consultatifs, DRH...),

6.   En déterminant les moyens. L'énoncé décrit souvent les moyens dont dispose le candidat au niveau local. Il faut évoquer tous les moyens en lien avec le sujet (moyens techniques, moyens humains, moyens mobilisables chez les partenaires, moyens matériels) et aussi les moyens financiers,

7.   Et un budget à prévoir : coût à anticiper, aides (de qui ? quel montant ?) et subventions, projet sur plusieurs exercices comptables, éventuelle expérimentation avant généralisation...

La démarche est exigeante car elle suppose que tout candidat connaisse et maîtrise la logique de projet au même titre qu'il aurait à travailler sur un projet pour lequel il serait missionné dans son service.

La bonne copie : ce qu'il faut aborder dans les solutions opérationnelles

Aussi, ce sont autant d'aspects qui doivent apparaître dans la copie :

1.   Quels sont les objectifs à atteindre ? (résultats attendus mesurables),

2.   Quel est le calendrier du projet ? début et fin (date butoir), et diverses phases,

3.   Qui est nommé responsable du projet ?,

4.   Quelles sont les moyens requis ? (moyens humains, moyens matériels, moyens financiers),

5.   Quelles sont les solutions concrètes proposées pour atteindre l'objectif ?

6.   Quels sont les outils d'évaluation ?.

Ce qui fera également la différence entre les copies sont :

•   les points de vigilance mis en exergue. Il est important d'énoncer des risques pour les surmonter en préconisant une solution à privilégier. Par exemple : « Il est possible de ... Toutefois, cette solution risque de ... C'est pourquoi il est préconisé de ... »,

•   les conditions de réussite qui peuvent influer sur le bon déroulement du projet : circulation de l'information, les ressources, les délais... Possible formulation : « Il conviendra de porter une attention particulière sur ... pour le bon déroulement du projet ».

III NOTIONS GÉNÉRALES SUR LA LOGIQUE DE PROJET

Un travail en amont

Tout candidat doit se documenter pour comprendre la manière dont se monte et se conduit un projet. Le dossier n'apporte jamais le contenu des solutions opérationnelles attendues par le commanditaire, mais tout au plus quelques idées qui, de toute façon, devront être argumentées et adaptées à la situation locale du commanditaire. Ainsi, il est nécessaire de connaître notamment le rôle des différentes instances de validation (comité de pilotage, comité technique, groupes de travail), les organes dont l'avis consultatif est obligatoirement requis, en ayant un regard réaliste sur la planification ou encore le processus budgétaire d'une collectivité territoriale.

La conduite de projet pour la partie solutions opérationnelles

Les principales étapes liées à une logique de projet s'échelonnent dans le temps. Il appartient à tout candidat de définir un planning à court, moyen, long terme selon la complexité du projet soumis, avec une date butoir. Le tableau ci-dessous tente de dégager le processus général de la conduite de projet dont les éléments doivent apparaître dans la copie, selon une chronologie progressive : cadrage et au lancement du projet, actions proposées, évaluation des résultats obtenus.

conception, cadrage et diagnostic	réalisation et mise en oeuvre d'actions	suivi et évaluation
• objectifs en fonction des besoins exprimés, les résultats attendus • lancement officiel du projet par la désignation du chef de projet • diagnostic pour affiner l'analyse de la situation locale et du besoin (sur quoi, avec qui, par qui, comment) • définition du pilotage et de la démarche (COPIL, groupes de travail ?), réunion des acteurs clés à mobiliser • prévoir la budgétisation du projet (approche en coût global) • avis consultatif à anticiper si sujet RH	• identification et liste des actions à mener • répartition des actions à mener • mise en œuvre par la réalisation des différentes actions • point d'étape, point sur les actions (réunions) • plan de communication interne et/ou externe : communiquer sur quoi ? pourquoi ? comment ? • au cas par cas : expérimentation avant généralisation ?	• réalisation d'un bilan sur la conformité des résultats obtenus par rapport aux objectifs et résultats attendus initiaux : des ajustements seront sans doute nécessaires • mesurer les impacts du projet par des critères quantitatifs et quantitatifs : notions et exemples • retours et capitalisation d'expérience • notion d'efficacité : les objectifs sont-ils atteints ? • notion d'efficience : les moyens utilisés sont-ils satisfaisants par rapport à l'efficacité obtenue ?

La phase de cadrage de la démarche a vocation à déterminer le périmètre sur lequel seront engagées les modalités concrètes de réalisation (actions opérationnelles), sa raison d'être. Elle passe par la nécessité de vérifier la réalité du besoin (commande passée, diagnostic) et l'identification des acteurs concernés par le projet. Le lancement de cette phase nécessite d'impulser une dynamique de travail collaboratif, souvent transversal, avec l'ensemble des parties-prenantes impliquées : autres acteurs de police ? préfecture ? service de l'Etat ? autres acteurs complémentaires ?

Objectifs, état des lieux, planification, pilotage, animation, moyens budgétaires sont les éléments clés de la phase de conception du projet. La phase réalisation est celle de la mise en œuvre des différentes actions proposées. Pour chacune d'entre elles, la mise en œuvre est détaillée : quelles priorités ? comment faire ? avec qui ? quels conseils ou points de vigilance ? ... L'évaluation a pour enjeu de capitaliser sur les résultats obtenus en vue de réajustements à identifier.

Des notions à travailler en amont

Voici quelques exemples de notions à travailler par les candidats si tant est qu'ils ne les connaisse pas.

COPIL : Pour les projets importants, un comité de pilotage peut être constitué. C'est la structure décisionnelle et politique. Présidé par le maire (ou le président d'un EPCI), il réunit des élus, les directeurs généraux (DGS, DGA) outre les représentants d'autres collectivités territoriales impliquées, et les représentants institutionnels (services de l'Etat). Son rôle consiste essentiellement à être informé de l'avancement du projet, et valider les solutions proposées et choisies. En ce sens, ce sont les « décideurs » qui vont arbitrer.

Comité technique : Selon l'importance du projet, un comité technique peut préparer les décisions du COPIL. Il comprend les membres de la direction générale et l'encadrement intermédiaire impactés par le projet telles que les RH, la direction juridique, les finances… En ce sens, ce sont des « techniciens » dans leur domaine de compétences.

Groupes de travail : Ils apportent une expertise sur une thématique précise. Leur rôle doit être défini, validation des objectifs poursuivis et du cadrage, identification des actions à mettre en place.

Le chef de projet : L'animation et la coordination du projet se fait sous l'égide d'un chef de projet chargé du pilotage et du suivi de la démarche. Il assure la coordination des acteurs et services concernés. Il peut être le chef de service de la police municipale.

Le budget : Une estimation du budget prévisionnel est attendu. Le dossier pourra contenir des exemples chiffrés dans des expériences menées par d'autres collectivités territoriales qui pourront servir de base à un calcul estimatif du coût. En fonction du projet, le coût financier peut ne pas être budgétisé sur un seul exercice budgétaire, et il faudra envisager une programmation pluriannuelle. Les subventions (montant, plafond) et les recherches d'autres aides sont à développer : par qui ? combien ?

Les moyens d'actions pour agir : Moyens juridiques (faut-il contacter le service des marchés publics ? faut-il assurer une veille juridique ? faut-il se rapprocher de la CNIL ? …), les moyens humains (comment assurer la validation du projet ? comment impliquer les autres acteurs partenaires ? comment communiquer auprès des habitants ? des agents du service ? …), les moyens financiers (quel est le coût ? faut-il envisager une programmation pluriannuelle ? quelles sont les subventions possibles ? …), les moyens matériels et techniques (dispositif particulier ? NTCI ? nécessité du travail transversal avec les services techniques ? impact sur les données personnelles ? …).

Une démarche d'évaluation : Elle englobe les outils et indicateurs d'évaluation (usagers, agents du service, structures partenaires), le bilan (procédure de clôture du projet, évaluation des procédures, des résultats). Les grands principes, la définition d'indicateurs d'évaluation, sont à connaître et le candidat devra donner à l'appui de sa démarche des exemples précis.

CHAPITRE III
LES PHRASES A UTILISER

Voici quelques formulations de phrases qui pourront, au cas par cas, donner des inspirations pertinentes à tout candidat qui saura l'utiliser dans la logique projet :

La définition des objectifs du projet sera partagée avec l'ensemble des acteurs impliqués.

La connaissance et l'analyse de la situation locale est un préalable nécessaire pour identifier les besoins et les objectifs à définir.

La phase diagnostic aura pour but d'identifier … L'objectif de la phase de diagnostic est double. D'une part, il s'agit de recenser … auprès de … D'autre part, il conviendra de réaliser une étude auprès de … afin d'analyser …

L'élaboration du diagnostic sera fondée sur une démarche coopérative, à travers la constitution d'un comité partenarial qui sera chargé à travers le croisement d'expériences et le partage d'informations, d'établir un état des lieux à l'échelle du territoire. Il pourra être décidé de réaliser une enquête auprès d'usagers et de professionnels selon des modalités plus allégées.

A l'issue de la phase diagnostic et des connaissances en résultant sur la situation locale, la phase de construction de solutions concrètes pourra être lancée.

Il sera nécessaire de planifier les grandes phases du projet que sont le diagnostic, la construction de solutions et l'évaluation. S'agissant d'un projet à moyen (ou long terme), le chef de service propose ainsi de fixer …

Le chef de police municipale aura pour tâche de coordonner le différents acteurs impliqués et rendra compte de l'avancement des travaux et de l'avancée du projet.

La mise en œuvre des actions d'information/détection et d'orientation requiert une mobilisation et une coordination de l'ensemble des acteurs dans le cadre d'une dynamique partenariale.

Il sera nécessaire d'élaborer une fiche action pour chacune des solutions opérationnelles envisagées en précisant les objectifs opérationnels, les moyens dédiés, et les indicateurs de suivi et d'évaluation.

Des points de vigilance sont à souligner. Aussi, il convient de prévoir … Cette pratique est à prendre avec précaution face au risque de …. Il conviendra d'être attentif au fait que …

Ce projet suppose une évaluation pour mesurer l'impact des actions mises en œuvre, et ainsi les pérenniser après les avoir réajustées au regard des résultats obtenus.

La détermination d'une méthode d'évaluation constitue l'une des phases-clés dans la réussite du projet. Il s'agit de mesurer les effets immédiats et différés de la démarche sur une ou plusieurs variables d'intérêt, et aussi de vérifier les effets attendus du projet.

Pour certaines des actions présentées, un suivi d'indicateurs peut déjà permettre d'avoir des informations sur la mise en place du plan d'action. Selon la nature des actions menées, une approche quantitative ou qualitative de l'évaluation sera à prévoir et à définir. La mise en place de cette évaluation implique de mobiliser différents services afin de réunir les compétences nécessaires à son bon déroulement. Ainsi …

TITRE 2
LES ÉPREUVES ORALES D'ADMISSION

PARTIE 1
PRÉSENTATION DES ÉPREUVES D'ADMISSION

CHAPITRE 1
LES ÉPREUVES D'ADMISSION POUR LES CHEFS DE SERVICE ET DIRECTEUR DE POLICE MUNICIPALE

I CHEF DE SERVICE : PLUSIEURS ÉPREUVES

Les concours d'accès au cadre d'emplois des chefs de service de police municipale comprennent un concours externe, un concours interne et un troisième concours.

Le concours externe de recrutement des chefs de service de police municipale comporte les épreuves d'admission suivante :

1. Un entretien ayant pour point de départ un exposé du candidat sur sa formation et son projet professionnel, permettant au jury d'apprécier sa motivation et son aptitude à exercer les missions dévolues aux membres du cadre d'emplois (durée totale : 20 minutes, dont 5 minutes au plus d'exposé ; coefficient 2) ;

2. Une épreuve orale facultative de langue vivante (voir Partie 2). Le candidat choisit lors de son inscription l'une des langues étrangères suivantes : allemand, anglais, espagnol, italien, russe, arabe moderne, portugais, néerlandais, grec.

3. Des épreuves physiques (coefficient 1) :

    a) Une épreuve de course à pied ;

    b) Une autre épreuve physique choisie par le candidat au moment de son inscription au concours parmi les disciplines suivantes : saut en hauteur, saut en longueur, lancer de poids, natation.

Le concours interne de recrutement des chefs de service de police municipale comporte les épreuves d'admission suivantes :

1. 1° Un entretien ayant pour point de départ un exposé du candidat sur les acquis de son expérience professionnelle et permettant au jury d'apprécier sa motivation et son aptitude à exercer les missions dévolues aux membres du cadre d'emplois (durée totale : 20 minutes, dont 5 minutes au plus d'exposé ; coefficient 2) ;

2. 2° Une épreuve orale facultative de langue vivante (voir Partie 2). Le candidat choisit lors de son inscription l'une des langues étrangères suivantes : allemand, anglais, espagnol, italien, russe, arabe moderne, portugais, néerlandais, grec.

3. Des épreuves physiques facultatives (coefficient 1) :

a) Une épreuve de course à pied ;

b) Une autre épreuve physique choisie par le candidat au moment de son inscription au concours parmi les disciplines suivantes : saut en hauteur, saut en longueur, lancer de poids, natation.

Le troisième concours de recrutement des chefs de service de police municipale comporte les épreuves d'admission suivantes :

1. 1° Un entretien ayant pour point de départ un exposé du candidat sur les acquis de son expérience et permettant au jury d'apprécier ses connaissances, son aptitude à exercer les missions dévolues aux membres du cadre d'emplois ainsi que sa capacité à s'intégrer dans l'environnement professionnel (durée : 20 minutes, dont 5 mn au plus d'exposé. Coeff. 2);

2. 2° Des épreuves physiques (coefficient 1) :

    a) Une épreuve de course à pied ;

    b) Une autre épreuve physique choisie par le candidat au moment de son inscription au concours parmi les disciplines suivantes : saut en hauteur, saut en longueur, lancer de poids, natation.

II CHEF DE SERVICE DE POLICE MUNICIPALE PRINCIPAL DE 1ERE CLASSE

La phase d'admission consiste en un entretien ayant pour point de départ un exposé du candidat sur les acquis de son expérience professionnelle, se poursuivant par des questions permettant au jury d'apprécier les connaissances professionnelles du candidat ainsi que sa motivation et son aptitude à exercer des missions d'encadrement.

La durée de l'entretien est de 20 minutes, dont 5 minutes au plus pour la présentation de l'exposé. L'épreuve est à coefficient : 2. Une note inférieure à 5 sur 20 entraîne l'élimination du candidat.

III CHEF DE SERVICE DE POLICE MUNICIPALE PRINCIPAL DE 2ème CLASSE

L'épreuve orale d'admission consiste en un entretien ayant pour point de départ un exposé du candidat sur les acquis de son expérience et permettant au jury d'apprécier les connaissances du candidat, sa motivation et son aptitude à exercer les missions dévolues aux membres du cadre d'emplois.

La durée de l'entretien est de 20 minutes, dont 5 minutes au plus pour la présentation de l'exposé. L'épreuve est à coefficient : 2. Une note inférieure à 5 sur 20 entraîne l'élimination du candidat.

CHAPITRE 2
LA COMPOSITION DU JURY

I POUR L'ÉPREUVE ORALE DE LANGUE

Le jury se compose généralement de deux membres, chacun spécialisée bien sûr dans la langue choisie par le candidat.

II POUR L'ENTRETIEN

Le jury examinateur de l'épreuve d'entretien comprend au moins :

- Un fonctionnaire territorial de catégorie A ou B issu de services de police municipale pour les chefs de service de police municipale.

- Deux personnalités qualifiées.
- Deux élus locaux (maire, adjoint au maire ...).

Un représentant du Centre national de la fonction publique territoriale est membre du jury, et désigné au titre de l'un des trois collèges.

III L'ADMISSION

Peuvent seuls être autorisés à se présenter aux épreuves d'admission, les candidats déclarés admissibles aux épreuves écrites par le jury.

IV LES TESTS PSYCHOTECHNIQUES

Les candidats au concours de chef de service de police municipale passent, dans des conditions garantissant leur anonymat, des tests psychotechniques non éliminatoires, élaborés et interprétés par des psychologues possédant les qualifications requises. Ces tests sont destinés à permettre une évaluation de leur profil psychologique.

Les membres du jury disposent pour le recrutement des chefs de police municipale, des résultats des tests psychotechniques destinés à évaluer le profil psychologique des candidats, et ce pour aide à la décision. Sans être éliminatoires, les résultats de ces tests sont communiqués au jury lors de la première épreuve d'admission afin de permettre au jury d'apprécier la personnalité du candidat et sa motivation pour l'emploi sollicité. Le jury peut alors poser des questions adaptées au candidat pour tenter d'analyser des traits de personnalité identifiées dans les tests psychotechniques.

CHAPITRE 3
LES POSTES A POURVOIR

I NOMBRE DE POSTES A POURVOIR

Le centre de gestion décisionnaire

Chaque session de concours fait l'objet d'un arrêté d'ouverture pris par le président du centre de gestion organisateur. Cet arrêté précise la date limite de dépôt des inscriptions, la date et le lieu des épreuves, le nombre de postes à pourvoir et l'adresse à laquelle les candidatures doivent être déposées. Pour chaque concours, le jury détermine le nombre total des points nécessaires pour être admissible et sur cette base, arrête la liste des candidats admis à se présenter aux épreuves d'admission. A l'issue des épreuves, le jury arrête, dans la limite des places mises au concours, la liste d'admission. Cette liste est distincte pour chacun des concours.

Le nombre de postes ouverts aux concours de la fonction publique territoriale par les centres de gestion vise à assurer la couverture des besoins de recrutement des collectivités. Le nombre de postes à ouvrir par l'autorité organisatrice d'un concours tient compte du nombre de candidats restant encore inscrits sur la liste d'aptitude établie à l'issue des concours précédents, des fonctionnaires du même cadre d'emplois momentanément privés d'emploi pris en charge par les centres de gestion et des besoins prévisionnels recensés par les collectivités territoriales.

II LE LIBRE CHOIX DE L'EMPLOYEUR

Plusieurs voies de recrutement

Le principe constitutionnel de libre administration des collectivités territoriales a pour conséquence le libre choix des employeurs territoriaux dans le recrutement de leurs agents, et leur permet de recruter leurs agents aussi bien par la voie de la mutation ou du détachement que parmi les lauréats de concours. Ceci a pour effet que de nombreux lauréats de concours demeurent inscrits sur liste d'aptitude, alors même que les collectivités territoriales connaissent des besoins de recrutement.

Le détachement

Peuvent être placés en position de détachement ou directement intégrés dans le cadre d'emplois des chefs de service de police municipale les fonctionnaires civils appartenant à un corps ou un cadre d'emplois de catégorie B (chefs de service) ou de niveau équivalent. Le détachement ou l'intégration directe sont prononcés à équivalence de grade et à l'échelon comportant un indice égal ou, à défaut immédiatement supérieur à celui détenu par l'intéressé dans son grade d'origine. Les fonctionnaires placés en position de détachement dans le cadre d'emplois des chefs de service concourent pour les avancements de grade et d'échelons avec l'ensemble des fonctionnaires du cadre d'emplois. Ils peuvent, à tout moment, demander à être intégrés dans le cadre d'emplois chefs de service. L'intégration est prononcée en prenant en compte la situation dans le cadre d'emplois de détachement ou, si celle-ci est plus favorable, dans le corps ou cadre d'emplois d'origine. Les services accomplis dans le corps, cadre d'emplois ou emploi d'origine sont assimilés à des services accomplis dans le cadre d'emplois d'intégration.

La titularisation

La titularisation intervient, par décision de l'autorité territoriale, à la fin du stage. Pour les stagiaires issus des concours, cette titularisation intervient au vu notamment d'une attestation de suivi de la formation d'intégration, établie par le CNFPT. La formation des policiers municipaux est destinée tant aux agents recrutés sur une liste d'aptitude à l'issue d'un concours qu'à ceux recrutés par la voie du détachement. La durée de la formation dépend du cadre d'emplois qu'intègre l'agent. Le décret n° 2006-1391 du 17 novembre 2006 portant statut particulier du cadre d'emplois des agents de police municipale prévoit ainsi une durée de 6 mois pour les agents de police municipale, alors que cette durée est de 9 mois pour les cadres d'emplois des chefs de service et directeurs de police municipale.

Le recrutement : le maire ou le président de l'EPCI

Les candidats inscrits sur la liste d'aptitude au grade de chef de service de police municipale et recrutés sur un emploi d'une commune ou d'un établissement public de coopération intercommunale sont nommés stagiaires par l'autorité territoriale investie du pouvoir de nomination (maire ou président de l'EPCI) pour une durée d'un an. Le stage commence par une période obligatoire de formation de neuf mois, organisée par le Centre national de la fonction publique territoriale et dont le contenu est fixé par décret. La durée de cette période de formation peut être réduite dans certains cas.

Connaître la carrière

Le cadre d'emplois des chefs de police municipale comprend trois grades :

- Chef de service de police municipale
- Chef de service de police municipale principal de 2e classe
- Chef de service de police municipale principal de 1re classe

Dans les deux catégories d'emploi, l'avancement se fait par échelon (selon la durée définie sur les grilles indiciaires de chaque grade) ou par grade (après inscription sur un tableau d'avancement).

PARTIE 2
RÉUSSIR L'ÉPREUVE DE LANGUE VIVANTE

CHAPITRE 1
PRÉSENTATION DE L'ÉPREUVE DE LANGUE VIVANTE

I UNE ÉPREUVE FACULTATIVE OU OBLIGATOIRE

Des langues vivantes limitées à une liste

Pour les candidats à l'épreuve de chef de service de police municipale, le choix d'une langue lors de leur inscription doit porter sur une des langues étrangères suivantes : allemand, anglais, espagnol, italien, russe, arabe moderne, portugais, néerlandais, grec.

Une épreuve facultative

Aucune épreuve de langue ne s'impose aux candidats se présentant au troisième concours. Lorsque l'épreuve de langue vivante est facultative, et donc sur choix volontaire et optionnelle du candidat, seuls sont pris en compte, au titre de l'admission, les points supérieurs à 10 sur 20.

II LIRE, TRADUIRE, DIALOGUER

L'épreuve consiste en la traduction en français, sans dictionnaire, d'un texte dans la langue choisie par le candidat, suivie d'une conversation dans cette langue (coefficient 1). A partir d'un sujet tiré au sort rédigé dans la langue choisie, le candidat dispose de 10 minutes de préparation pour prendre connaissance du texte. Il sera ensuite présenté devant le jury pour une durée de conversation totale de 15 minutes. Il lira tout ou partie du texte, puis le traduira. Ensuite, un dialogue débute entre le candidat et le jury sur la thématique du sujet tiré au sort ou sur une autre thématique.

CHAPITRE 2
LE DÉROULÉ DE L'ÉPREUVE

I UN SUJET TIRÉ AU SORT POUR LE TRADUIRE ...

Quel sujet ?

Le candidat va tirer au sort un texte devant les deux examinateurs, soit en présence des agents du contre organisateur. Le candidat ne peut pas tirer un autre texte ! Le texte a toujours un intérêt au regard des grands problèmes politiques, économiques, culturels ou sociaux du monde contemporain. On pourrait parfaitement imaginer un texte sur un enjeu sécuritaire, démocratique, sanitaire, européen, des droits et libertés fondamentaux. Il comporte environ une trentaine de lignes.

Optimiser le temps de préparation : 10 minutes

Le candidat dispose de dix minutes pour se familiariser avec le texte. Il est nécessaire qu'il mémorise les idées clés. Pour bien gérer le temps de préparation, une méthodologie doit être appliquée :

1. commencer par une lecture de survol du texte : lire le titre, le sous-titre, les intertitres, les caractères en gros ou en gras ;
2. lire ensuite le texte, phrase après phrase.

Le survol a pour intérêt de comprendre l'idée générale du texte en lisant uniquement l'essentiel que l'auteur a souhaité valoriser par la mise en page. Ces éléments de forme valorisent toujours des points importants. Il permet de comprendre le sens général du texte. Le risque de ne pas faire une première lecture de survol est de lire d'emblée le texte et de bloquer sur un mot inconnu, de le relire, et de perdre ses moyens. Si l'idée générale du texte est comprise, le candidat doit veiller à se concentrer, lors de la lecture plus approfondie, aux propositions et aux mots plus importants et maîtrisés, plutôt que de bloquer sur un seul mot.

Le jury va apprécier la capacité de compréhension du texte. Il est donc nécessaire de comprendre le sens du texte : la traduction attendue ne sera pas forcément du « mot à mot ». Il sera donc possible de modifier la forme d'une phrase, un temps conjugué si la traduction reste identique à l'esprit du texte, et que le candidat démontre sa compréhension du texte.

II LE PASSAGE DEVANT LE JURY

La lecture du texte : environ 2 minutes

A l'issue de la préparation, le candidat se présente devant le jury. La traduction est souvent complétée par une lecture d'une partie du texte. Le jury apprécie ainsi la capacité du candidat à s'exprimer dans la langue choisie avec l'accent et les intonations requis. La lecture du texte commence par le titre, le nom de l'auteur, sa date, puis les développements.

> *Astuce : Il est possible de réviser les dates notamment les années, ou les chiffres dans la langue choisie pour mieux se préparer.*

Trop de candidats se précipitent à lire, et de fait, insistent plus facilement sur leur difficulté à prononcer un mot. Il faut prendre le temps de lire, marquer la ponctuation, baisser le ton en fin de phrase.

> *A savoir : Un silence d'une ou deux secondes pourra être propice en fin de titrage, et surtout en fin de phrase pour gagner un peu de temps !*

La traduction du texte : environ 5 minutes

Après la lecture, le candidat doit traduire le texte. Cela consiste à relire les phrases pour en donner le sens. Il n'est pas interrompu par le jury sauf s'il souhaite interrompre le temps de traduction pour entamer la discussion. Toutefois, il arrive que le jury puisse aider un candidat en difficulté.

> *Conseil : Il est possible de préparer des phrases types qui seront employées : « le texte/l'extrait », « le texte est issu de… » (sa source), l'année en chiffres, « l'auteur/le journaliste/l'écrivain ».*

La traduction du texte a un autre enjeu : le jury apprécie aussi la maîtrise de la langue française. La candidat doit donc être clair dans la présentation en langue française de la traduction, ce qui souligne l'importance d'être posé à cette étape !

Une conversation dans la langue choisie : environ 8 minutes

La conversation porte d'abord sur le texte tiré au sort. Le jury peut élargir à un thème plus éloigné au regard des grands problèmes politiques, économiques, culturels ou sociaux du monde contemporain.

Conseil : Chacun pourra réviser un lexique général comme « État, État français, Union européenne », « police, armement», « Justice, le droit, les lois, les règles » …

Face à la grande probabilité que le jury pose des questions sur le texte, il est utile de préparer des phrases types dans la langue choisie pour exprimer une opinion, un désaccord, des nuances sous forme de mots connecteurs : cependant, mais, de plus, en effet…

Conseil : Il vaut mieux préparer des phrases dans la langue choisie pour discuter sur le texte avec le jury: « le texte évoque ceci…, mais je pense que … », « je ne suis pas d'accord/je suis d'accord avec … », « je nuancerai les propos. En effet… ».

Selon le niveau de chacun des candidats, mieux vaut alors préparer des questions types ! Il est utile de préparer des phrases telles que : « Pouvez-vous répéter votre question s'il vous plaît ?», « je ne suis pas sûr d'avoir bien compris », « selon moi ».

Schéma synthétique du déroulement de l'épreuve de langue étrangère

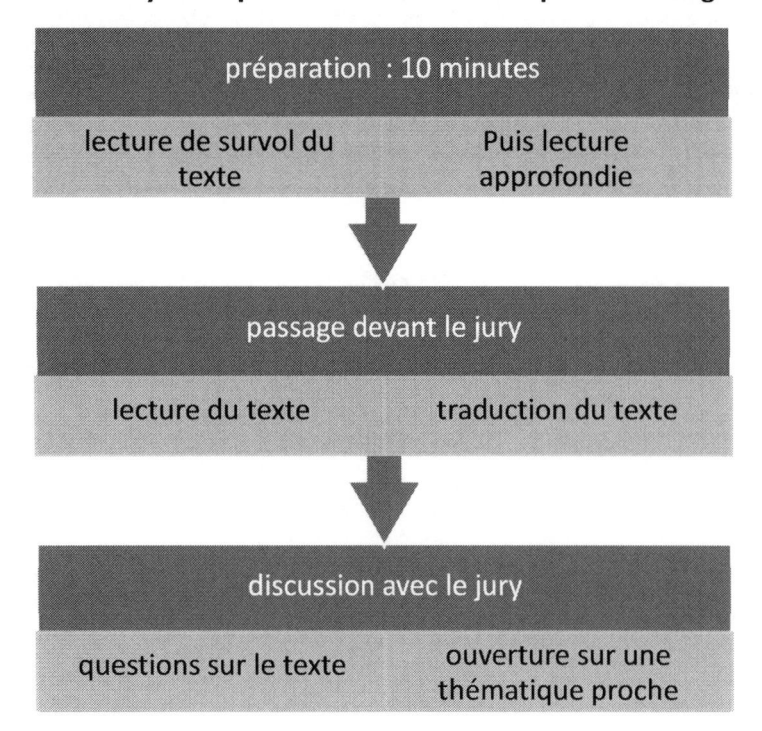

préparation : 10 minutes
- lecture de survol du texte
- Puis lecture approfondie

passage devant le jury
- lecture du texte
- traduction du texte

discussion avec le jury
- questions sur le texte
- ouverture sur une thématique proche

CHAPITRE III

UN ORAL DE LANGUE VIVANTE POUR QUOI FAIRE ?

Plusieurs critères d'appréciation

L'épreuve doit permettre au jury d'apprécier la maîtrise de la langue choisie, l'expression orale en langue française et la posture générale du candidat. Il apprécie les capacités du candidat à la compréhension du texte, à l'expression correcte en langue étrangère, à la restitution fidèle et claire en langue française.

A savoir : La compréhension du texte est essentielle au-delà de sa seule traduction !

La maitrise de la langue choisie est donc évaluée en fonction de son niveau faible, bon ou très bon. De plus, la posture générale du candidat a une incidence sur le jury en ce qu'il doit être adapté à la posture du candidat respectueux vis-à-vis d'un jury, a fortiori d'un agent de police municipale.

FORME : Impression générale dégagée

FORMES	Impression générale dégagée	Illustrations
Articulation	Claire - aisée - gênée	Manière de s'exprimer
Corps	Tendu - anxiété - détendu	La mouvance du corps est liée à la tension ressentie
Débit	Rapide - rythmé - monotone	150 mots/minute est une moyenne. Utilisation des silences
Regard	Fuyant - variable - dialogue	Le regard doit alterner entre chaque jury
Respiration	Contrôlé - syncopé - calme	La respiration est sujette au stress
Visage	Fermé - neutre - expressif	Rictus, yeux, bouche, grimace … Maîtrise de l'émotion
Voix	Timide - forte - charisme	Le son produit en lien avec l'intonation et le débit de paroles

LANGUE : Impression générale dégagée

Étapes de l'épreuve	La maîtrise de la langue…	… et la qualité de l'expression
Lecture	**Niveau** : faible – bon – très bon	Ton hésitant, fluidité, prononciation et intonation, erreur linguistique, inversion des sons …
Traduction	**Compréhension du texte** Faible – bon – très bon **Qualité de la traduction française** Médiocre – moyen – bon	Contre sens, nombre de mots inconnus… Clarté de la traduction avec maîtrise de la traduction en langue française

Discussion	**Eloquence** Faible – bon - bilingue **Grammaire et syntaxe** Faible – moyen – bon	Capacité à comprendre le jury, richesse du vocabulaire, prononciation, règles de grammaire ou de syntaxe propres à l'usage de la langue …

Le barème de points attribué

L'épreuve orale de langue vivante comportant plusieurs étapes, il est possible à titre indicatif, de définir l'attribution du nombre de points suivants :

1/ La lecture du texte : 3 points,

2/ La traduction du texte : 5 points,

3/ La discussion avec le jury : 12 points,

Soit un total de 20 points.

III UNE ÉPREUVE SANS PROGRAMME : SE PRÉPARER !

Le niveau de l'épreuve reste élevé. Tout candidat pourra travailler en amont la langue étrangère choisie en lisant la presse étrangère à haute voix, en améliorant les accents, en préparant des phases types pouvant être réutilisées dans ce genre d'épreuves, et en les mémorisant. Écouter la langue étrangère est aussi fondamentale pour les intonations et se remettre à niveau si tant est que la langue n'ait pas été pratiquée depuis de très nombreuses années.

La préparation à cette épreuve est essentielle pour progresser. Ce n'est pas parce qu'il s'agit d'une épreuve facultative pour la majorité des candidats qu'il ne faut pas se préparer si l'objectif est de vouloir gagner des points !

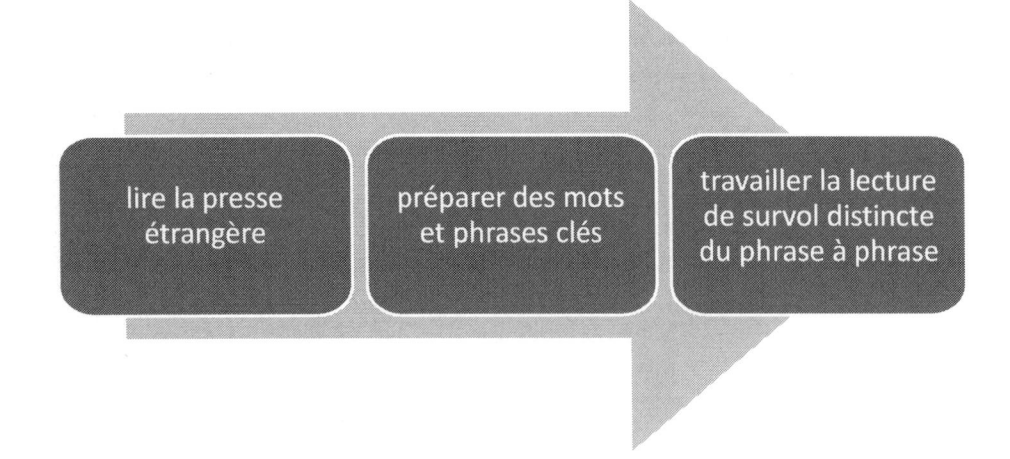

lire la presse étrangère → préparer des mots et phrases clés → travailler la lecture de survol distincte du phrase à phrase

PARTIE 3
PRÉPARER UN EXPOSÉ PERTINENT

CHAPITRE 1
LE DÉROULÉ DE L'ÉPREUVE ORALE

I DEUX PHASES DANS L'ÉPREUVE

Exposé d'abord, dialogue ensuite

Le candidat doit d'abord présenter un exposé d'une durée maximale de cinq minutes. L'exposé porte sur une présentation personnelle dont l'enjeu est de démontrer ses capacités devenir chef de service de police municipale. La présentation de l'exposé du sujet est effectuée dans une durée de cinq minutes, temps qui ne pourra pas être dépassé.

Cet exposé sera suivi de quinze minutes d'entretien et de discussion avec le jury. L'épreuve ne comporte pas de programme réglementaire. Toutefois, des connaissances préalables sont requises au regard du libellé réglementaire des missions dévolues à la police municipale, et des responsabilités incombant à un chef de service.

Schéma synthétique du déroulé de l'épreuve d'entretien Chef de service

Venue vers le jury
- Préparer la phrase pour saluer le jury
- Prendre le temps de s'installer
- Le jury rappelle brièvement le déroulé de l'épreuve orale

Présentation du candidat
- **Durée maximale de 5 minutes : l'exposé**
- Bien gérer le temps imparti
- Exposé oral de la présentation structurée qui a été préparée en amont

Questions du jury
- **Questions du jury pendant 15 minutes**
- Appliquer la méthodologie pour répondre !
- Saluer le jury, attendre pour s'assoir que le jury invite le candidat

II LES REGLES DE L'ÉPREUVE ORALE

La règle du SID !

SOBRE – IMPERSONNEL – DISTANCIÉ ! Voilà les trois règles de posture à adopter tout au long de l'épreuve, à l'image de tout professionnel qui exercerait ses missions auprès du public ou dans ses relations avec les élus ou les partenaires institutionnels ou d'autres autorités de police.

Tenue et présentation générale

La tenue choisie pour l'examen sera sobre. Le candidat de sexe masculin optera pour un costume, et le candidat de sexe féminin soit pour un tailleur jupe, soit un tailleur pantalon. Dans tous les cas, le candidat ne doit pas porter de tenue vestimentaire qui puisse le mettre mal à l'aise. Ainsi, un homme peut ne pas porter de cravate s'il ressent une sensation de serrage l'incommodant au niveau du cou. De même, une femme évitera la jupe si elle n'est pas à l'aise, ou évitera les talons hauts.

Des canons à respecter

Conseils à l'attention des hommes : il convient de se raser à la perfection ou porter une barbe parfaitement entretenue. De même, il vaut mieux se présenter avec des cheveux bien peignés et de longueur correcte pour la nature de cette épreuve.

Conseils à l'attention des femmes : s'attacher les cheveux permet de bien dégager le visage, et d'éviter d'avoir des gestuelles tendant à remonter des mèches qui tombent. Il faut éviter le vernis à ongles de couleur vive, car il peut attirer le regard du jury et risque de leur faire perdre l'attention au détriment de l'exposé. Le maquillage doit être sobre. Il convient de proscrire tout décolleté indécent. Si une candidate a tendance à faire des plaques rouges sur la peau par son stress, la tenue d'un foulard discret ou la fermeture du col de la chemise est possible (l'apparition de plaques n'est pas pénalisante).

Pas de documents autorisés !

Il n'est pas question d'emporter un support à l'appui de sa présentation. L'exposé doit être mémorisé. Ce qui se travaille en amont avec deux principales difficultés :

- la gestion du temps impartie à l'épreuve : ne pas faire trop court, ne pas dépasser les cinq minutes ;
- ne pas « réciter » comme un écolier le ferait, mais donner du dynamisme à son exposé !

CHAPITRE 2
L'EXPOSÉ PRÉALABLE

I UN EXPOSÉ ORAL POUR SE PRÉSENTER

Le point de départ de l'épreuve orale : la présentation

Le libellé réglementaire de l'épreuve indique que l'entretien avec le jury a pour point de départ la présentation du candidat et la durée maximale impartie à cet exposé est de 5 minutes.

Le but de l'exposé est de permettre au candidat de se présenter au jury. Au cas par cas, il présentera son profil, son parcours, les missions exercées, sa motivation etc., dans un ordre qu'il choisira. La manière dont sera exposé la présentation du candidat donne déjà une première impression au jury : la capacité à la synthèse, à la cohérence, la motivation, les qualités d'élocution.

Le contexte de l'entretien est en lien avec les missions professionnelles. Le jury apprécie l'aptitude du candidat à exercer les missions pour lesquelles il postule : les enjeux sécuritaires, les connaissances de l'environnement territorial, le sens du service public, la déontologie, l'aptitude à l'encadrement ….

De la préparation dépend la qualité de l'exposé oral

Ce qui compte, ce n'est pas le « avant » ou « après » de l'exposé du sujet, mais la présentation générale pendant toute la durée passée devant le jury. Il est donc crucial de bien préparer en amont la présentation, de la « répéter » pour bien la mémoriser, et de la répéter encore pour bien travailler son élocution, tout en veillant à la gestion du temps imparti.

CHAPITRE 2
PRÉPARER EN AMONT SON EXPOSÉ SUR SA PRÉSENTATION

I LA NÉCESSITÉ DE SUIVRE LE CADRAGE

Présenter des points forts et des qualités

« Points forts et qualités » ne figurent dans le libellé de l'épreuve, mais c'est le bon sens ! Le candidat est d'abord évalué sur son expérience professionnelle, les raisons qui l'ont conduit à intégrer la police municipale, les motivations l'incitant à vouloir devenir chef de service. Alors autant valoriser les « points forts » autour de missions exercées, de responsabilités exercées, et les « qualités » requises à ce titre, telles que le sens de l'autonomie, la prise d'initiative, la capacité à commander etc.

Insister sur les savoir-faire

Ce qui va intéresser les membres du jury est d'entendre au cas par cas une aptitude à savoir encadrer, à rester à l'écoute dans le cadre de la cohésion et la gestion d'équipe, la maîtrise de l'outil informatique, des qualités rédactionnelles, la connaissance des techniques de communication, de médiation, de gestion de conflits, l'aptitude au maniement des armes (catégorie à préciser) …

Insister sur les savoir être

De fait, les membres du jury apprécient la présentation qui évoque au cas par cas une expérience de management, des capacités au travail d'équipe, de la disponibilité, une adaptabilité, du dynamisme, de la rigueur induite par la description des missions, le sens du service public etc.

Des informations clés sur quoi ?

La présentation n'est pas un CV. Le candidat doit développer les informations sur les missions dont il a la charge, sa formation, son projet professionnel. L'idée est de valoriser ce qui est utile par rapport à l'appréciation de l'aptitude à être chef de service de police municipale.

Examen et concours	Exposé sur quoi ?	Évaluation sur quoi ?	Durée maximale
Concours externe	sur sa formation et son projet professionnel	apprécier motivation et aptitude à exercer les missions dévolues aux membres du cadre d'emplois	5mn
Concours interne	sur les acquis de son expérience professionnelle	apprécier motivation et aptitude à exercer les missions dévolues aux membres du cadre d'emplois	5mn

3ème concours	sur les acquis de son expérience	apprécier connaissances, l'aptitude à exercer les missions dévolues aux membres du cadre d'emplois, et la capacité à s'intégrer dans l'environnement professionnel	5mn
Examen professionnel de promotion interne	sur les acquis de son expérience	apprécier connaissances, motivation et aptitude à exercer les missions dévolues aux membres du cadre d'emplois	5mn

II CONSTRUIRE SON EXPOSÉ : LA SÉLECTION DU CONTENU

Faire un « brainstorming » sur son parcours

La première étape pour construire son exposé est de noter sur un brouillon les grandes étapes en lien avec la formation et le parcours professionnel. Le CV est un support qui peut aider à la tâche, mais il ne suffit pas. Il faut détailler les missions exercées et expliquer les évolutions professionnelles.

Attention : Le CV aide à construire son exposé, l'exposé n'est pas le déroulé du CV !

Définir les missions exercées

Il est important de respecter cette étape. Trop de candidats énumère les intitulés des grandes missions exercées, sans penser à détailler les missions mêmes ! Or, c'est à partir des missions exercées, que le candidat va démontrer ces capacités. La présentation des missions exercées, des fonctions assurées au cours de son parcours, des projets en charge, des relations avec les élus ou encore de la gestion d'un budget est essentielle ! Seul ces précisions permettent au jury d'évaluer les aptitudes relationnelles, les aptitudes à la gestion, les capacités d'expertise, les capacités à l'encadrement.

Attention ! Trop de candidat se contente d'affirmer des qualités « j'ai le sens des responsabilités, je suis à l'écoute… », alors que ce sont les missions qu'il faut valoriser pour que le jury en déduise les qualités !

Aide à l'énumération des idées

Les missions, et les compétences doivent être détaillées pour en extraire les idées suivantes :

- quelles connaissances dois-je posséder en conséquence ?
- quelles compétences je maîtrise ? (Savoir-faire),
- quelles qualités personnelles et professionnelles supposent-elles ? (Savoir être).

Exemple : si vous êtes moniteur en maniement des armes, un moniteur en maniement des armes est censé avoir des connaissances de la réglementation dans les domaines de la police administrative, les principes généraux du code pénal, et du code de procédure pénale, et bien sûr les catégories d'armes et les règles d'usage en la matière. Parallèlement, sa qualité de formateur révèle des qualités relationnelles, de la diplomatie et de la disponibilité. Dans le domaine de l'armement, la rigueur et la maîtrise de soi sont des qualités personnelles par voie de conséquence.

Parcours	Dates Durée	Points à détailler – Profil de poste – Missions
Formation initiale		Quelle formation ? quelles études ? formations suivies ? droit ou sécurité publique ? …
Formation en parallèle de son travail		Initiative personnelle ? travail personnel ? préparation pris en charge ? droit à la formation ? objet ? …
Fonctions actuelles		Fonctions confiées, évolution des missions, sous quelle responsabilité ? Gestion d'une équipe ? nombre d'effectifs ? Gestion de projets ? gestion administrative ? budget ? …
Organisation de son service actuel		Effectifs, budget, hiérarchie
Intégration dans la FPT		Modalités du recrutement
Intégration dans la PM		Concours, mobilité, détachement…
Expériences antérieures		Gendarmerie, police nationale, armée, autre poste …
Autres expériences		Bénévolat, réserviste, secouriste …

L'expérience hors filière police municipale, les formations

Un candidat exerce ou peut avoir exercé d'autres activités hors police municipale. Seules sont intéressantes celles qui apportent une plus-value par rapport à la police municipale :

1/ L'expérience dans une autre fonction publique : expérience en gendarmerie nationale ? en police nationale ? en établissement pénitentiaire ? OUI : sens du service public, en lien avec la sécurité ;

2/ Une expérience significative en lien avec la protection et l'assistance de la population : réserviste, bénévole dans une association (Croix rouge…), service civique… OUI : sens de l'intérêt général ;

3/ Un cursus spécialisé (diplôme en mécanique, travail dans un garage…). NON : trop éloigné.

L'hypothèse 1 suppose de valoriser d'une part les fonctions exercées de manière synthétique et la motivation à devenir policier municipal, avant de décrire les fonctions actuelles. L'hypothèse 2 est toujours apprécies dans la notion du service au public, et la volonté d'aide à la population. L'hypothèse 3 n'a que peu de valeur ajoutée, et le candidat devra expliquer ce qui l'a conduit a intégré la filière de police municipale. Concernant les formations, tout diplôme dans le domaine juridique, l'environnement territorial, le maniement aux armes sera à valoriser. La passation d'examen sans l'aide du CNFPT en travaillant seul est toujours sens de motivation, d'organisation et de rigueur.

Les missions et fonctions principales

Les missions sont toujours révélatrices de diverses aptitudes : gestion administrative, gestion financière, sens des relations, rigueur méthodologique, polyvalence et adaptabilité, adaptabilité aux situations et aux usagers, maîtrise d'outils bureautiques…

Voici une liste non exhaustive de missions pouvant être décrites : travail en partenariat avec la police nationale et le centre de supervision urbain, travail en 12 heures, travail d'extérieur, responsable opérationnel unité de nuit, responsable brigade motocycliste, horaires souvent décalés selon les nécessités de service, veiller à l'application des conventions de coordination (PN, SNCF), maniement des armes, travail sur poste informatique, mener des enquêtes administratives et monter des dossiers susceptibles d'aider à la décision pour constituer des preuves, rédiger des rapports et comptes rendus, réaliser le bilan d'activité, établir des outils et des éléments d'aide à la décision des supérieurs, évaluer son activité et proposer des solutions d'amélioration, mise en place d'objectifs, animation des interventions de sécurité routière dans les écoles, prévoir et contrôler la gestion des stocks, fournitures, armement. ...

La contextualisation du poste

Le candidat doit connaître l'organisation, les effectifs, le budget de sa collectivité. Au-delà, il doit se repérer au niveau hiérarchique et fonctionnel. Il précisera tout ce qui est lien par voie de conséquence : sous l'autorité du maire de la commune ? sous l'autorité de commandement du chef de service ? coordination des brigades ? une coordination menée par un directeur de police municipale ? collaboration étroite avec les forces de sécurité de l'État ? remplacement du chef de police municipale en cas d'absence ? etc.

La gestion d'équipe et l'esprit d'équipe

Selon le profil de son poste, et les missions dont il a la charge, le candidat relatera ce qui peut avoir un intérêt dans le cadre de la gestion d'une équipe ou du commandement d'une équipe : contrôler la bonne exécution par les agents des missions et objectifs sur la voie publique ? veiller au respect par les agents des procédures cadrées par le code de procédure pénale ? rendre compte de l'activité de son service ? contrôler les écrits professionnels des ASVP ? gérer le personnel de l'unité de proximité/brigade spécialisée ? gérer les effectifs ? faire appliquer les règles de discipline ? animer des briefings et débriefings ? évaluer les agents placés sous son autorité ? rédiger le bilan d'activité ? etc.

Ni trop ni pas assez !

Il appartient au candidat de donner un sens à son exposé en termes de qualités et aptitudes à exercer la profession. Il ne faudrait pas que le candidat s'enferme dans un seul domaine de connaissances et de compétences. Il est obligé d'exploiter plusieurs domaines de compétences pour les mettre en relation, et il s'appuiera bien sûr sur les connaissances les mieux maîtrisées ou les projets qu'il a pu mener à son terme.

La préparation de l'exposé demande du temps. Il faut répéter encore et encore pour bien gérer la durée de 5 minutes en soulignant que la lecture de ses notes est souvent plus rapide que l'exercice oral, et qu'une marge de temps est donc à prévoir !

III STRUCTURER SON EXPOSÉ

L'exigence de forme : un exposé structuré

A l'image des épreuves écrites de cas pratique ou de note avec propositions opérationnelles, la présentation du sujet passe par une structuration comportant une introduction, deux grandes parties (mais pas de sous-parties), et une conclusion. Le déroulé de l'exposé est donc identique. La différence tient à ce que la présentation du candidat se fait de manière verbale.

Comment matérialiser un plan en parlant ?

C'est simple ! Il faut parler en déroulant l'introduction qui se termine par une annonce de plan (comme à l'écrit !). Le silence sera un allié - équivalent au saut de lignes dans un écrit - pour démarquer les parties. Deux à trois secondes de silence sont respectées avant de développer les parties. Pour la bonne gestion du temps de l'exposé, il faut prévoir : 1 minute pour l'introduction, 2 minutes maximales pour chaque partie, pour la conclusion. La conclusion résume en deux phrases la motivation du candidat à devenir chef de service de police municipale.

A savoir : Il est important de marquer le silence après avoir fini son introduction pour permettre au jury de noter les titrages des grandes parties ainsi annoncées.

Le contenu de l'introduction : court et efficace !

Le déroulé d'une introduction est identique : nom, prénom, fonctions, collectivité (anonymisée, annonce de plan. Il est possible d'indiquer l'année d'intégration dans la fonction publique, la fonction publique territoriale ou dans la police municipale. Le contenu exclut toute information inutile : âge, état civil.

Il serait maladroit d'annoncer le plan sous forme de « partie 1 », puis « partie 2 » s'agissant d'une épreuve à posture professionnelle. Chacun pourra préparer sa phrase d'annonce de plan par « Tout d'abord/ensuite », « d'une part/d'autre part », « dans un premier temps/dans un second temps ».

Un plan, c'est quoi ?

Le plan est la manière de présenter la formation et le parcours du candidat posée en introduction. Il structure la pensée du candidat, et permet d'organiser la manière de se présenter.

Le plan est équilibré avec des parties à peu près de même longueur en termes de temps puisqu'il s'agit d'un exposé oral. Quel que soit le plan, il ne faut pas se cantonner à des énumérations, mais donner des exemples concrets de fonctions en les définissant de manière individualisée. Il n'existe pas de plan type car cela dépend des parcours de chacun ! Un plan chronologique peut être adapté avec le fort risque de tomber dans le CV descriptif et catalogue sans intérêt. Un plan thématique peut s'avérer pertinent en fonction des contenus respectifs choisis.

A savoir : Il serait maladroit de vouloir être exhaustif et de donner l'effet d'une multitude de fonctions sans détailler et, de fait, sans démontrer ses aptitudes !

La conclusion

La conclusion n'étant pas une troisième partie, elle ne sera évoquée qu'à la fin de l'exposé oral. Elle ne doit pas dépasser deux lignes. Elle résume les perspectives offertes et attendues par le candidat par la réussite à l'examen, et l'éventuelle perspective professionnelle qui s'ouvre à lui de fait. Pour introduire de manière explicite sa conclusion, le candidat devra la débuter par un connecteur logique. Par exemples : « Pour finir, Pour conclure, En résumé … ».

L'intérêt d'une conclusion est aussi d'avertir le jury sur l'achèvement de l'exposé, et de fait de se tenir à disposition du jury sans avoir à formuler de manière maladroite *« je me tiens à votre disposition pour répondre à vos questions »*. Pire, il n'est pas question de terminer un exposé en disant *« voilà, j'ai fini»* ! Imagine-t-on une telle phrase formulée à un maire en plaine réunion publique !

CHAPITRE 3

RÉDIGER SON EXPOSÉ, LE MÉMORISER

Des mots de liaison et des connecteurs utiles

Les mots de connexion sont préconisés pour appuyer les idées formulées. A titre indicatif, voici quelques connecteurs de phrases pour introduire l'ordre de l'argumentation, et donc adaptés à une annonce de plan de deux parties :

Pour énumérer : d'une part/d'autre part – tout d'abord/ensuite – en premier lieu/en second lieu – dans un premier temps/dans un second temps - premièrement/deuxièmement …

Pour indiquer l'opposition avec ce qui précède, la nuance : … mais… (jamais en début de phrase), Cependant, …, Or, …, Toutefois, …, Néanmoins, …, En revanche, …, Pour autant, ….

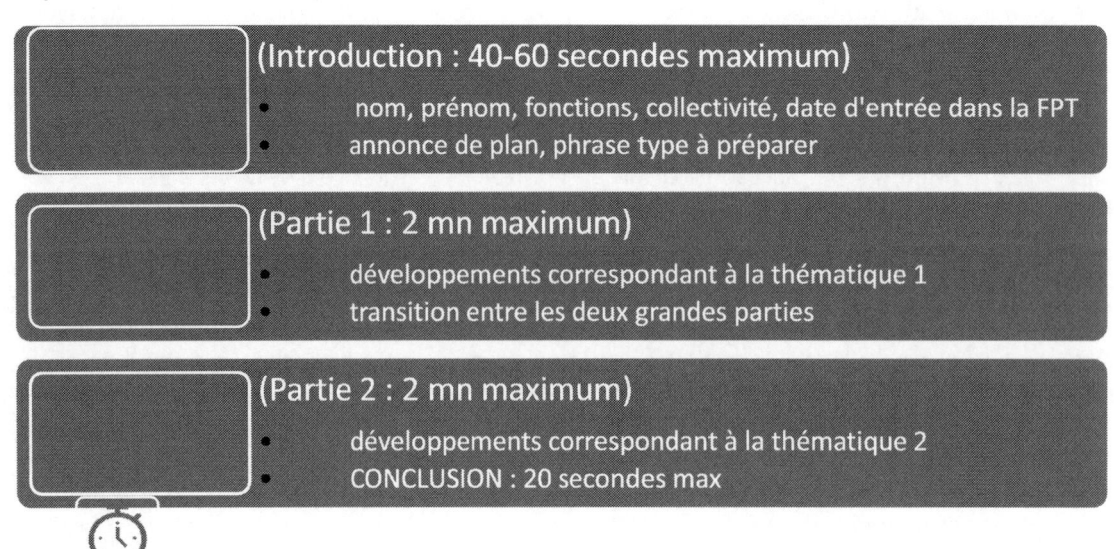

(Introduction : 40-60 secondes maximum)
- nom, prénom, fonctions, collectivité, date d'entrée dans la FPT
- annonce de plan, phrase type à préparer

(Partie 1 : 2 mn maximum)
- développements correspondant à la thématique 1
- transition entre les deux grandes parties

(Partie 2 : 2 mn maximum)
- développements correspondant à la thématique 2
- CONCLUSION : 20 secondes max

Exemple 1 – Présentation au Concours interne, 3ème voie, examen professionnel

L'exemple ci-après expose un parcours qui n'est pas chronologique. Le candidat choisit d'exposer des savoir-faire (et savoir être conséquents) à partir des fonctions exercées qui ont un intérêt avec le profil attendu. C'est souvent le cas pour les candidats qui sont en poste depuis de nombreuses années.

Bonjour,

Je suis Patrick Bruela, responsable opérationnel des unités de nuit dans le service de la police municipale d'une commune d'environ 15 000 habitants. J'ai intégré la police municipale en … (année) suite à la réussite de l'examen de …. Pour vous présenter mon parcours professionnel, je vous présenterai d'abord l'étendue de mes compétences liées à mes missions, puis les projets dont j'ai ou j'ai eu la responsabilité.

(Deux à trois secondes de silence)

Mes missions au sein du service sont extrêmement variées. Les relations avec le public sont constantes qu'il s'agisse des patrouilles sur le terrain, de l'accueil physique au poste ou par téléphone. Je dirige les chefs des brigades de service en coordination avec les autres équipes du service tels que les policiers municipaux, les agents ASVP et les agents de vidéosurveillance. Je dois veiller au respect des orientations de la direction en règlements et en consignes opérationnelles. De fait, j'organise les moyens nécessaires aux missions de prévention, de surveillance et de répression, nécessaires au maintien de l'ordre public, et je coordonne les interventions sur le terrain. Le travail de nuit est confronté à des populations différentes du travail de jour. Je dois analyser l'évolution des activités des unités de nuit, des faits contraventionnels ou des faits délictuels, et des appels de la population. Je confronte ainsi et je recueille les données des partenaires que sont les transporteurs publics ou les bailleurs sociaux. Ma position me permet de pouvoir faire remonter les informations sur les risques de tension de certains quartiers, et sur des points de vigilance particuliers. Elle me permet aussi de proposer des plans d'action et aussi des interventions d'ordre prioritaire. Je porte une attention particulière à la discipline et au respect des règles déontologiques par chacun des agents. Enfin, il m'incombe de veiller à l'homogénéisation du fonctionnement du service, et de rappeler régulièrement au cours des réunions de service les règles de procédures administratives et judiciaires. Il m'arrive de représenter le service auprès des groupes de travail du CLSPDR, et j'ai ainsi proposé d'organiser une marche tardive avec des femmes pour diagnostiquer les attentes en termes de sécurité.

(phrase de transition) - *Après vous avoir présenté l'étendue de mes missions, je souhaiterais évoquer la réalisation de projets.*

Le premier projet dont j'ai eu la charge a été la mise en place de caméras mobiles au sein de l'équipe. J'avais la gestion d'un budget de 7 000 euros pour un coût unitaire se situant entre 500 et 800 euros. J'ai conseillé la mise en place d'une expérimentation préalable aux chefs de patrouille pour faire le bilan avant l'acquisition d'autres caméras dans un souci d'optimisation budgétaire. Il a fallu parallèlement assurer la veille juridique quand le dispositif n'était pas prévu pour la police municipale, gérer les relations avec la préfecture de département, former les agents, veiller à la mise en place en interne de procédures garantes de la protection des images recueillies. J'ai monté des dossiers de demandes de subventions à la structure intercommunale ou au fonds interministériel de prévention de la délinquance. La mise en place fut un succès car elle a contribué à pacifier les relations avec les administrés. Un deuxième projet a été la définition des modalités de la mise en place du rappel à l'ordre à la demande du maire. Mon chef de service m'en a confié la responsabilité. J'ai pu proposer les hypothèses déclenchant la procédure, les modalités de convocation des personnes concernées, rédiger des modèles de convocation, des modèles de comptes rendus et pris attache avec le procureur de la République en vue d'un partenariat qui est en cours. Enfin, je suis actuellement au cœur d'un projet innovant sur la mise en place de caméras dites intelligentes ce qui ouvre de nombreux défis sur la transversalité du projet, des nombreux contacts en la matière, de l'expertise tant juridique sur la protection des données que technologiques.

(deux secondes de silence pour marquer la conclusion)

Pour conclure, je souhaite devenir et être nommé chef de service de la police municipale en raison des compétences techniques, et managériales que j'ai développé. La réussite à cet examen permettra de mettre mon expertise dans les politiques sécuritaires au plus proche des élus.

Exemple 2 : Présentation au Concours interne, 3ème voie, examen professionnel

L'exemple ci-après expose un parcours sous forme chronologique. Le candidat expose les expériences professionnelles qui ont un lien avec le profil attendu, et choisit de valoriser ses aptitudes à la gestion d'équipe et à la direction.

(introduction)

Je m'appelle Herbert Trigano. J'ai intégré la fonction publique territoriale en … (année) en tant que … (poste). J'occupe actuellement un poste de brigadier-chef principal de la police municipale d'une commune de 20 000 habitants. Je vais d'abord vous parler des compétences acquises au cours de mon parcours professionnel, et ensuite exposer plus particulièrement mon savoir-faire en termes de gestion d'équipe.

(Deux à trois secondes de silence)

Concernant mon parcours professionnel, j'ai intégré la gendarmerie nationale après avoir été sapeur-pompier volontaire pendant 3 ans. L'engagement au service de la population et la volonté d'être dans l'action au quotidien m'ont donné l'envie d'intégrer le service public, en choisissant la gendarmerie nationale. J'ai passé seul le concours de la gendarmerie. Les enseignements sont riches en termes de valeurs, de disponibilité, d'aptitudes physiques et de relations avec la population. Ainsi, le sens de la pédagogie est important sur le terrain surtout lors des interpellations consécutives aux infractions routières. Je n'avais pas les conditions requises pour passer le concours d'officier de gendarmerie, et je souhaitais être plus proche de la population. J'ai donc décidé de passer seul l'examen de gardien brigadier de police municipale en … (année). Après l'obtention de l'examen pour lequel j'étais lauréat, et la formation pour intégrer mes fonctions, j'ai pris conscience de la proximité qu'offrait ce métier. Très vite, j'ai établi des relations avec le personnel de la direction Sécurité Prévention Médiation, des services techniques et du Service Hygiène et Salubrité pour développer des synergies, et mettre en place des échanges d'informations complémentaires. Mon supérieur hiérarchique m'a confié la mise en place d'un process informatique, particulièrement intéressé par les nouvelles technologies. Ce projet a permis de réduire les délais d'intervention sur le terrain et de satisfaire au mieux les usagers concernant par exemple la gestion des déchets sauvages, les réunions un peu sonores de jeunes sur certaines places publiques. J'ai pu très vite conseiller mes collègues sur les arrêtés du maire pris pour assurer la sécurité et la salubrité publique sous l'angle juridique après avoir suivi une formation CNFPT sur cette thématique. Ce qui explique que le poste de brigadier-chef principal est dans la continuité de la montée en compétences et de la confiance accordée par ma hiérarchie.

(transition) - Après vous avoir présenté mon parcours professionnel, je vais insister sur les compétences que j'ai eu l'occasion de développer en termes de gestion d'équipe.

Sous l'autorité du chef de service de la police municipale, j'encadre une brigade de 5 agents placés sous son autorité. Mon travail consiste à gérer et coordonner la brigade de police municipale. Tout d'abord la gestion du planning de l'équipe, en fixant les dates de congés pour assurer la continuité du service, pour pallier aux absences ou encore gérer les retards. Ensuite, une part de mon travail consiste à contrôler les écrits professionnels des agents, notamment relire les rapports et porter une attention particulière sur la caractérisation des faits et des infractions. De plus, j'ai en charge de veiller à la bonne transmission des informations recueillies aux autres chefs de brigade et à la hiérarchie. Je travaille en perpétuelle force de proposition. Ainsi, lorsque je rends compte au chef de service de toute anomalie de fonctionnement et d'organisation, je suggère la mise en place de procédures avec réactivité. Enfin, je dois prévoir les besoins matériels de l'équipe. Par ces missions, j'ai développé des compétences d'encadrement et mon goût du travail en équipe. J'ai acquis la confiance de ma hiérarchie. En effet, j'assure le remplacement de mon chef de service lorsqu'il est absent, et je dirige et coordonne le service de police municipale. J'ai alors la responsabilité de quinze agents en abordant des questions d'intérêt transversal comme la gestion administrative du service, les questions d'informatique, et l'expertise juridique nécessaire au bon fonctionnement des missions de la police municipale.

(deux secondes de silence pour marquer la conclusion)

Pour conclure, je souhaite devenir et être nommé chef de service de la police municipale en raison des compétences tant techniques que managériales que j'ai développé. La réussite à cet examen me permettrait de mettre mon expertise dans les politiques sécuritaires au plus proche des élus au service de projets par exemple dans le développement de la safe city qui est un sujet en pleine expansion mais encore peu exploré.

CHAPITRE 3

LE DÉROULEMENT DE L'EXPOSÉ ORAL

I FAIRE CONNAISSANCE AVEC LES MEMBRES DU JURY

Comment se présenter devant le jury ? le bonjour !

La phrase de présentation peut être préparée par avance. Une formule neutre et sobre pourrait être : « *Bonjour Monsieur Le Président, Madame, Monsieur les membres du jury* », à supposer que la présidence soit assurée par la personne assise au milieu des personnes composant le jury. Le « *bonjour* » doit être franc dès la première seconde pour démontrer son entrain et sa détermination à être avocat. Il faut assumer sa présence, être heureux de passer devant le jury !

Le candidat attendra pour s'asseoir que les membres du jury l'y invite. Il est alors important de prendre le temps de s'installer afin d'avoir une posture droite. En effet, certains candidats ne s'installent pas correctement, et positionnent leur corps de travers sur leur chaise, avec des jambes posées également sur le côté ou entrecroisées !

Le jury dispose-t-il des notes obtenues aux épreuves écrites ?

La réponse est négative, que chacun se rassure. L'épreuve se déroule donc en toute objectivité au regard des prestations de chacun ! En revanche, il dispose des résultats aux tests psychotechniques (Voir Partie 1).

II ADOPTER LE « BON TON » LORS DE L'EXPOSÉ

Un exposé oral entre 4 et 5 minutes

Pour rappel, le candidat doit présenter son exposé dans un temps limité qui est de 5 minutes. Pas question de dépasser ce temps car le candidat serait inéluctablement pénalisé pour un exposé considéré comme inachevé et manquant de synthèse. A l'inverse, un exposé trop court (inférieur à 3 minutes) serait également pénalisé. La gestion du temps nécessite une préparation en amont pour s'entraîner et se chronométrer.

L'importance de l'introduction

L'introduction, ce sont les premières paroles du candidat, la première impression donnée sur sa posture et son élocution, les premières idées émises et leur cohérence. C'est le socle de la présentation du candidat. La première phrase de l'introduction, et de fait de la présentation l'exposé ne commencera pas par « bonjour » ni « Donc heu » ou encore « il m'a été demandé de » … De même que l'emploi du « on » très impersonnel et imprécis est à éviter. Il faut entamer sa présentation directement.

Le stress peut générer des problèmes d'élocution lors du commencement de la présentation, donc lors de l'introduction. Un conseil : la clarté doit limiter les effets du stress et passe par des phrases courtes. L'adage « 1 idée, 1 phrase » devrait être celle des oraux ! Rien de plus déstabilisant pour un jury que d'entendre un candidat se perdre dans les pronoms relatifs « que », « qui » avec des phrases si longues que l'idée maîtresse est perdue, et de fait donne l'impression d'un candidat manquant d'organisation et de cohérence ! L'exposé dure 5 minutes. Cela donne le temps de développer, de respirer et veiller à son élocution !

Rendre l'exposé clair et vivant

Il ne suffit pas de parler pour se faire comprendre, il faut également rendre l'exposé « vivant » en jouant de la ponctuation comme à l'écrit, et en jouant avec l'intonation. S'agit-il de réciter ? de fuir le regard des membres du jury ? ou de capter leur attention ? La communication suppose des règles de base à maîtriser par tous les candidats, et qui pourraient être synthétisées de la manière suivante :

- Une expression claire pour être compris,
- Une voix intelligible et suffisamment forte pour être entendu,
- Une élocution ni trop rapide ni trop lente pour être attentif,
- Un regard balayant chacun des membres du jury pour capter l'attention de chacun des interlocuteurs.

La ponctuation, propre aux épreuves écrites, ne doit pas être oubliée lors de la communication verbale ! Ce qui suppose – c'est du bon sens mais mieux vaut le dire – que tout candidat :

- Ralentit le débit de paroles à la virgule et au point final en fin de phrase,
- Change son intonation pour souligner une phrase interrogative,
- Adopte une élocution avec une voix plus grave en fin de phrase,
- Joue sur l'élocution pour éviter toute monotonie.

L'effort de diction est important. Elle se travaille en amont pour mieux accentuer la voix sur les mots forts, se concentrer sur le rythme, et la mesure, pour travailler le stress par la respiration en particulier la respiration abdominale.

CHAPITRE 4
LES CRITERES D'ÉVALUATION DE L'EXPOSÉ ORAL

I L'APPRÉCIATION SUR LA FORME

Une appréciation générale sur la forme

Trois critères généraux seront appréciés par chacun des membres du jury : la structuration de l'exposé oral, la posture du candidat, son élocution.

L'exposé doit être présenté dans un style clair, intelligible et concis, et faire preuve d'une bonne maîtrise de la langue et de la syntaxe (accentuation de la ponctuation, vocabulaire territorial).

La posture générale doit être confiante. Il convient d'éviter des gestuelles : ne pas se gratter, ne pas gesticuler, ne pas toucher ses mèches de cheveux, ne pas toucher sa barbe, ne pas toucher sa bague ou un bracelet, ne pas gigoter sur sa chaise, ne pas être avachi. Un candidat ne doit pas avoir de gestuelle extravagante. Il doit éviter les rictus (se mordre les lèvres, expression de la bouche…). Le regard doit toujours être posé sur chaque membre du jury, et ne pas laisser paraître un embarras par un regard fuyant.

III L'APPRÉCIATION SUR LE FOND

L'exposé du candidat est évalué sur le fond et la forme. Les membres du jury apprécient la capacité du candidat à produire un exposé à la fois pertinent, clair, cohérent et bien structuré. L'exposé devrait obtenir la moyenne ou plus lorsqu'il :

- constitue une présentation fiable valorisant de manière objective les missions centrales du candidat dans la filière police municipale,

- structure le plan avec pertinence pour ordonner les informations essentielles,

- organise les idées avec cohérence et clarté et toujours de manière structurée.

A l'inverse, l'exposé ne devrait pas obtenir la moyenne lorsqu'il :

- expose de manière désordonnée et imprécise les idées sans aucune structuration,

- révèle de nombreuses erreurs de syntaxe, et de vocabulaire juridique,

- ne définit pas de missions précises et se contente d'exposer des affirmations sans les étayer,

- est inachevé par le dépassement du délai de 5 minutes avec un manque de synthèse et un manque de clarté,

- est inachevé et inférieur à trois minutes par manque d'informations révélant un caractère insuffisamment développé,

- est hors sujet en relatant un contexte professionnel très général, des missions d'agents de terrain ne révélant pas une motivation à exercer des responsabilités ou à encadrer.

PARTIE 4
LA DISCUSSION AVEC LE JURY : RÉPONDRE AUX QUESTIONS

CHAPITRE 1

UNE DISCUSSION PROFESSIONNELLE AVEC LE JURY

I UNE DISCUSSION SUR QUOI ?

A la recherche d'un encadrant de la police municipale !

Après la présentation de son parcours et de ses missions, le jury est susceptible de poser deux catégories de questions.

Dans un premier temps, certaines questions portent sur des précisions sur la présentation du candidat. Cette étape est assez rapide. Chaque membre du jury se limite souvent à une seule question. La question est simple : « *Vous avez évoqué ceci lors de votre exposé, pouvez-vous étayer ?* », « *Vous avez parlé de cela dans votre exposé, pourriez-vous préciser ce que vous avec effectué précisément ?* ».

Dans un second temps, les questions abordent le programme de culture territoriale, des missions de police municipale, l'actualité, et le management. Durant la discussion avec le jury, tout candidat doit respecter la posture professionnelle qui est attendue en tant que chef de service de la police municipale : le candidat démontre sa capacité à exercer des missions correspondantes aux missions d'encadrement de catégorie B, à faire preuve de dynamisme, et démontrer sa capacité à raisonner dans le cadre de l'environnement professionnel de la police municipale et des liens avec l'employeur territorial, bien souvent le maire.

A retenir : La discussion est une évaluation de la motivation et de l'aptitude. C'est donc un exercice de discussion qui doit pousser à élargir le débat et rebondir sur chaque question posée sur le terrain professionnel !

La posture professionnelle

La composition du jury permet d'apprécier la posture professionnelle et le potentiel du candidat, et ce tant au niveau de l'exposé que lors de la discussion. Il est évalué à plusieurs niveaux notamment :

- Sa capacité à résoudre une problématique liée à une mise en situation professionnelle,

- Sa capacité à répondre sur tout, et savoir rebondir sur une question qu'il ne maîtrise pas (voir plus loin), et sa motivation pour accepter la discussion avec le jury,

- Sa capacité à accepter la discussion, ainsi que son dynamisme, la familiarité ou l'agressivité étant bien évidemment à proscrire,

- Sa curiosité intellectuelle sur l'actualité juridique, l'évolution des pratiques de la profession, l'ouverture d'esprit,
- Ses connaissances sur les différentes missions d'un encadrant de la police municipale, et le respect des règles déontologiques,
- Ses qualités humaines et intellectuelles pour exercer au mieux les fonctions et répondre à la satisfaction de l'employeur territorial et des administrés.

Ainsi, si des connaissances sont nécessaires pour la réussite de cet examen, elles ne suffisent pas. Même si la finalité de l'épreuve n'est pas de « recruter » un encadrant de la police municipale, elle peut s'apparenter à un entretien d'embauche. La manière de se comporter doit donc emporter la conviction du jury.

II LA MAITRISE DE SOI

Le « bon ton » lors de la discussion avec le jury

Chacun des membres du jury vient d'entendre la présentation du candidat, et s'est forgé une opinion sur ses qualités orales et de communication. Il est parfois surprenant de constater que le candidat change de posture lors de la phase de la discussion et se révèle être un autre candidat ! Par exemples :

- Le candidat faisant preuve de confiance lors de sa présentation, parle beaucoup moins fort, devient inaudible et adopte un ton hésitant lors de la discussion,
- Le candidat apparu posé lors de son exposé, se précipite pour répondre aux questions du jury lors de la discussion, à tel point que les réponses sont désordonnées et peu cohérentes !

Le but est donc que le candidat transmette la même impression tout au long de l'épreuve. Dès lors, la discussion permet au candidat de démontrer ses capacités à la réflexion (ne pas répondre de manière précipitée et désordonnée à une question), en adoptant la même intonation, la même clarté, avec une voix intelligible et suffisamment forte pour être entendu. L'élocution n'est ni trop rapide ni trop lente. Le regard doit continuellement balayer chacun des membres du jury pour capter l'attention de chacun des interlocuteurs, et veiller à l'équilibre du regard.

A savoir : Trop de candidats ont tendance à répondre en regardant le seul membre du jury ayant posé la question, alors qu'il faut regarder l'ensemble des membres.

Bien évidemment, le dynamisme du candidat peut aussi se ressentir avec l'intonation, et l'élocution. Le rythme de la respiration est à maîtriser, car elle est souvent sujette à l'angoisse et à l'émotion. Le stress est attendu pour ce type d'épreuve, et ce qui importe est la bonne gestion du stress. Dans la filière police municipale, un stress qui va empêcher le candidat de répondre à une question est très pénalisant car interprété comme lui faisant perdre ses moyens.

Pas de connivence avec le jury

Découlant du postulat que l'épreuve orale doit démontrer une posture professionnelle, le candidat ne doit pas entrer de manière directe ou indirecte en accord avec le jury, et rester impassible. Ainsi, le rire est à proscrire. Or, certains candidats ont la tentation de rire à des propos ou à entrer dans le jeu de certains membres du jury qui rient. Le trac et le stress poussent certains candidats à des rires nerveux... à tort. Pire, lorsque le candidat ajoute « *Je me perds un peu !* ». Que ce soit au cours de sa présentation ou au cours de la discussion avec le jury, le rire est la traduction du manquement à la déontologie du policier municipal par le manque d'indépendance et de moralité vis-à-vis du jury !

Faute avouée à moitié pardonnée ? Pas forcément dans cet exercice :

1/ Certes, la maladresse sera très malvenue. Une erreur grossière, un malaise accentué par l'angoisse et par des rires nerveux ne donneront pas une bonne impression au jury. Des candidats avouent de manière grossière, la mauvaise gestion du stress par des propos inappropriés tels que « *je ne sais pas comment vous l'expliquer* » ou « *(rire) ah oui, je vois où vous voulez en venir !* ».

2/ De la même manière, il serait maladroit de se raviser en disant « *oui, je suis d'accord avec vous, je me suis trompée* » par l'effet d'une remarque émise par le jury ou encore de préciser « *vous avez raison, c'est vrai que cela ne justifie pas que …* ». En effet, un encadrant de la police municipale ne pourra pas dire à son élu qu'il est censé avisé « *désolée, je me rends compte que je vous ai mal conseillé* » !

Vous êtes-sûr(e) ?

Une question simple du jury peut amener à déstabiliser tout candidat. Celle qui consiste à lui demander « *vous êtes sûr ?* » après l'énoncé de sa réponse. Le « *heu, je pense* » est à éviter puisque la question a pour seul objet de tester l'assurance du candidat ! La réponse pourrait être « *Oui, souhaitez-vous que j'étaye mes propos ?* » ou encore « *Oui, et d'ailleurs cette réflexion amène aussi à s'interroger sur l'autre question qui est …* ». Le ton de la réponse sera assurément confiant.

CHAPITRE 2
MÉTHODOLOGIE POUR RÉPONDRE AUX QUESTIONS

I DES QUESTIONS POUR QUOI FAIRE ?

Il est rare que les questions posées par le jury soient fermées. Les réponses attendues reposent sur un raisonnement basé sur des connaissances, une réflexion à haute voix, cherchant à valoriser des compétences et un savoir-faire. Cette capacité à raisonner au regard de l'environnement territorial doit s'accompagner d'une élocution qui ne trahisse pas l'incertitude avec une intonation confiante, à l'image d'un encadrant amené à motiver une équipe, un service ou à conseiller son élu.

Une lacune est possible, et un candidat peut ne pas connaître la réponse. Il faut combattre l'idée qu'une mauvaise réponse soit pénalisante. L'essentiel est de savoir gérer au mieux la situation pendant la durée de toute l'épreuve. Bien d'autres questions permettront à chacun de se « rattraper », car chaque question est une nouvelle opportunité de de rebondir et de nourrir une réflexion..

Quelle est la nature des questions pouvant être posées ?

Vaste question et pertinente question ! La réponse est simple : partant du postulat que le jury est souverain, toute question peut être posée notamment :

- des questions de connaissances territoriales ou de connaissances juridiques,
- des questions de déontologie,
- des questions d'actualité,
- des avis personnels,
- des questions de motivation,
- des mises en situation professionnelles,
- des questions sur l'encadrement.

S'entraîner !

Cet ouvrage propose dans son Titre 3 des exemples concrets de questions pouvant être posées avec des éléments de réponse. La possibilité de découpage et de pliage d'une cinquantaine de questions permettra à chacun de s'entrainer dans des conditions proches d'une simulation. Il n'existe pas de questions « déstabilisantes », toute question a un sens si le candidat parvient à comprendre qu'il est apprécié au regard d'une posture professionnelle.

Les questions peuvent être ouvertes : « *Qu'attendez-vous de la réussite à cet examen/concours ?* ». La question permet d'ouvrir le dialogue et de garder la main. Les questions peuvent être fermées : « *Connaissez-vous la responsabilité pénal des communes ?* ». Elles supposent des connaissances sans répondre par « oui » ou « non ». Le jury peut également poser une question alternative : « *Préférez-vous travailler à l'extérieur ou effecteur des tâches de gestion administrative ?* ». Si le candidat semble devoir faire un choix dans sa réponse, il ne doit pas oublier l'argumentation et les missions attendues d'un chef de service de police municipale pour motiver. Une question peut être suggestive pour apprécier la réactivité du candidat : « *Vous n'aimez pas trancher les litiges entre deux agents, n'est-ce pas ?* ». Enfin, des questions peuvent amener à nuancer des propos énoncés par le candidat qui devra approfondir sa pensée : « *Vous avez dit que vous étiez en charge d'un projet pour rétablir la proximité avec les habitants, pourriez-vous étayer ?* ».

II COMMENT RÉPONDRE A UNE QUESTION : MÉTHODOLOGIE GÉNÉRALE

Faire du silence un allié

Faire des pauses passe par la ou les seconde(s) de silence. En effet, il est d'abord important de démontrer au jury que le candidat réfléchit et est posé. De bonnes qualités ! Ensuite, d'un point de vue stratégique, cela permet de gagner un peu de temps. Le silence a un sens. Il évite les « *heu* » qui sont agaçants. Il permet de réfléchir. Tout le monde écoute un silence tandis que chacun est agacé par des « *heu* » répétitifs ou des maladresses comme « *j'ai un doute* », « *qu'est-ce que je pourrai bien vous dire* », « *attendez quelques instants, je vais répondre mais laissez-moi réfléchir* » ... Ne pas répondre vite pour se laisser le temps d'assimiler la réponse est fondamental, et une stratégie payante.

Une méthodologie générale à connaître

Il existe une méthodologie générale pour répondre à une question du jury. Voici les phases à suivre :

- Laisser écouler deux/trois secondes.

Le jury n'évalue pas la rapidité de la réponse, mais la capacité à raisonner. Un candidat prendra le temps de la réflexion avant de répondre. Le silence permet de mobiliser ses connaissances.

- Contextualiser la question posée.

La réponse, si elle a un lien avec l'actualité, doit d'abord rappeler à quoi fait référence la question posée. Une personne ? (rappeler ses fonctions), Une réforme ? (rappeler l'enjeu), Des faits ? (pourquoi, date ?) ...

- Donner une définition.

La réponse doit systématiquement rappeler la définition portant sur le mot clé de la question : l'armement ? l'uniforme ? une obligation déontologique ? une discrimination ? une liberté évoquée ? un droit ciblé ? et ce, même si la question porte sur un mot précis : le confinement ? le voile ? la safe city ? une tenue ? le coronavirus ? .... Donner une définition permet au candidat de remettre les idées en place, pour mieux répondre en donnant davantage de détails après, et garder la parole.

- Problématiser : tout dépend de la question posée

Après avoir contextualisé et défini les termes de la question posée, il est possible de mettre en balance des thèses/anti thèses pour nuancer les propos de manière neutre. Le candidat peut donc mettre en balance ou mettre en perspective des aspects a priori antagonistes mais complémentaires. Tel est le cas pour des questions sur la vidéoprotection, l'armement, la reconnaissance faciale ou les enjeux de sécurité peuvent bousculer les droits et libertés fondamentaux (respect de la vie privée, droit à l'image). En lien, le candidat doit toujours maîtriser la notion de l'ordre public.

- Développer la réponse.

Les développements dépendent des acquis et connaissances de chacun. Mais l'épreuve ne repose pas que sur des connaissances, d'autant qu'en situation professionnelle, des outils de recherche existent (codes, textes, site legifrance, mutualisation de pratiques…). Aucun candidat n'agace le jury en parlant « trop ». Bien au contraire, il démontre qu'il a des connaissances.

Exemples de méthodologie appliquée sur une question générale :

Exemple 1 - « Votre commune fait passer un chasse-neige pour nettoyer la rue, et les amas de neige sont repoussés sur les trottoirs. Votre maire vous demande si dans ces conditions, si les riverains sont tenus de déblayer à l'aplomb de leur immeuble, la neige qui a été repoussée sur leur trottoir par le chasse-neige ? »

Trame applicable : 1/ respecter deux secondes de silence. 2/ contextualiser et rappel de définition (pouvoir de police administrative du maire). 3/ problématisation du sujet. 4/ développer. Les développements dépendront des acquis et connaissances des candidats.

Il convient d'abord de rappeler qu'en vertu de ses pouvoirs de police prévus à l'article L. 2212-2 du code général des collectivités territoriales, le maire doit maintenir l'ordre public. Dans ce cadre, il doit veiller à assurer la sûreté et la commodité du passage dans les rues, quais, places et voies publiques. Cela recouvre le déneigement des voies de circulation publique, dont les trottoirs. Or, à partir de ces dispositions, le Conseil d'État a reconnu au maire le pouvoir de prescrire par arrêté aux riverains des voies publiques de balayer les trottoirs situés devant leur habitation, y compris leur déneigement.

Il appartient dès lors au maire d'apprécier, au cas par cas, et en fonction notamment des moyens de déneigement dont dispose la commune, s'il est opportun de faire supporter le déneigement des trottoirs par les riverains.

Exemple 2 - « Parlez-nous du droit de grève dans la fonction publique »

Trame applicable : 1/ respecter deux secondes de silence. 2/ contextualiser. Faculté de faire le lien avec l'actualité (grèves de la RATP débutée en décembre 2019). Puis, rappel de définition (droit de grève et texte de référence). 3/ problématisation du sujet (lien avec la continuité des services publics qui est un principe à valeur constitutionnelle, deux principes antagonistes). 4/ annonce des développements en deux temps. 5/ développer. Exemple :

Tout d'abord, il convient de rappeler que la grève a pour objet la défense des intérêts professionnels. Le droit de grève trouve sa source dans le préambule de la Constitution du 27 octobre 1946. Le préambule de la Constitution du 4 octobre 1958 a confirmé ce principe en prévoyant que « le droit de grève s'exerce dans le cadre des lois qui le réglementent ». Ce droit est reconnu aux agents du secteur public. Toutefois, ce droit n'est pas sans limite. La question du droit de grève dans la fonction publique amène donc à s'interroger sur la conciliation de la défense des intérêts professionnels, susceptible de s'exprimer par la grève, avec la nécessaire sauvegarde de l'intérêt général et le principe de continuité du service public qui est aussi principe à valeur constitutionnel.

Ainsi, le Code du travail encadre la pratique de la grève dans le secteur public. Elle s'applique à l'ensemble des personnels de l'État, des collectivités territoriales (régions, départements et communes) comptant plus de 10 000 habitants ainsi qu'aux agents des entreprises, organismes et établissements publics ou privés chargés de la gestion d'un service public. Tout d'abord, la cessation concertée du travail doit être précédée d'un préavis, qui doit parvenir à l'autorité concernée au moins cinq jours francs avant le début de la grève et en préciser le lieu, la date, l'heure de commencement ainsi que la durée. Cette période doit être consacrée à la négociation afin que soit recherchée dans la mesure du possible une résolution du conflit en amont du mouvement prévu. Par ailleurs, le législateur interdit certaines modalités d'exercice de la grève comme les grèves tournantes. De plus, des agents publics n'ont pas le droit de faire grève, en particulier les magistrats, les militaires, les personnels de police ou de l'administration pénitentiaire. En outre, des agents peuvent être astreints par la loi à un service minimum par exemple le personnel de la navigation aérienne.

Ces limitations apportées par la loi à l'exercice du droit de grève ont pour objectif de préserver le fonctionnement des éléments du service dont l'interruption porterait atteinte aux besoins essentiels du pays, afin de concilier le droit de grève avec le principe constitutionnel de continuité des services publics reconnu par le conseil constitutionnel dans une décision du 25 juillet 1979. D'autres principes constitutionnels, comme la protection de la santé ou la sécurité des personnes, peuvent justifier des restrictions de l'exercice du droit de grève. Enfin, en l'absence de textes législatifs, les ministres ou les chefs de service disposent depuis l'arrêt du Conseil d'État Dehaene (7 juillet 1950) du pouvoir de réglementer l'exercice du droit de grève au sein de leurs services, pour assurer notamment l'organisation d'un service minimum.

Est-il possible de solliciter une reformulation d'une question ?

La question est délicate ! Reformuler est possible si le candidat n'a pas entendu la question posée en raison d'une ambiance sonore. Il est possible de demander au jury de reformuler la question, mais cela serait mal perçu une seconde fois. Si le candidat ne comprend pas le sens d'une question, il doit coûte que coûte répondre par rapport à ce qu'il a compris. Et s'il part dans une mauvaise direction, le jury va le réorienter rapidement. Si la question est très générale, le candidat a toute l'opportunité de développer les connaissances qu'il maîtrise au mieux. Il serait donc maladroit de demander de restreindre le champ de la question quand lui est offert la possibilité de problématiser en toute liberté sur un terrain choisi ! Voir les questions d'entraînement en Titre 3.

Gagner du temps !

Gagner du temps passe par l'effort systématique de laisser écouler deux à trois secondes de silence avant de répondre à chacune des questions posées. De plus, au cas par cas, chaque candidat pour étayer ses réponses en fonction de ses connaissances, et ne pas se confiner à la seule question posée.

La stratégie à mettre en place consiste à garder la parole le plus longtemps possible. Une abréviation sera déclinée en toutes lettres. Une institution sera contextualisée avec les enjeux, son rôle. Le schéma ci-après a pour but de montrer comment un candidat peut gagner quelques secondes sur une question, même s'il n'en connaît pas les contours. Et ces secondes gagnées, au fil de l'épreuve, permettront au candidat de limiter le nombre de questions, pour « éviter » qu'une salve de questions lui soient posées !

Illustration : Qui est le ministre de la fonction publique ?

Voici des réponses variant entre 1 seule seconde à plus de 10 secondes.

1 s
- Je ne sais pas
ou
- M. Gérald

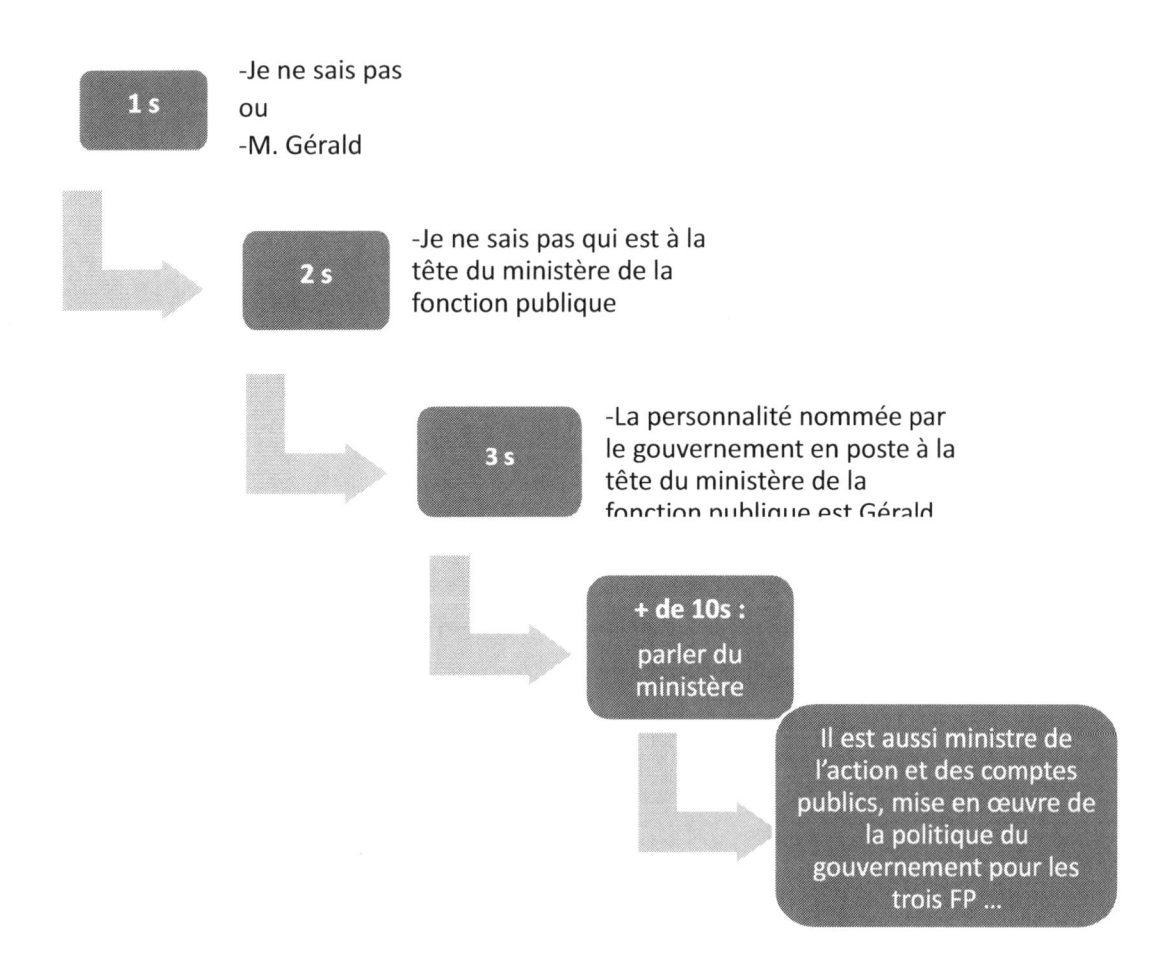

2 s
- Je ne sais pas qui est à la tête du ministère de la fonction publique

3 s
- La personnalité nommée par le gouvernement en poste à la tête du ministère de la fonction publique est Gérald

+ de 10s : parler du ministère

Il est aussi ministre de l'action et des comptes publics, mise en œuvre de la politique du gouvernement pour les trois FP ...

III COMMENT RÉPONDRE A UNE QUESTION PERSONNELLE OU INATTENDUE ?

Une question personnelle, un avis… : quezaco ?

Aucun candidat ne doit tomber le piège de donner un avis personnel ou une opinion personnelle, qu'elle soit politique, syndicale ou religieuse. Donc, il ne faut pas répondre en commençant par « *pour moi* » ou « *selon moi* » et encore moins par « *je pense que* » ou encore « *à mon sens* » pour enchaîner sur une opinion qui n'est pas fondée sur le plan strictement professionnel. Le jury ne s'intéresse pas aux avis ou opinions personnels d'autant qu'il a les siens. Et ce, parce qu'ils s'adressent à un chef de service, à un professionnel, à une fonction. Il est aussi maladroit de dire « *cette question n'a pas sa place dans le cadre de cet examen, je m'abstiendrai donc d'y répondre* » ou encore « *dois-je répondre à cette question ? Je n'en comprends pas le sens* » ... En posant une question personnelle ou politique, le jury attend une réponse d'un professionnel avisé dans le domaine sécuritaire. L'idée est de rebondir sur le terrain de la réglementation juridique, des missions de son statut, et des liens avec les élus. Trop de candidats tombent dans le piège et donne un avis politique sur une question d'actualité uniquement parce que les médias ont relayé cette information !

La réponse commencera par des propos introductifs rappelant la définition du mot clé, puis des formulations neutres : « *cette question renvoie à ...* », « *cette question soulève, amène à s'interroger sur ...* ». Voici quelques exemples illustratifs à l'appui d'une méthodologie cherchant à répondre sur le terrain des droits et libertés fondamentaux :

Illustration 1 : « Que faîtes-vous là ? »

Cette question a été posée à un candidat après l'achèvement de sa présentation. Le respect de deux à trois secondes de silence avant de répondre est ici crucial pour se donner le temps de la réflexion. Le candidat est « là » car il a réussi les épreuves écrites et subi les épreuves orales d'admission. Donc, la réponse porte sur l'examen, le concours propre au recrutement dans la fonction publique territoriale. Éléments de réponse possible :

- Contextualisation de la question : le recrutement dans la fonction publique repose sur le principe du concours qui comporte des épreuves écrites d'amissibilité et des épreuves orales d'admission,

- Ma présence devant vous s'explique par mon inscription pour l'obtention de « … » (citer le nom de l'examen) que j'ai préparé pendant plus d'une année. La réussite à cet examen me permettra de « … » (motivation à parfaire et valorisant les capacités à exercer des missions de cadre B intermédiaire).

Illustration 2 : « Etes-vous pour ou contre l'armement des policiers municipaux ? »

Il convient de noter que des questions peuvent porter sur des sujets sensibles au sens où des candidats peuvent avoir des points de vue personnels. Pour autant, il faut mettre en balance toujours et encore le devoir de réserve. Éléments de réponse possible :

- deux à trois secondes de silence avant de répondre, puis définition du mot clé « armement »,

- évoquer les droits et libertés fondamentaux possibles : droit à la sécurité de la population (sécurité publique), et des agents eux-mêmes, prévention et maintien de l'ordre public (rôle et choix du maire, rôle du préfet), service public facultatif (en lien avec d'autres autorités de police de l'État) …

Illustration 3 : Pouvez-vous vous baigner en uniforme ?

Une telle question amène à la réflexion avant de se précipiter. Méthodologie : deux secondes de silence (réflexion), puis définition (l'uniforme est la tenue vestimentaire obligatoire et réglementée liée à l'exercice des missions de policer municipaux). Ensuite, la réponse sera nuancée : il est possible de se baigner en uniforme s'il s'agit de porter assistance à un personne en danger dans un cours d'eau ou en train de se noyer ; en dehors de cette hypothèse, le bain avec l'uniforme n'est pas possible en raison de l'obligation de dignité et des obligations déontologiques qui s'imposent à la profession.

Illustration 4 : « Que pensez-vous de la limitation de la vitesse maximale autorisée à 80 km/heure prise par le gouvernement ? »

Pas question de donner une réponse personnelle ! L'obligation de loyauté doit primer. Donc, il faut rappeler le contexte (décision du premier ministre) en toute neutralité. Cela suffit à démontrer d'une part que vous connaissez le sujet, d'autre part que vous respectez cette autorité.

Il appartient au Premier ministre, en vertu de ses pouvoirs propres, d'édicter les mesures de police applicables à l'ensemble du territoire. Il peut ainsi fixer des limites de vitesse de circulation différentes applicables à des types de voies distincts. Les règles ainsi fixées par le Premier ministre n'ont ni pour objet ni pour effet de priver les autorités de police dont relèvent les voies concernées du pouvoir de fixer des limites plus strictes en fonction de circonstances locales particulières.

Il ressort de ce sujet que plus de 3 500 personnes meurent chaque année en France d'accidents sur les routes, plus de 30 % des accidents mortels sont dus à la vitesse excessive. Il résulte des études réalisées à l'étranger comme en France, notamment préalablement à l'adoption de la mesure contestée, qu'une réduction de la vitesse moyenne sur les routes permet de réduire le nombre des accidents mortels et qu'une diminution de la vitesse maximale autorisée est de nature à entraîner une telle réduction de la vitesse moyenne. La réduction de vitesse maximale a été expérimenté entre 2015 et 2017 dans quatre départements. Le Premier ministre a donc justement apprécié de réduire la vitesse maximale autorisée pour assurer la sécurité routière et les exigences de protection des biens et personnes sans porter atteinte à la liberté d'aller et venir et la liberté de circulation de chacun.

De plus, le Code général des collectivités territoriales prévoit que le président du conseil départemental gère le domaine du département. A ce titre, il exerce les pouvoirs de police afférents à cette gestion, notamment en ce qui concerne la circulation sur ce domaine, sous réserve des attributions dévolues aux maires (routes départementales traversant une agglomération) et au préfet de département ainsi que du pouvoir de substitution du préfet de département.

Éviter de répondre par « oui » ou « non » !

A une question posée, répondre d'office de manière affirmative (« oui ») ou négative (« non ») est un risque. En effet, cette réponse enferme de suite le candidat dans une situation qu'il a choisi d'emblée, et va l'empêcher d'ouvrir le sujet sur un débat ou va l'amener à se raviser car il aura répondu trop vite ! Si le candidat estime qu'une réponse affirmative ou négative peut être formulée, il attendra la fin de son argumentation.

A titre d'exemples, les questions suivantes pourraient amener un candidat à donner, de suite, une réponse positive ou négative en fonction de ses opinions personnelles. Ce serait maladroit et une erreur stratégique, tant elles sont ouvertes à la discussion ! : *« Etes-vous favorable à la dépénalisation du cannabis »*, *« Êtes-vous pour ou contre la loi interdisant la dissimulation du visage sur l'espace public »* ...

Une question que l'on ne maîtrise pas : que faire ?

Qui pourrait prétendre savoir tout sur tout ! L'idée est-elle de répondre par *« je ne sais pas »* ou de montrer sa motivation par les capacités à exploiter d'autres connaissances ? L'argumentation et l'expression orale sont des points réglementaires évalués pour cet examen. Se taire constamment ou répondre par *« je ne sais pas »* ne permet pas au jury d'apprécier ces aspects. En revanche, le candidat qui se « bat » pour répondre en rebondissant sur des aspects autres, fera la différence avec les autres candidats puisque la qualité de sa prestation pourra être appréciée par le jury. En effet, est-il concevable qu'un encadrant conseiller des élus puisse répondre en réunion publique *« je ne sais pas »* à un maire qui lui pose une question ?

A minima, le candidat doit adopter une méthode pour apporter une réponse qui a un sens, et qui veut dire quelque chose, sans forcément connaître la réponse :

1. donner la définition des termes de la question ou du sujet posé,
2. faire le lien avec l'environnement territorial, la police administrative ou l'environnement sécuritaire imposant la sécurité de la population.

Rappeler la définition permet au candidat de réfléchir pendant qu'il l'énonce. Par exemple, à la question « parlez du burkini », il conviendra de rappeler la définition (en l'espèce tenue vestimentaire en lien avec des croyances religieuses). De cette définition apparaît la liberté vestimentaire d'une part, la laïcité et la liberté de conscience d'autre part. La problématisation peut être posée sous l'angle des pratiques religieuses et le port de signes religieux au sens large. Il n'est donc pas question de répondre *« je ne sais plus »*, *« je ne me souviens plus »*. Le candidat doit pouvoir répondre en donnant à minima la définition du terme clé de la réponse, et si la méthode du syllogisme est appliquée, les idées devraient venir en parlant à haute voix.

Voici quelques exemples illustratifs à l'appui d'une méthodologie :

Illustration 1 - « Parlez-nous du dernier ouvrage de Bernard-Henri Lévy »

Mauvaise réponse : *« je ne sais pas »* ou *« je ne connais pas son dernier ouvrage »* ou *« je n'ai pas le temps de lire avec la préparation de mes oraux »*. Plusieurs réponses sont possibles :

1/ soit parler de Bernard-Henri Lévy et de ses prises de position dans le cadre des droits et libertés fondamentaux avec un exemple si le candidat en connaît un, sinon, en élargissant la question de manière subtile. Par exemple : « *Bernard-Henri Lévy est un philosophe et un écrivain qui se démarque notamment par ses idées politiques et son engagement sur des questions de géopolitique. Je ne connais pas ce dernier ouvrage, mais sans doute s'inscrit-il dans la lignée de ses pensées politiques qui pourront faire l'objet de nouvelles critiques de la part de certains journalistes ou philosophes dans les limites acceptables* ». Cette réponse montre comment habilement le candidat évoque des droits et libertés fondamentaux, les limites (infractions pénales) en pouvant espérer que les membres du jury repartent sur ce terrain en particulier les « limites acceptables » qui pourront alors être développées !

2/ soit rebondir sur un autre ouvrage lu par le candidat. Par exemple : « *Je ne connais pas encore le dernier ouvrage de Bernard Henry Lévy, n'ayant pas achevé la lecture de l'ouvrage de X portant sur Y. Je vous recommande d'ailleurs cet ouvrage pour ... (exposer des raisons pertinentes)* ». Cette seconde réponse met l'accent sur une pointe d'humour subtile et donc non pénalisante.

Illustration 2 - « Pouvez-vous rappeler le texte fondamental sur le rôle du chef de service de police municipale ? »

La question est ambigüe, mais ne doit pas faire l'objet d'une reformulation au risque d'appuyer le manque de clarté de la question posée, et de mettre en cause le jury ! Sauf à connaître le décret qui définit le cadre d'emploi du chef de service de police municipale, il est possible de répondre de plusieurs manières :

1/ Le chef de service de police municipale est sous l'autorité hiérarchique du maire. Il exécute dans les conditions fixées par la loi du 15 avril 1999 relative aux polices municipales, et sous l'autorité du maire, les missions relevant de sa compétence en matière de prévention et de surveillance du bon ordre, de la tranquillité, de la sécurité et de la salubrité publiques dans les domaines de la répression des rixes et disputes, des bruits de voisinage (au titre des atteintes à la tranquillité publique), la prévention et la réparation des pollutions de toute nature, ou encore la sûreté et la commodité de passage sur les voies publiques.

2/ Quel que soit les textes réglementaires, le chef de service de police municipale assure l'encadrement des membres du cadre d'emplois des agents de police municipale dont il coordonne l'activité. A ce titre, il doit veiller à l'exécution des arrêtés de police du maire dans le cadre de ses pouvoirs de police administrative, et veiller à la constatation par procès-verbaux, dans les conditions prévues à l'article 21-2 du code de procédure pénale, des contraventions à ces arrêtés ainsi qu'aux dispositions des codes et lois pour lesquelles compétence lui est donnée.

III L'ÉVALUATION DU CANDIDAT DURANT LES 15 MINUTES DE DISCUSSION

Une seconde appréciation après l'exposé du candidat

Pendant les quinze minutes de discussion qui vont suivre, le candidat va être évalué sur le fond et la forme. Là encore, les membres du jury apprécient la capacité du candidat à produire des réponses claires, cohérentes, pertinentes, et bien structurées le cas échéant. Il est possible de donner des critères d'évaluation sur les points suivants (liste non exhaustive) :

- Avoir des connaissances sur l'évolution de l'environnement territorial et les politiques sécuritaires sans donner d'opinions personnelles ou des points de vue politiques qui n'ont pas leur place dans cette épreuve,

- Démontrer sa curiosité intellectuelle et son esprit d'ouverture en manifestant un réel intérêt pour la profession, bien évidemment argumenté sur le plan professionnel sans avis personnel,

- Être respectueux en adoptant un comportement adapté aux membres du jury, et ce dans sa posture de « candidat », sans remettre en cause l'intérêt d'une question posée,

- Gérer son stress sans se précipiter pour répondre à une question, sans hésitation préoccupante,
- Savoir discuter en s'exprimant clairement, à voix intelligible, avec une élocution ni trop lente ni trop rapide.

Parler de manière confiante pendant 15 minutes

Ce qui compte dans cette épreuve est l'impression et la posture données pendant tout le déroulement de l'épreuve. L'image et la posture du candidat doivent être identique entre les deux phases que sont l'exposé oral et le dialogue avec le jury.

Employer un vocabulaire bannissant le doute !

Un encadrant de la police municipale ne doit pas montrer le moindre doute ou scepticisme à l'égard d'un usager, d'un élu ou d'un partenaire. Dès lors, des expressions sont à éviter telles que :

À savoir : Vous n'êtes pas sûr de la réponse ? Lancez-vous ! Si vous avez la bonne réponse, c'est tant mieux. Mais la même réponse assortie d'un « il me semble » entache d'un doute préjudiciable son contenu même s'il était exact.

Beaucoup de candidats peuvent avoir des difficultés à prononcer un mot, surtout en phase d'exposé oral, mais aussi au cours des questions. L'instinct est de dire « pardon ». C'est inutile, et peut s'avérer agaçant si cela devient répétitif. De plus, dire « pardon » quand on prononce mal un mot ou une phrase renforce la difficulté d'élocution qui n'avait pas forcément été perçue par tous les membres du jury.

Répondre coûte que coûte

Le critère de motivation sera notamment apprécié par le jury au regard des réponses formulées par le candidat. Ainsi, plusieurs catégories de candidats vont se distinguer et ce alors même qu'ils ne connaissent pas la réponse à une question posée.

- 1ère catégorie de candidats : la prédominance du « *je ne sais pas* ».
- 2ème catégorie de candidats : ceux qui tentent à minima de donner une définition du mot clé sur la question.
- 3ème catégorie de candidat : ceux qui rebondissent sur une autre thématique même lointaine, mais qui osent pour se démarquer, et montrent ainsi leur motivation.

Ainsi, il sera honnête de dire « *Je ne peux pas répondre avec précision à votre question, néanmoins et par analogie avec …, il est possible d'aborder la question sous l'angle de … »*.

Ne pas répondre du tac au tac

Répondre du tac au tac à une question pourrait faire croire que le candidat est stressé et ne prend pas le temps de la réflexion ou encore perd ses moyens. Et cela pourrait s'avérer d'autant plus exact s'il se ravise maladroitement en ces termes « je vous prie de m'excuser, j'ai répondu trop vite, je me suis trompée ». Il faut toujours prendre le temps de répondre, penser à faire écouler deux à trois secondes de silence avant de répondre, et donc accepter le silence ! C'est un exercice au quotidien à pratiquer chaque jour jusqu'au jour J !

Aucune différence ne doit se faire ressentir entre les deux phases que sont l'exposé oral et la discussion avec le jury. Chacun pourra s'entraîner toujours et encore au quotidien dans ses discussions avec l'entourage.

La fin de l'épreuve : faut-il remercier le jury ?

Il ne faut pas remercier le jury à la fin de l'épreuve. La raison tient toujours à la nature professionnelle de l'épreuve : un chef de service ne remercie pas un agent après un entretien individuel, il ne remercie pas non plus le maire après l'exposé d'une note administrative (mais plutôt l'inverse !).

CHAPITRE 4
LES CRITERES D'ÉVALUATION DU CANDIDAT UNE FOIS L'ÉPREUVE TERMINÉE

I UNE PROJECTION DANS SES FUTURES MISSIONS ?

La posture professionnelle

L'épreuve orale s'inscrit à l'image d'une démarche de recrutement dans la profession et dans une nouvelle catégorie d'emploi avec des responsabilités d'encadrement et d'aide à la décision de l'élu. Les membres du jury, selon leur profil professionnel respectif, auront constamment pour objectifs d'apprécier la capacité du candidat à se projeter dans son futur environnement professionnel.

FORME	Impression générale dégagée	Illustrations
Articulation	Claire - aisée - gênée	Manière de s'exprimer
Corps	Tendu - anxiété - détendu	La mouvance du corps est liée à la tension ressentie
Débit	Rapide - rythmé - monotone	150 mots/minute est une moyenne. Utilisation des silences
Gestuelle	Fermée - repliée - ouverte	Bras croisés, mains crispées, geste exagéré, grattage du corps ...
Intonation	Présomptueux - stress - expressif	Monocorde, cassant, adapté, respectueux ...
Neutralité	Absent - constant - émotion	Avis personnel, emploi du « Je » ou du « nous » ...
Regard	Fuyant - variable - dialogue	Le regard doit alterner entre chaque jury
Respiration	Contrôlé - syncopé - calme	La respiration est sujette au stress
Scories	Débordement - absent - ponctuel	Perception de la maîtrise de la langue
Visage	Fermé - neutre - expressif	Rictus, yeux, bouche, grimace ... Maîtrise de l'émotion
Voix	Timide - forte - charisme	Le son produit en lien avec l'intonation et le débit de paroles

CAPACITÉS	Impressions générales dégagées	Illustrations
Analyse	Rationnelle - insuffisante	Capacité à identifier l'intérêt d'un sujet pour l'environnement territorial
Culture territoriale	Imparfaite - bonne - correcte	Lacunes ou maitrise du fonctionnement ou des enjeux territoriaux
Culture juridique	Imparfaite - bonne - correcte	Lacunes ou maitrise sur des questions de connaissances juridiques
Mode de pensée	Neutre - partisane - pédagogique	L'approche doit être professionnelle

Pertinence	Rare - hésitant - pédagogique	Propos qui conviennent au sujet et dénotent du bon sens
Problématique	Rare - présente - hors-sujet	Au cours de l'exposé et des questions posées
Réactivité	Dialogue - Repli - impertinence	Capacité à ouvrir le dialogue avec le jury
Réflexion	Précipitée - réfléchie - inégale	Temps de silence avant de répondre, absence de réponse fermée « oui/non »
Structuration	Absente - organisée – inégale	Structuration de l'exposé et des réponses à la discussion

Les critères d'évaluation généraux

Le candidat est évalué sur le fond et la forme. Les principaux critères, déjà définis dans les chapitres dédiés précédemment, peuvent se synthétiser dans le tableau suivant :

Présentation	Discussion avec le jury
Structuration de la présentation	Culture territoriale
Identification des missions à valeur ajoutée par rapport au cadre d'emploi	Présentation des enjeux fondamentaux en lien avec les questions posées (relations avec les élus, encadrement, gestion …)
Cohérence de la présentation	
Démonstration convaincante sur les responsabilités exercées, le sens de l'initiative, la prise en charge cohérente de responsabilités	Maîtrise de l'environnement professionnel et des principes déontologiques
	Motivation (tout au long de l'épreuve)
Durée de la présentation	Posture professionnelle et élocution
Élocution claire, intelligible	
A contrario : Absence de plan Caractère inachevé de la présentation Eléments insuffisamment développés ou non pertinents	*A contrario :* Posture théâtrale ou irrespectueuse Connaissances approximatives ou lacunaires Des avis personnels Incapacité à gérer le stress Ton hésitant

II CAPITALISER SUR LES RETOURS D'EXPÉRIENCE

Le rapport du Président du jury de l'examen professionnel d'accès par voie d'avancement de grade de Chef de service de Police municipale principal de 1ère classe session 2016 donne un éclairage sur les attendus des membres du jury à l'épreuve orale :

> « Le jury précise qu'en règle générale, les candidats sont motivés, en revanche ils manquent de perspective. Les connaissances sont trop superficielles et donc les réponses ne sont pas assez approfondies. Le stress et l'émotivité des candidats ont aussi été soulignés par les jurys qui sur cette profession attendent de la détermination de leur part. »

Le rapport du Président du jury de l'examen professionnel de Chef de service de Police municipale principal de 2ème classe session 2019 donne un éclairage sur les attendus des membres du jury à l'épreuve orale :

> « *Le niveau des candidats est globalement bon, ils ont su exprimer leur motivation et démontrer leurs connaissances professionnelles liées à leur famille de métier. Les candidats ont été relativement à l'aise avec les notions de pouvoirs du Maire, l'armement et la vidéoprotection mais ont fait preuve de grandes lacunes concernant l'environnement territorial et les institutions françaises au sens large.* »

Le rapport du Président du jury du concours de Chef de service de Police municipale session 2017 donne un éclairage complémentaire et détaillé sur les attendus des membres du jury à l'épreuve orale:

> <u>*Qualités des meilleurs candidats du concours externe*</u> : *Bonne présentation des candidats, avec une gestion du temps maîtrisée – bonne communication – aisance à l'oral et dynamisme – tenue correcte (bonne présentation extérieure) – Nombre de ces candidats ont bien préparé l'épreuve en faisant l'effort de se projeter dans le rôle attendu d'un chef de service de police municipale.*
>
> <u>*Qualités des meilleurs candidats du concours interne*</u> : *Préparation de l'exposé au travers d'une présentation structurée. Le plus souvent bonne connaissance du terrain même si souvent cette connaissance est présentée à un niveau d'exécutant.*
>
> <u>*Faiblesses des moins bons candidats*</u> : *Faible mise en valeur des compétences dans la présentation, peu de projection vers l'avenir, peu de véritables projets professionnels concrets. Des lacunes dans le domaine du management et de la gestion de service. Méconnaissance de l'environnement professionnel avec des difficultés à se positionner, préparation décevante, mauvaise gestion du stress. Manque de réflexion, de prise de « hauteur » par rapport aux problèmes liés à leurs futures fonctions. Les mises en situation proposées ont parfois mis en difficulté de nombreux candidats mal préparés et peu réactifs. Des lacunes en matière de connaissances juridiques, le socle réglementaire n'est pas toujours connu. Manque de connaissances en dehors de leur propre expérience. Motivation et projet professionnel pas toujours très clairement énoncés. Certains candidats n'ont pas intégré la complexité du rôle d'un chef de service de police municipale sur le plan technique, administratif et opérationnel. Manque pour certain de curiosité (caractère exclusif du métier). Sur l'ensemble des 2 concours les points négatifs récurrents sont de mauvaises connaissances de l'environnement professionnel du cadre d'emplois, des lacunes dans les domaines de la gestion de service (management) et de la déontologie. Une véritable préparation à cette épreuve est nécessaire, il est important d'avoir acquis un minimum de connaissances techniques et d'avoir réfléchi à son futur positionnement sur un poste d'encadrement.*
>
> <u>*Remarques à destination des candidats*</u> : *Il faut travailler les connaissances de base du cadre d'emplois et suivre l'actualité des problématiques territoriales liée à la sécurité et à la prévention de la délinquance. Le candidat doit éviter d'évoquer dans sa présentation des sujets qui ne sont pas maitrisés. Il convient de travailler également les mises en situation notamment celles portant sur le rôle d'encadrant d'équipe. Enfin, il est nécessaire que les candidats s'obligent à bien structurer leurs propos, afin de rendre logique leurs démonstrations.* »

CHAPITRE 5

PRÉPARER DES QUESTIONS INCONTOURNABLES OU RÉCURRENTES

1 LES QUESTIONS PERSONNELLES

Il est bien évidemment impossible d'établir une liste des notions incontournables, et ce ne sont que quelques pistes de réflexion...

Qu'est-ce qui vous a donné l'envie d'être policier municipal ?

Les réponses à bannir pourraient se résumer en ces expressions : « *depuis toute petit je voulais poursuivre les bandits* », « *je regardais la série télévisée* », « *je voulais être le héros de la police* », « *je cherchais du travail, c'est pôle emploi qui m'a dit tentez la police* » ...

Plusieurs réponses sont possibles et dépendent du parcours du candidat. Certains candidats sont originaires de la police ou gendarmerie nationale, voire l'armée. Il n'est pas question de critiquer les autorités, mais de tirer l'expérience mise à profit de la police municipale. Des candidats expliquent aussi leur vocation née lors d'un stage effectué en collectivité au cours de leur expérience. Les éléments de motivation sont en rapport avec la proximité avec la population, le sens du service public et de l'intérêt général, la concrétisation des projets menés, la participation à des projets ayant un résultat évaluable sur le terrain, la proximité avec les élus, la surveillance et la protection de la population...

Quelle que soit la raison, elle doit être mûrement réfléchie, pour convaincre et la motivation doit être faite de manière argumentée « *Lors de..., j'ai ..., ce qui m'a fait prendre conscience de ..., j'ai d'ailleurs ... * ». Il sera noté que la réponse peut ici être présentée de manière personnelle. Le piège de cette réflexion en amont est ensuite d'exposer la réponse « toute faite » comme le ferait un écolier qui récite une poésie.

Les qualités du candidat, les compétences, peuvent être aussi présentées au service de la profession. Il est parfois astucieux de se rattacher aux principes déontologiques de la police municipale pour argumenter sa réponse.

Enfin, il faut ne pas hésiter à parler des contraintes de la profession (horaires, astreintes, amplitude quotidienne...) pour démontrer que la vocation a été mûrement réfléchie.

Comment vous voyez-vous dans cinq ans ?

La maladresse est la réponse impersonnelle ou une réponse passe-partout avec des prétendues qualités sans démonstration. Le premier élément de réponse consiste à se positionner sur la carrière : évolution prévisible ou pas ? le lieu d'affectation : mobilité ou pas/même collectivité ou pas ? police municipale ou intercommunale ? Le second élément de réponse reposera sur l'emploi subtil d'un profil du candidat : curiosité, maîtrise de nouvelles technologies, connaissances précises d'un secteur juridique, qualités psychologiques ... Il est toujours plus captivant pour un jury d'entendre des motivations étayées sur un domaine porteur qu'il s'agisse d'un choix de spécialité ou de conception de projets à des fins sécuritaires.

Quelle dernière actualité a particulièrement attiré votre attention ?

Cette question est à préparer par avance pour se démarquer des autres candidats. Bien évidemment, toute actualité politique sera à bannir.

La réponse doit d'une part être en lien avec les politiques sécuritaires ou les pouvoirs de police administrative, d'autre part éviter un fait médiatisé car la médiatisation risque d'en faire une réponse répétée par la plupart des candidats, engendrant l'ennui et la déconcentration du jury. Par exemple, de nombreux candidats avaient évoqué les violences en lien avec des manifestations des gilets jaunes, et précédemment les attentats du Bataclan. A juste titre bien sûr, mais plus de la moitié des réponses étaient identiques à quelques nuances près en termes d'argumentation. Il est plus judicieux de choisir une évolution légale ou réglementaire sur les pouvoirs du maire, une décision rendu par le conseil d'État en matière de responsabilité administrative ou de légalité d'un arrêté municipal, et travailler l'enjeu et la portée de l'actualité choisie.

Et si cette question n'est pas posée, ce travail en amont est une opportunité d'aborder le sujet au cours du dialogue avec les jurys en y faisant référence subtilement soit à titre d'illustration, soit en évoquant la thématique qui est en lien. L'intérêt de travailler une question d'actualité est donc double : savoir répondre à la question si tant est qu'elle soit posée par le jury, et pouvoir l'aborder subtilement en l'exposant à l'occasion d'une autre question posée par le jury.

2 DES AXES DE RÉVISIONS

Institutions territoriales et nationales

L'épreuve écrite de QRC a permis à chacun d'améliorer ses acquis notamment sur l'environnement territorial, et national. Ces notions ne doivent pas être oubliées pour l'épreuve orale. Chaque candidat pourra se confectionner une fiche en résumant bien évidemment le rôle de l'ensemble des institutions ou juridictions visées, idéalement en y incorporant une synthèse sur un rapport rendu le cas échéant. Si le candidat ne connaît pas le nom demandé par le jury, il devra rebondir sur le rôle de l'institution, l'importance d'un dernier rapport rendu, et ce en lien avec les droits et libertés fondamentaux.

Tout acronyme devra préalablement être expliqué et intégralement décliné. L'idée, au-delà de la clarté, est de gagner quelques secondes de temps ! « CGCT ou code général des collectivités territoriales », il faut choisir !

Quel est le nom de ... ?

A minima : le défenseur des droits, le président de commission consultative des polices municipales, le garde des sceaux, le ministre de l'intérieur, le ministre de la fonction publique, le président de l'assemblée nationale, le président du Sénat, le contrôleur général des lieux privatifs de libertés.

Des rapports récents sur les politiques sécuritaires

Une veille sera effectuée sur d'éventuels rapports publics remis avant l'épreuve orale. Connaître leur existence démontre un réel intérêt pour l'environnement et la profession. Une synthèse devra être effectuée pour savoir répondre à une question posée sur le sujet, ou pour l'évoquer subtilement lors d'une réponse développée sur un autre sujet.

Exemple : le rapport « D'un continuum de sécurité vers une sécurité globale » (députés Alice Thourot et Jean-Michel Fauvergue)

La Commission consultative des polices municipales

Il s'agit d'instance de dialogue paritaire entre les représentants de l'État, les élus et les représentants des policiers municipaux qui a été créée par la loi du 15 avril 1999 relative aux polices municipales.

La police municipale

Un état des lieux général sur la profession est bienvenue. Troisième force de sécurité publique. Environ 22 800 policiers, 8 000 agents de surveillance de la voie publique et des 700 gardes-champêtres, couvrant près de 4 000 communes.

PARTIE 5
L'ENCADREMENT

CHAPITRE 1

LA NATURE DES MISSIONS

I LA DÉFINITION DES MISSIONS : ENCADREMENT ET EXPERTISE

Les missions de la police municipale sont précisément définies par les textes. Elles s'exercent sous l'autorité du maire. Il est donc nécessaire de maîtriser les missions de la police municipale, mais aussi les missions statutaires du chef de service pour pouvoir répondre aux questions en lien qui sont posées aux candidats. Au-delà de l'assimilation des missions, et du lien hiérarchique avec l'employeur territorial, chaque candidat doit être à l'écoute des attendus en termes d'encadrement.

Chef de service de police municipale : un cadre intermédiaire de catégorie B

Le décret n° 2011-444 du 21 avril 2011 portant statut particulier du cadre d'emplois des chefs de service de police municipale définit le rôle des chefs de service de police municipale en ces termes :

Ils exécutent dans les conditions fixées, notamment, par la loi du 15 avril 1999 et sous l'autorité du maire les missions relevant de la compétence de ce dernier en matière de prévention et de surveillance du bon ordre, de la tranquillité, de la sécurité et de la salubrité publiques.

Ils assurent l'exécution des arrêtés de police du maire et constatent, par procès-verbaux dans les conditions prévues à l'article 21-2 du code de procédure pénale, les contraventions auxdits arrêtés ainsi qu'aux dispositions des codes et lois pour lesquelles compétence leur est donnée.

Ils assurent l'encadrement des membres du cadre d'emplois des agents de police municipale, dont ils coordonnent l'activité. Ils ont vocation à exercer les fonctions d'adjoint au directeur de police municipale.

La maîtrise des pouvoirs propres du maire

Il est nécessaire de maîtriser la réglementation en vigueur ainsi que les procédures judiciaires et administratives à respecter. Dans ces missions, les chefs de service sont amenés à appliquer et donc contrôler le respect des pouvoirs de police du maire. Parallèlement, ils doivent connaître les règles et les procédures en matière de rédaction d'actes administratifs, comme par exemple les arrêtés de police, ainsi que la rédaction et la transmission des écrits professionnels tels que les rapports et procès-verbaux. Sur des pistes de révisions : voir Titre 3.

II LES RELATIONS AVEC L'AUTORITE HIÉRARCHIQUE

Les chefs de service de police municipale sont placés hiérarchiquement sous l'autorité territoriale (maire, président de l'EPCI), le chef de service étant placé sous l'autorité administrative du supérieur hiérarchique. Le Code de la sécurité intérieure, dans son article R. 515-5, et le Code général des collectivités territoriales (CGCT), dans son article L. 2212-5, placent les agents de police municipale, dans leurs missions de police administrative, sous l'autorité hiérarchique du maire pour la mise en œuvre de leurs compétences relevant de la police municipale.

La difficulté récurrente rencontrée par les agents est la demande de ne pas verbaliser ou la demande d'indulgence d'un élu. Il convient de rappeler les textes pénaux. Seul le procureur de la République a l'opportunité des poursuites, le maire et les adjoints sont des OPJ devant rendre compte des infractions au procureur de la République. La déontologie impose de désobéir à un ordre illégal, ici détournement de deniers publics et usurpation de fonctions de l'élu.

Le maire encourt des responsabilités juridiques et financières, mais sa légitimité issue du suffrage universel démocratique peut avoir une influence sur les prises de décisions politiques notamment sur la politique sécuritaire. Il est amené à composer avec le préfet, des élus de groupes politiques, et une composante temporelle non négligeable, surtout en période préélectorale. Les décisions importantes sont souvent prises dans la première moitié du mandat suivant le renouvellement de l'équipe municipale. Si les jeux de pouvoirs peuvent avoir une incidence, il convient également de ne pas négliger la gestion des ressources budgétaires dans un environnement territorial plus contraint.

Relations fonctionnelles et direction du service de police municipale

L'employeur territorial des agents de police municipale, qui est le maire ou le président de l'établissement de coopération intercommunale, assure l'encadrement des membres du cadre d'emplois des agents de police municipale dont il coordonne l'activité. Mais un maire peut-il confier la gestion quotidienne d'un service de police municipale à un directeur général des services ou à un directeur des ressources humaines ? Quelles est la distinction entre autorité hiérarchique et gestion du personnel de la police municipale ?

Le directeur général des services (DGS) d'une commune est chargé, sous l'autorité du maire, de diriger l'ensemble des services de la commune et d'en coordonner l'organisation. Un ou plusieurs directeurs généraux adjoints (DGA) peuvent être chargés de le seconder et de le suppléer, le cas échéant, dans ses diverses fonctions. Il est logique que les DGS et DGA partagent les choix du maire et les priorités définis. Il convient de distinguer la direction opérationnelle des agents de police municipale et la direction du service. La direction opérationnelle des agents de police municipale relève du directeur ou du chef de service de police municipale. La direction du service auquel est rattachée la police municipale, appartient au directeur général des services (ou ses adjoints) voire éventuellement à un cadre administratif, et sous l'autorité desquels est placé le directeur ou le chef de service de police municipale. Il relève de la compétence du ou des responsables administratifs chargés de l'encadrement du service de police municipale de contribuer à la définition de la politique de sécurité de la collectivité, sous la responsabilité de l'exécutif local, à sa mise en œuvre et à son évaluation, d'assurer la coordination de l'action du service de police municipale avec les autres services de la collectivité.

III LES SPÉCIFICITÉS DU MÉTIER ET LES RESPONSABILITÉS DE L'ENCADRANT

L'environnement professionnel

Les spécificités de l'environnement professionnel vont impacter tout à la fois l'organisation du service, la gestion du service, les relations avec les agents. Voici une liste non exhaustive d'éléments à prendre en considération en tant qu'encadrant :

-   Les horaires variables et non réguliers : possibilité de travail le week-end, les jours fériés et la nuit, avec amplitude variable,

-   Les équipements de protection individuelle à définir qui dépend de la mission des agents (et du choix du maire), ainsi que la dotation des équipements (notions budgétaires à acquérir),

-   La pénibilité au travail liée au contexte du travail difficile selon les relations avec le public, les moyens dont le service dispose, les horaires irréguliers.

Les relations internes

Les spécificités du métier d'agent de police municipale doivent être intégrées pour mieux appréhender les relations à établir avec les équipes, et les autres partenaires. La permanence opérationnelle et organisationnelle du service repose sur l'encadrant, de même qu'il doit organiser les missions d'îlotage. A ce titre, il est possible qu'un encadrant relevant de la police municipale puisse accentuer à l'oral les compétences suivantes :

- la collaboration et la participation avec les agents du service,

- la capacité d'écoute et de dialogue,

- la capacité à gérer les conflits entre des agents,

- la motivation de l'équipe à titre collectif, mais aussi à titre individuel.

En tant qu'encadrant, il se doit d'être exemplaire sur le plan de la déontologie. Par voie de conséquence, l'encadrant doit aussi faire respecter la déontologie. Il n'hésitera pas non plus à participer aux astreintes !

Enfin, les notions classiques de management supposent que l'encadrant aient des notions sur les fiches de poste, le document unique, les acteurs impliqués dans la prévention de la santé et de la sécurité de la collectivité. Il doit avoir également des connaissances sur les actions de formation, le plan de formation, et les entretiens d'évaluation.

Relations à l'extérieur du service

Dans le cadre de ses missions, l'encadrant établit également des relations avec le public et l'accueil des usagers, et des relations quotidiennes avec les autres services de la collectivité (service technique ou service urbanisme par exemple).

Il sera aussi amené à établir des actions de partenariat avec les autres acteurs impliqués dans la sécurité. Aussi, il doit maîtriser les missions et le rôle des autres forces de police de l'État, gendarmerie nationale et police nationale, tout comme les acteurs de la sécurité civile. Les conventions de coordination avec les autres acteurs de sécurité sont à connaître également. Dans le même esprit, il est nécessaire de distinguer le rôle d'un officier de police judiciaire, de celui de l'officier du ministère public en matière contraventionnelle, et du procureur de la République en matière délictuelle.

Enfin, des relations reposent également sur d'autres partenaires tels que la direction des établissements scolaires ou les associations locales.

IV CHEF DE SERVICE DE POLICE MUNICIPALE : LES COMPÉTENCES MINIMALES DE L'ENCADRANT

La gestion du service au quotidien

Le contour des missions d'un encadrant va varier selon le profil attendu de l'autorité territoriale qui le recrute, et la politique sécuritaire du maire. Il est possible de synthétiser les missions essentielles attendues d'un chef de service de police municipale de la manière suivante :

- La création éventuelle et l'encadrement d'une police municipale de proximité,

- Le développement du partenariat avec la gendarmerie nationale ou la police nationale,

- La coordination et la direction des agents du service,

- Le commandement et la coordination des interventions,

- L'organisation de la permanence opérationnelle et organisationnelle du service,

- désamorcer les conflits (notamment la population) d'assurer la veille juridique et réglementaire, de rédiger des procès-verbaux et différents écrits administratifs et de mettre en place divers outils de gestion,

- L'établissement des rapports d'activité réguliers et le bilan annuel du service,

- Le contrôle du respect des règles de procédures administrative, judiciaire et d'homogénéisation du service,

- La gestion budgétaire et administrative du service, la planification du service,

- Le contrôle de la sécurité de l'équipement (mise à jour et présentation du registre de sécurité).

Il convient de souligner que l'encadrant veille également au contrôle juridique des interventions de son service. Aussi, il doit être au fait de la procédure administrative et judiciaire sur ce point : interventions sur le terrain, écrits professionnels, caractérisation des infractions, matériel réglementaire … Cet aspect est d'autant plus important qu'il lui appartient de transmettre à sa hiérarchie les écrits professionnels.

L'aide aux élus

De manière moins impliquée qu'un directeur de police municipale, le chef de service de police municipale est investi dans un rôle de conseil auprès des élus. Aussi, il peut être amené à proposer des plans d'action et d'interventions d'ordre prioritaire, et définir les objectifs prioritaires, et organiser les moyens nécessaires à la surveillance, la prévention, la dissuasion et la répression des actes de délinquance. Il représente le service de police municipale auprès des instances de concertation ou des autres partenaires de la sécurité publique, et souvent de développer et suivre les partenariats institutionnels. Bien sûr, le chef de service de police municipale ne peut se substituer au maire qui reste le décideur et l'impulser des politiques locales. Mais sa connaissance de terrain et son domaine de compétence dédié lui permet de conseiller au mieux l'élu sur les attentes de la population et les enjeux sécuritaires de la commune. De plus, le chef de service pourra coordonner le CLSPD et/ou assurer la mise en œuvre de la vidéo protection (et vidéoverbalisation) sur le territoire de la commune.

Enfin, les chefs de service sont de plus en plus sollicités pour développer une relation de proximité avec la population, veiller la qualité des services rendus en lien avec d'autres services de la collectivité (tels que services techniques, service de la voirie, service de l'urbanisme). Ils peuvent être chargés d'organiser les rencontres entre le maire, les élus et la population, en lien avec le service communication de la collectivité.

La politique en matière de sécurité

Le directeur de police municipale a des compétences d'encadrement plus développées. Il est chargé de mettre en œuvre la politique municipale en matière de prévention de sécurité, de tranquillité et de salubrité publiques ainsi que le maintien du bon ordre public. Il a pour mission de traduire les orientations générales en plan d'actions opérationnelles. Dns ce cadre, il conseille les élus en toute objectivité. Il participe également aux réunions avec les partenaires locaux et institutionnels (préfecture de département notamment).

Les chefs de service et les directeurs accompagnant de plus en plus les élus dans la politique sécuritaire. Ils sont aujourd'hui force de propositions auprès des services de la collectivité et des élus, ce qui suppose un savoir-faire transversal (juridique, financier …). De fait, ils assurent la liaison avec l'autorité territoriale, et avec les autres intervenants, et mettent en place la stratégie définie par les élus en matière de prévention et de dissuasion.

Le management du service plus développé pour les directeurs

Le pilotage des moyens administratifs et financiers de la direction est une mission incontournable. Le directeur ayant pour mission de traduire les orientations générales de sécurité publique en plan d'actions opérationnelles, il doit le traduite par les orientations managériales :

- diriger, organiser et coordonner l'activité du service de police municipale (agents de police municipale, ASVP, équipe administrative, brigades spécialisées, brigades nuit/jour, agents du CSU/verbalisation...),

- coordonner l'activité des agents de police municipale et des opérateurs internes avec l'activité des autres forces de police (nationale ou gendarmerie),

- commander et coordonner les interventions de police municipale, transmettre des ordres d'intervention auprès des équipes et vérifier leur application, élaborer un plan prévisionnel des interventions,

- anticiper et affecter les moyens nécessaires à la mise en œuvre des interventions en prenant en compte les contraintes budgétaires,

- le cas échéant, assurer l'intérim du directeur de la sécurité publique en son absence.

Dans ses missions de coordination des agents, il est amené à exercer les missions de l'encadrant :

- la mise en œuvre du plan de formation annuel des agents, en collaboration avec le service compétent (DRH ou service formation),

- l'évaluation des adjoints et des chefs de brigades,

- la connaissance des règles de sécurité au travail (matériel, risques et pénibilité au travail ...).

Le respect des procédures et des règles

L'encadrant veille au respect des règles de procédures administratives et judiciaires. Cela suppose qu'il maîtrise les procédures applicables, notamment les exigences du Code de procédure pénale, et les divers acteurs de la chaine judiciaire comme l'officier du ministère public. Le respect des règles suppose le suivi de l'actualité juridique en la matière. Cela englobe notamment les notions du bon ordre public et de la sécurité publique, mais aussi les pouvoirs et compétences du maire en la matière qui peuvent évoluer, ce qu'ils peuvent ou ne pas faire dans le cadre de leurs pouvoirs de police administrative générale ou spéciale, en lien avec les missions de conseils qu'ils peuvent formuler.

CHAPITRE 2
LES QUESTIONS SUR L'ENCADREMENT

I LES SAVOIRS FAIRES ET QUALITÉS ATTENDUS DU JURY

Au regard de l'ensemble des missions dévolues aux chefs de service de police municipale, et de la spécificité de leur environnement professionnel, les questions posées par le jury sont :

- des questions générales sur le management,
- des mises en situation professionnelles ;

Voir : Guide de l'encadrante et de l'encadrant dans la fonction publique, CNFPT, téléchargeable.

Une réponse sur le Savoir-faire (les compétences)

A titre non exhaustif, les compétences attendues et à valoriser portent sur l'autonomie, le sens de l'initiative, et la capacité à décider, l'aptitude à gérer des conflits dans son écoute, la capacité à diriger son équipe et à coordonner les actions du service, la polyvalence, le respect de la déontologie, la disponibilité, la capacité d'adaptation.

L'encadrement ayant une importance particulière dans l'épreuve orale, il est important de le valoriser son expérience en la matière dès la présentation débutant la discussion avec le jury. Chaque question posée pourra ensuite être une occasion d'expliquer une situation d'encadrement vécue pour valoriser des capacités en lien avec l'encadrement. Exemple : A la question « Que faites-vous quand un de vos agents arrive toujours en retard » ? il est possible de répondre « Ce cas est arrivé dans la brigade/service de ma collectivité. J'ai alors fait ceci/cela… »

Une réponse sur le Savoir-être (le comportement)

Les questions des membres du jury porteront sur les compétences attendues pour les remplir, ce qui couvre un large éventail de savoir-être. La posture du candidat révèle également, au-delà de ses paroles, un savoir-être qui sera apprécié par le jury : impatient, angoissé, posé, cassant, dynamique, confus… Voici une liste non exhaustive de critères d'appréciation portant sur la présentation générale du candidat : - La gestion des émotions, et la maîtrise de soi, la maitrise des gestuelles, des rictus, la rigueur dans l'énoncé des questions, et dans les réponses aux situations exposées, les qualités relationnelles, la capacité d'écoute, le dynamisme.

Savoir se remettre en cause

Trop de candidats pensent qu'il ne faut pas évoquer un échec. Bien au contraire ! L'efficacité individuelle passe par la remise en cause, et le « bon » encadrant est celui qui apprend de ses échecs. Il faut donc répondre à la question en expliquant ce qui n'a pas forcément été géré correctement, pour énoncer ce qu'il faudrait plutôt faire si la situation se reproduisait. A la question « *Que faites-vous quand un de vos agents arrive toujours en retard* » ? il est possible de répondre « *Ce cas est arrivé dans la brigade/service de ma collectivité, et je n'ai pas su gérer de suite la situation. En effet, j'ai fait ceci/cela et il est arrivé que … J'ai appris de cette expérience, et désormais je m'y prendrais en procédant comme si/cela* ».

Les styles de management

Il n'existe pas de style de management « idéal » d'autant que le management s'apprend surtout par l'expérience du terrain. Alors, faut-il évoquer le management participatif, le management délégatif, le management consultatif, le management autoritaire, le management sexiste … ? Chaque candidat pourra se prêter à un exercice simple :

- Quelles sont les qualités qu'il apprécie actuellement chez son N+1 ? Il aura sans doute ici identifié les qualités d'un bon manager…,

- Quelles sont les aspects qu'il n'apprécie pas chez son N+1 ? Avec le recul, les défauts ainsi énoncés seront mis à profit a contrario sur le savoir-être en termes d'encadrement.

L'idée à retenir est que de sa personnalité naît un style de management qui s'adapte au plus près des besoins de son équipe. L'aspect relationnel et l'écoute sont facteurs de motivation pour les agents et un moyen de développer l'autonomie. L'ambiance au travail dépend également des encadrants en créant des conditions de motivation et des facteurs propices à l'autonomie ou à la participation des agents. Mais créer une bonne ambiance ou rendre autonome des agents ne veut pas dire absence d'autorité : la direction du service suppose la prise de décision, et une délégation nécessite un compte-rendu régulier avec le délégataire. De plus, il est important de communiquer avec son équipe pour l'informer sur les stratégies définies par l'élu, leur faire partager les projets communs, leur donner ainsi du sens, et encourager leur collaboration.

En cela, les qualités personnelles sont importantes. Partager son enthousiasme sur les projets à venir, avoir le sens de la pédagogie pour expliquer de manière individuelle ou collective, exprimer la reconnaissance à une personne ou à l'équipe sont autant d'attitudes et de comportements adaptés aux situations d'encadrement et liés à la conduite d'une équipe.

L'évaluation des collaborateurs : l'entretien professionnel

L'entretien professionnel est individuel, annuel et conduit par le supérieur hiérarchique direct. Il porte sur un certain nombre de thèmes tels que les résultats professionnels obtenus par l'agent et, le cas échéant, la manière dont l'agent exerce les fonctions d'encadrement qui lui ont été confiées, les objectifs à atteindre, sa manière de servir, les acquis de son expérience professionnelle, ses besoins de formation et ses perspectives d'évolution professionnelle. L'entretien professionnel des agents du service porte principalement sur :

1° Les résultats professionnels obtenus par les agents eu égard aux objectifs qui leur ont été assignés et aux conditions d'organisation et de fonctionnement du service dont ils relèvent ;

2° Les objectifs assignés aux agents pour l'année à venir et les perspectives d'amélioration de leurs résultats professionnels, compte tenu, le cas échéant, des perspectives d'évolution des conditions d'organisation et de fonctionnement du service ;

3° La manière de servir ;

4° Les acquis de leur expérience professionnelle ;

5° Les besoins de formation des agents eu égard, notamment, aux missions qui leur sont imparties, aux compétences qu'ils doivent acquérir et à leur projet professionnel ;

7° Leurs perspectives d'évolution professionnelle en termes de carrière et de mobilité.

Le compte rendu de l'entretien professionnel est établi et signé par le supérieur hiérarchique direct de l'agent. Il comporte une appréciation générale exprimant la valeur professionnelle de ce dernier. Il est communiqué à l'agent qui peut le compléter, le cas échéant, de ses observations. Il est visé par l'autorité hiérarchique qui peut formuler, si elle l'estime utile, ses propres observations.

Ce compte rendu exprime la valeur professionnelle du fonctionnaire et est pris en compte, le cas échéant, en matière d'avancement d'échelon, de grade ou de modulation indemnitaire. Ainsi, le compte rendu peut servir de fondement à l'attribution de réductions ou de majorations de la durée de service requise pour accéder d'un échelon à un autre si le statut particulier de l'agent le permet. Le compte rendu de l'entretien professionnel est également pris en compte pour l'établissement des tableaux d'avancement de grade. De plus, le compte rendu peut servir de fondement à la modulation du régime indemnitaire, lorsque celui-ci comprend une part variable établie en fonction des résultats individuels ou de la manière de servir du fonctionnaire.

La loi du 6 août 2019 de transformation de la fonction publique prévoit quelques modifications des conditions d'évaluation de la valeur professionnelle des agents publics à compter des entretiens se déroulant en 2021. Elle évoque notamment « l'appréciation de la valeur professionnelle fondée sur une évaluation individuelle ». Ces mesures s'appliqueront aux entretiens professionnels effectués en 2021 au titre de l'année 2020.

II EXEMPLES DE QUESTIONS

Voici une liste de questions à titre non exhaustif et illustratif :

Sur l'encadrement en général

Qu'est-ce qu'encadrer selon vous ?

Quelles sont les qualités d'un bon encadrant ?

Quelles sont vos qualités ?

Avez-vous déjà connu des échecs dans l'encadrement d'un de vos agents ?

Comment évaluez-vous les besoins en ressources matériel de votre service ?

Comment élaborez-vous le plan de formation de votre service ?

Vous devez évaluer vos agents. Comment vous y prenez-vous ?

Quel est votre type de management ?

En tant qu'encadrant, quels sont les principaux rôles que vous devez remplir ?

Un agent arrive ivre tous les matins au service, que faîtes-vous ?

Comment pouvez-vous encourager un agent de votre service ?

Comment animez-vous une réunion de service ?

Un de vos agents remet en cause votre légitimité, comment réagissez-vous ?

Vous arrivez à la tête d'un service, que faites-vous ?

Quelles actions allez-vous mener dès votre prise de poste ?

Vous arrivez à la tête d'un service, un de vos agents vous dit directement qu'il ne veut pas être commandé par une femme, qu'il sait ce qu'il fait, que ça faut 30 ans qu'il travaille comme ça. Comment réagissez-vous ?

Vous êtes jeune, et la moyenne d'âge de votre équipe est bien supérieure. Ne croyez-vous pas que votre âge soit une difficulté pour encadrer des agents plus âgés et en poste depuis longtemps ?

Commander c'est quoi ?

Que vous évoque la notion de management ?

Sur les compétences techniques en général

Voici une liste de questions en lien avec les compétences professionnelles attendues :

Vous n'êtes pas d'accord avec un projet envisagé par votre élu. Que faites-vous ?

Conseiller est-ce remettre en cause ?

Comment procédez-vous pour préparer un dossier d'aide à la décision destiné à un élu ?

Vous recevez un agent administratif qui dit avoir des lacunes en matière informatiques mais n'ose pas contacter la DRH. Que lui répondez-vous ?

Comment voyez-vous la relation avec les élus ? avec le Maire ? avec le DGS ?

Quelle est la position d'un chef de service de police municipale selon vous ?

Quelle est la position d'un directeur de police municipale selon vous ?

Le chef de police municipale doit-il encore sortir sur terrain ou est-il un agent du cadre B et donc de conception ?

Le dialogue social ? les syndicats, ça vous inspire quoi ?

Aptitudes à l'écoute, au dialogue et à la négociation

CHAPITRE 3

LA POSTURE D'ENCADRANT

III DES ATTENTES VARIANT SELON LA CATÉGORIE D'EMPLOI

Management opérationnel : Chef B – Management stratégique : Directeur A

Le profil de l'encadrement varie selon plusieurs paramètres ! D'abord le niveau de responsabilité confié à la catégorie d'emploi B ou A, ensuite l'étendue des attributions confiées par l'autorité territoriale et qui peut également dépendre de la taille de la collectivité (nombre d'agents, nombre d'habitants), enfin l'organigramme de la collectivité et les niveaux hiérarchiques. D'une manière générale, le management stratégique relève essentiellement de la direction et des agents de catégorie A, les cadres intermédiaires remplissant davantage un encadrement opérationnel.

Les attentes du jury

Les membres du jury vont apprécier la correspondance entre la fonction exercée, le profil de poste correspondant à la catégorie A ou B d'emploi, et le candidat qui prétend avoir le niveau approprié. Il ne faut pas oublier que chaque membre du jury a un profil les amenant à exercer des attributions qui relèvent d'une niveau hiérarchique supérieur notamment :

- Le chef de service : il attend un candidat qui maîtrise les fonctions sur le plan technique, avec une expérience d'encadrement solide, et qui sache prendre des responsabilités,

- Un élu : il attend un technicien maîtrisant son domaine d'intervention, avec un savoir-faire particulier et un niveau de qualification et d'expertise sur lequel il aura toute confiance,

- Une personnalité qualifiée qui pourra apprécier le sens du service public, la connaissance de l'environnement territorial et judiciaire, et la curiosité d'esprit.

Le tableau ci-après synthétise divers critères d'appréciation. Il n'a qu'une valeur indicative sur les différents types de compétences attendues et devant être remplies par les candidats.

Management : capacité à encadrer et diriger une équipe	Cadre territorial : les compétences professionnelles	Qualités personnelles
Animation	Bonne culture administrative	Expression orale
Ecoute et dialogue	Connaissances juridiques	Capacité de travail
Cohésion de l'équipe	Veille juridique	Adaptabilité
Encouragement de l'équipe	Capacité à rendre compte	Curiosité intellectuelle
Capacité à gérer les conflits	Processus budgétaire maîtrisé	Esprit d'initiative
Mise en place de procédures	Orientation stratégique	Qualités relationnelles
Disponibilité	Plan d'action et suivi	Argumentation
Commandement et direction	Planification et suivi de l'activité du service	Sens pédagogique
Circulation de l'information		Résistance au stress
Conduite de réunions	Gestion opérationnelle	Fiabilité
Type de management	Planification des projets	Sens de l'organisation
Conseils techniques aux agents	Capacité à prioriser	Enthousiasme
Mise en place de règles et procédures	Travail en transversalité Professionnalisme	

TITRE 3
CONNAISSANCES, RÉVISIONS, ENTRAINEMENTS

PARTIE 1
CONNAISSANCES DE BASE : ORGANISATION DE LA SÉCURITÉ EN FRANCE

CHAPITRE 1
LA SÉCURITÉ INTÉRIEURE

I NOTIONS GÉNÉRALES SUR LA SÉCURITE INTÉRIEURE

L'organisation de la sécurité en France

La notion de sécurité intérieure se distingue de celle de sécurité extérieure entendue comme la défense du territoire national contre d'éventuelles menaces militaires.

La répartition des compétences entre la police nationale et la gendarmerie nationale est prévue par la loi n° 95-73 du 21 janvier 1995 d'orientation et de programmation relative à la sécurité (loi lops).

Article L. 111-1 du Code de la sécurité intérieure

« La sécurité est un droit fondamental et l'une des conditions de l'exercice des libertés individuelles et collectives.

L'Etat a le devoir d'assurer la sécurité en veillant, sur l'ensemble du territoire de la République, à la défense des institutions et des intérêts nationaux, au respect des lois, au maintien de la paix et de l'ordre publics, à la protection des personnes et des biens.

Il associe à la politique de sécurité, dans le cadre de dispositifs locaux dont la structure est définie par voie réglementaire, **les collectivités territoriales** et les établissements publics de coopération intercommunale ainsi que les **représentants des professions, des services et des associations** confrontés aux manifestations de la délinquance ou œuvrant dans les domaines de la prévention, de la médiation, de la lutte contre l'exclusion ou de l'aide aux victimes ».

Les mots en caractères gras soulignent le fait que la sécurité est une des missions de l'État, mais repose sur un partenariat avec les collectivités territoriales (le texte parle de dispositifs locaux), et aussi avec l'aide de la sécurité civile.

Le code de la sécurité intérieure

Il a deux objectifs :

- Mettre à la disposition des responsables publics chargés de la sécurité intérieure et de la sécurité civile un instrument juridique opérationnel et simple d'emploi.

- Rassembler les nombreuses normes législatives et réglementaires s'y rapportant dans un ouvrage unique

Le code de la sécurité intérieure est composé de sept parties thématiques comprenant chacun une partie législative, et une partie réglementaire. Voici les sept parties explicites sur le contenu :

Livre Ier : Principes généraux et organisation de la sécurité intérieure – Livre II : Ordre et sécurité publics – Livre III : Polices administratives spéciales – Livre IV : Police nationale et gendarmerie nationale – Livre V : Polices municipales – Livre VI : Activités privées de sécurité – Livre VII : Sécurité civile

Ministère de l'intérieur

Le ministère de l'intérieur, de la sécurité intérieure et des libertés locales a pour principales missions l'administration générale du territoire, les collectivités territoriales, la police, les cultes, la sécurité civile. Le ministre de l'intérieur prépare en permanence et met en œuvre la défense civile. Il est responsable à ce titre de l'ordre public, de la protection matérielle et morale des personnes et de la sauvegarde des installations et ressources d'intérêt général. Il prépare, coordonne et contrôle l'exécution des mesures de défense civile incombant aux divers départements ministériels. Son action se développe sur le territoire en liaison avec les autorités militaires et concourt au maintien de leur liberté d'action.

Sécurité publique

Elle englobe la défense des institutions et des intérêts nationaux, le respect des lois, le maintien de la paix, de l'ordre public et la protection des populations et des biens sur le territoire.

Intérêts fondamentaux de la Nation

Les intérêts fondamentaux de la Nation s'entendent de son indépendance, de l'intégrité de son territoire, de sa sécurité, de la forme républicaine de ses institutions, des moyens de sa défense et de sa diplomatie, de la sauvegarde de sa population en France et à l'étranger, de l'équilibre de son milieu naturel et de son environnement et des éléments essentiels de son potentiel scientifique et économique et de son patrimoine culturel.

Le Code pénal réprime les atteintes aux intérêts fondamentaux de la Nation en les définissant : la trahison et de l'espionnage (livraison de tout ou partie du territoire national, de forces armées ou de matériel à une puissance étrangère, intelligences avec une puissance étrangère, livraison d'informations à une puissance étrangère, sabotage, fourniture de fausses informations, provocation à une de ces atteinte), les atteintes aux institutions de la République ou à l'intégrité du territoire national (attentat et complot, mouvement insurrectionnel, usurpation de commandement, de la levée de forces armées et de la provocation à s'armer illégalement), et les atteintes à la défense nationale (atteintes à la sécurité des forces armées et aux zones protégées intéressant la défense nationale, atteintes au secret de la défense nationale). En outre, le Code pénal réprime d'autres crimes et délits contre la nation, l'État et la paix publique : le terrorisme, des manifestations illicites, des groupes de combat, des menaces et actes d'intimidation commis contre les personnes exerçant une fonction publique, l'outrage, la rébellion, la participation à une activité mercenaire…

Des orientations nationales à une stratégie territoriale : 2020-2024

Il existe un plan national de prévention de la radicalisation avec trois grands axes prioritaires.

Soutenus par le FIPD (FIPDR en 2019) : des subventions et aides financières sont accordées spécifiquement : prévention de la délinquance - prévention de la radicalisation - opérations de sécurisation

Les programmes ainsi définis sont déclinés dans le Plan départemental de prévention de la délinquance et de la radicalisation. Une déclinaison locale est ensuite réalisée pour définir la stratégie territoriale adaptée aux divers territoires notamment les communes. Cela suppose un diagnostic local sécuritaire pour appréhender au mieux le contexte local en prenant en compte les orientations politiques et les actions existantes sur le territoire.

Le plan Vigipirate (national)

C'est un dispositif relevant du premier ministre et du gouvernement dans la continuité des missions de sécurité nationale de l'État. But : assurer la protection du territoire national, et de la population, garantir la continuité des fonctions vitales pour la Nation notamment face aux menaces terroristes.

Objectifs du plan Vigipirate :

- assurer en permanence une protection adaptée des citoyens, du territoire et des intérêts de la France contre la menace terroriste,
- développer et maintenir une culture de vigilance de l'ensemble des acteurs de la Nation afin de prévenir ou de déceler le plus en amont possible toute menace d'action terroriste,
- permettre une réaction rapide et coordonnée en cas de menace caractérisée ou d'action terroriste, afin de renforcer la protection, de faciliter l'intervention, d'assurer la continuité des activités d'importance vitale.

Le plan couvre l'ensemble du territoire. Il existe trois niveaux :

- Vigilance
- Sécurité renforcée –risque attentat
- Urgence attentat (créé le 1er.12.2016)

Des dispositifs locaux

LE CLSPDR

Présidé par le maire, le conseil local (ou intercommunal) de sécurité et de la prévention de la délinquance et de la radicalisation (CLSPDR ou CISPDR) est une instance de pilotage et de concertation entre institutions et organismes publics et privés dont les objectifs sont la prévention et la lutte contre la délinquance. C'est une structure de concertation et de coordination entre les acteurs sur les priorités de lutte contre l'insécurité et de la prévention de la délinquance et de la radicalisation.

Un président : le maire (CLSPD) ou le président ou vice-président de l'EPCI (CISPD)

Deux membres de droit : préfet et procureur de la République

+ acteurs engagés dans la lutte contre la délinquance : police municipale, transports publics, secteur social, milieu scolaire, bailleurs, commerçants …

Obligatoire dans les communes de + 10 000 habitants et/ou communes avec quartier prioritaire de la politique de la ville - Facultatif : autres cas ou s'il existe un CISPD.

Réalisation d'un diagnostic local de sécurité (faits, auteurs, victimes, situation locale, attentes des habitants…) avec analyse sur l'adéquation des réponses apportées. But : définir des actions adaptées aux réalités du territoire, mobiliser les acteurs.

Le CLSPD peut constituer en son sein un ou plusieurs groupes de travail et d'échange d'informations à vocation territoriale ou thématique. Les faits et informations à caractère confidentiel échangés dans le cadre de ces groupes de travail ne peuvent être communiqués à des tiers.

Les membres du CLSPD peuvent conclure un contrat local de sécurité (CSL) ou contrat intercommunal de sécurité (CIS) si le maire et le préfet après consultation du procureur de la République estiment que l'intensité des problèmes de délinquance le justifient. Le CLSPD assure l'animation et le suivi du CLS. Les axes du CLS correspondent aux priorités de la prévention de la délinquance de l'Etat et le plan départemental du préfet.

Conseil pour les droits et les devoirs des familles

C'est une instance d'aide à la parentalité : accompagner les enfants et familles dans une démarche de responsabilisation.

Présidé par le maire. Obligatoire au-delà de 50 000 habitants.

Faculté de saisir le président du conseil départemental ou le juge des enfants.

Un équipement à l'appui : la vidéoprotection

Neuf fins sont limitativement énumérées (art. L 251-2 du CSI) :

- La protection des bâtiments et installations publics et de leurs abords ;
- La sauvegarde des installations utiles à la défense nationale ;
- La régulation des flux de transport ;
- La constatation des infractions aux règles de la circulation ;
- La prévention des atteintes à la sécurité des personnes et des biens dans des lieux particulièrement exposés à des risques d'agression, de vol ou de trafic de stupéfiants ainsi que la prévention, dans des zones particulièrement exposées à ces infractions, des fraudes douanières ;
- La prévention d'actes de terrorisme ;
- La prévention des risques naturels ou technologiques ;
- Le secours aux personnes et la défense contre l'incendie ;
- La sécurité des installations accueillant du public dans les parcs d'attraction.

Demande d'autorisation du maire avec un dossier administratif et technique comportant des éléments précis - Autorisation de la préfecture de département (délai 4 mois) après avis d'une commission départementale présidée par un magistrat (vérification de la protection de la vie privée). L'autorisation est valable 5 ans et renouvelable.

Pas de déclaration à la CNIL sauf si le dispositif est associé à un système de reconnaissance faciale

II LES LOIS FIXANT LES PRIORITÉS SÉCURITAIRES

LOI n° 95-73 du 21 janvier 1995 d'orientation et de programmation relative à la sécurité (loi Lops)

La police nationale et la gendarmerie nationale sont investies, dans la limite des attributions qui sont confiées à chacune d'elles par les lois et règlements qui les régissent, de trois missions :

- La mission de sécurité et de paix publiques a pour objet de veiller à l'exécution des lois, d'assurer la protection des personnes et des biens, de prévenir les troubles à l'ordre public et à la tranquillité publique ainsi que la délinquance
- La mission de police judiciaire a pour objet, sous la direction, le contrôle et la surveillance de l'autorité judiciaire, de rechercher et de constater les infractions pénales, d'en rassembler les preuves, d'en rechercher les auteurs et leurs complices, de les arrêter et de les déférer aux autorités judiciaires compétentes

- La mission de renseignement et d'information a pour objet d'assurer l'information des autorités gouvernementales, de déceler et de prévenir toute menace susceptible de porter atteinte à l'ordre public, aux institutions, aux intérêts fondamentaux de la Nation ou à la souveraineté nationale

Les mesures sécuritaires : les grandes lois

Loi du 21 janvier 1995 (LOPS) - Loi d'orientation et de programmation relative à la sécurité. Les missions prioritaires assignées à la PN sont : la lutte contre les violences urbaines, la petite délinquance et l'insécurité routière ; le contrôle de l'immigration irrégulière et la lutte contre l'emploi des clandestins; la lutte contre la drogue, la criminalité organisée et la grande délinquance économique et financière ; la protection du pays contre le terrorisme et les atteintes aux intérêts fondamentaux de la Nation ; le maintien de l'ordre public.

Loi du 29 août 2002 (LOPPSI) - Loi d'orientation et de programmation pour la sécurité intérieure. But: renforcer la sécurité intérieure, rétablir la capacité opérationnelle des forces de l'ordre. Ex. : Mieux utiliser les technologies modernes dans la lutte contre la criminalité organisée et la délinquance, développer la vidéo surveillance, obligation du conseil pour les droits et devoirs des familles pour les communes de plus de 50 000 habitants ...

Loi du 14 mai 2011 (LOPPSI 2) - Loi d'orientation et de programmation pour la performance de la sécurité intérieure. But : permettre aux forces de l'ordre de s'adapter avec le maximum de réactivité possible aux évolutions de la délinquance. Augmentation des moyens financiers. Nouvelles peines prévues. Développer la vidéo protection (changement de nom/vidéo surveillance) pour la prévention et l'élucidation.

Loi du 30 octobre 2017 renforçant la sécurité intérieure et la lutte contre le terrorisme - But : doter l'État de nouveaux instruments de lutte contre le terrorisme pour mettre fin au régime dérogatoire de l'état d'urgence. La loi intègre ainsi dans le droit commun des dispositions jusque-là réservées à l'état d'urgence. Ex. : le préfet peut procéder à la fermeture administrative, pour une durée maximale de 6 mois, des lieux de culte pour apologie ou provocation au terrorisme. Il peut aussi faire procéder, sur autorisation du juge, à une visite de tout lieu où il existe des raisons sérieuses de penser qu'il est fréquenté par une personne suspectée de terrorisme. Il peut alors y avoir saisie de documents, objets ou données s'y trouvent. L'exploitation des données informatiques saisies est soumise à autorisation du juge.

Focus : la lutte contre la radicalisation

Un nouveau plan national de prévention de la radicalisation en 2018 fixe des orientations selon cinq axes : Prémunir les esprits face à la radicalisation, Compléter le maillage détection/prévention, Comprendre et anticiper l'évolution de la radicalisation, Professionnaliser les acteurs locaux et évaluer les pratiques, Adapter le désengagement.

Des cellules de suivi et de lutte contre la radicalisation existent au niveau des préfectures de département. But : coordonner un partage d'information entre les services de police et autres partenaires, sociaux et associatifs.

Une implication des collectivités territoriales : la prévention de la radicalisation est aujourd'hui mise en œuvre dans la continuité des politiques de « co-production de sécurité », grâce en particulier aux contrats locaux de sécurité et aux comités locaux de sécurité et de prévention de la délinquance (CLSPD) devenus CLSPDR en 2016 (R : radicalisation). Les CLSPD doivent prévoir la mise en place d'un groupe de travail dédié : la prévention de la radicalisation passe par la concertation en 2016. But : définir une stratégie globale de prévention appliquée au territoire à partir d'un diagnostic circonstancié, afin d'être proactif et de faire des propositions au préfet.

III POLICE NATIONALE ET GENDARMERIE NATIONALE

PN et GN : compétence sur l'ensemble du territoire national

En matière de sécurité publique, le principe est que la PN a compétence dans les communes chefs-lieux de département et dans les entités urbaines remplissant les conditions de densité et de continuité de l'urbanisation, et la GN a compétence dans les autres communes.

La loi du 21 janvier 1995 d'orientation et de programmation relative à la sécurité prévoit qu'une police d'État peut être établie dans les communes dont la population permanente ou saisonnière est supérieure à 20 000 habitants et dont les caractéristiques de la délinquance sont celles des zones urbaines, les communes de chefs-lieux de département étant en tout état de cause placées sous ce régime.

Le régime d'État est instauré par le gouvernement dans les communes suivantes :

- dans la commune si elle est le chef-lieu du département,

- une commune en fonction de ses besoins en matière de sécurité à savoir : commune située en zone urbaine de + 20 000 habitants et fort taux de la délinquance,

- institué par arrêté conjoint des ministres compétents : si la demande émane du conseil municipal, et avec accord du conseil municipal (délibération en ce sens), par décret en Conseil d'Etat dans le cas contraire. La suppression du régime de la police d'Etat dans une commune est opérée dans les mêmes formes et selon les mêmes critères.

Gendarmerie nationale : une organisation pyramidale

Les gendarmes sont des militaires rattachés pour l'emploi au ministère de l'intérieur, et sous son autorité pour les missions de sécurité à la population, et relève du ministre de la défense pour les missions d'aide au maintien de la paix et défense de la Nation.

Au niveau central : il existe la Direction générale de la gendarmerie nationale rattachée au ministère de l'intérieur.

<u>Missions d'ordre militaire</u>

Devise : « Paix – Crise – Guerre » : des missions de défense du pays.

La gendarmerie nationale est placée sous l'autorité du ministre de la défense pour l'exécution de ses missions militaires, notamment lorsqu'elle participe à des opérations des forces armées à l'extérieur du territoire national. La mission est de défendre la souveraineté et l'intégrité du territoire contre les risques et les menaces (terrorisme, criminalité organisée, actions occultes).

Placée sous l'autorité du Ministre de la défense pour les missions et le statut militaire : surveillance points sensibles (intégrité du territoire, terrorisme), police militaire...

<u>Missions de police administrative</u>

Placée sous l'autorité du Ministre de l'intérieur pour les missions de sécurité intérieure : secours, maintien de l'ordre, prévention routière, surveillance... dans ce cadre, la coordination des forces est rattachée à l'autorité du préfet de département

<u>Missions judiciaires</u>

Placée sous l'autorité judiciaire pour les missions judiciaires : enquête judiciaire, accidents de circulation, concours avec la justice, opérations de lutte contre les malfaiteurs... Sur l'organisation et forces d'élite : Voir gendarmerie.interieur.gouv.fr

La police nationale

Les services de police nationale sont organisés sous la responsabilité du directeur général de la police nationale (rattachée au ministère de l'intérieur) en directions et services centraux correspondant aux différentes missions dont elle est investie. A la différence de la gendarmerie qui comporte une organisation identique à l'échelle des régions et département, la police nationale dispose donc de services différents, et pas forcément identiques à l'échelle nationale et sur le territoire.

Sur l'organisation : Voir police-nationale.interieur.gouv.fr

La coordination des forces est rattachée à l'autorité du préfet de département.

Focus/Opération Sentinelle : un renfort ponctuel de l'armée

Opération Sentinelle : Dispositif en vigueur depuis janvier 2015. C'est un renfort militaire sur les lieux/manifestations sensibles et le contrôle des frontières.

Déployée sur le territoire national à des fins sécuritaires, missions de lutte contre le terrorisme

A savoir : L'article 421-1 du Code pénal donne la définition du terrorisme. Il précise : « une entreprise individuelle ou collective ayant pour but intentionnel de troubler gravement l'ordre public par l'intimidation ou la terreur ».

Elle agit dans le cadre du renforcement Vigipirate décidé par le chef de l'État (chef des armées) en appui des forces de sécurité intérieure pour des redéploiements en renfort de la police pour des festivités.

Focus/Opération Résilience : un renfort sanitaire de l'armée

Il s'agit d'un soutien du combat collectif contre l'épidémie du coronavirus créé le 25 mars 2020.

Déployé sur le territoire national à des fins sanitaires : aide et soutien aux populations, et appui aux services publics pour faire face à l'épidémie de Covid-19.

IV LE PRÉFET, REPRÉSENTANT DE L'ÉTAT

Le préfet de département

Missions : animer et coordonner l'ensemble du dispositif de la sécurité intérieure autre que les missions de police judiciaire (préfet de police à Paris). Le préfet de département (à distinguer du préfet de région) fixe les missions et coordonne l'action des différents services et forces dont dispose l'État en matière de sécurité intérieure.

Il dirige l'action des services de la PN et des unités de la GN en matière d'ordre public et de police administrative (hors missions de PJ). PN et GN lui rendent compte de l'exécution et des résultats de leurs missions en ces matières. Il a aussi autorité sur les chefs de services déconcentrés de la direction départementale de la sécurité publique (PN) et sur le commandement du groupement de gendarmerie départementale.

A noter : Le préfet de région ne détient pas de pouvoirs de police administrative.

Le préfet de zone

Il existe 7 zones de défense et de sécurité (Paris, Nord, Ouest, Sud-Ouest, Sud, Sud-Est, Est), et 5 zones en outre-mer.

Le préfet de zone détient des pouvoirs exceptionnels en cas de crise grave, notamment prendre les mesures nécessaires à l'exécution des plans de défense en lien avec l'autorité militaire, la sécurité civile (plan Orsec) ... But : coordonner les mesures de défense à l'échelon zonal. Il contrôle et coordonne l'exercice du pouvoir des préfets de département de cette zone pour prévenir les événements troublant l'ordre public ou y faire face, si ces événements intéressent au moins deux départements de cette même zone.

Autres : préfet maritime, préfet de massifs.

V INCENDIE, SECOURS, ÉVÉNEMENTS MAJEURS

L'organisation des services d'incendie et de secours résultant notamment de la loi n° 96-369 du 3 mai 1996.

Les SDIS

Les missions de secours d'urgence sont principalement assurées par les sapeurs-pompiers, regroupés dans des services départementaux d'incendie et secours (SDIS) qui sont des établissements publics administratifs (EPA) rattachés aux départements. Les SDIS sont complétés dans une vingtaine de départements par des corps communaux et intercommunaux rattachés aux communes ou aux groupements de communes.

Exception : deux unités militaires (Brigade de sapeurs-pompiers de Paris et Bataillon des marins-pompiers de Marseille).

Toutes ces organisations sont identifiées par un vocable commun : les services d'incendie et de secours.

Le SDIS est chargé de l'analyse des risques (élaboration du schéma départemental d'analyse et de couverture des risques, SDACR) et de la mise en place des moyens de secours (élaboration du règlement opérationnel).

Double autorité : 1/Le préfet de département pour la gestion opérationnelle ; 2/ Le président (organe exécutif de l'EPA) de son conseil d'administration (organe délibérant de l'EPA) pour la gestion administrative et financière. Le conseil d'administration statue sur les actes majeurs de l'établissement (vote du budget, planification des travaux immobiliers, achat de matériel, création d'emplois...). Le président du conseil départemental et le préfet y siègent de droit. Il comprend des membres avec voix délibérative (représentants du département, communes et EPCI).

Les risques majeurs

Définition : probabilité de survenance généralement faible et par une gravité généralement très importante d'un phénomène naturel ou lié à des activités humaines. Deux sortes de risques majeurs : risque naturel et risque technologique

Le plan Orsec

Le plan Orsec est la planification de l '« Organisation de la réponse de sécurité civile » Objet : secourir les personnes, protéger les biens et l'environnement en situation d'urgence,

- en prévoyant une organisation opérationnelle permanente et unique de gestion des événements touchant gravement la population,

- en mobilisant l'ensemble des acteurs publics et privés lorsque la situation le justifie.

Il s'agit donc d'un dispositif opérationnel pour l'organisation des secours placé sous la direction du préfet de département, de zone ou maritime selon le lieu et l'étendue du risque.

Plan communal de sauvegarde (PCS)

But : dispositif prévu pour se préparer préalablement en se formant, en se dotant de modes d'organisation, d'outils techniques pour pouvoir faire face à tous ces cas et éviter ainsi de basculer dans une crise. Ce plan définit les procédures et actions prévues en cas de risques menaçant le territoire communal : les phénomènes prévisibles (connus), leur emprise sur le territoire, les établissements sensibles menacés….

Etablir un recensement des moyens matériels et humains pour mettre en place le dispositif de diffusion de l'alerte, une procédure de réception de l'alerte au niveau de la commune pour que la commune soit capable de réagir de jour comme de nuit.

Plans particuliers d'intervention

Ils sont élaborés par le préfet sur des risques précis mais non localisés, par exemple risque technologique, chimique.

Document d'Information communal sur les risques majeurs (DICRIM)

Il contient les données locales, départementales et nationales nécessaires à l'information des citoyens au titre du droit à l'information. Le DICRIM est en lien avec le PCS.

Plan de continuité d'activité (PCA)

Un outil préventif et curatif garantissant la continuité des services publics essentiels et des services de la collectivité territoriale. Non obligatoire.

A noter : mise en œuvre de PCA dans de nombreux services publics lors de la crise sanitaire du covid19.

VI LA SÉCURITÉ CIVILE

Notions

Elle englobe la protection générale de la population contre les risques de toute nature les sinistres, les catastrophes, la protection de l'environnement, la prévention de ces risques, l'information et l'alerte des populations. La sécurité civile concerne : la prévention des risques de toute nature, l'information et l'alerte des populations ainsi que la protection des personnes, des biens et de l'environnement contre les accidents, les sinistres et les catastrophes ...

La garde nationale

C'est une mobilisation des citoyens volontaires de la société civile pour un renfort temporaire aux forces armées, gendarmerie et police nationale. Deux types de réserves :

- La réserve opérationnelle : la réserve des armées, et de la gendarmerie,
- La réserve civile : la réserve de la police nationale.

La garde nationale est l'appellation générale englobant les réserves. Elle comprend les effectifs des réserves : elle est assurée par les volontaires de la réserve opérationnelle des forces armées et des formations rattachées relevant du ministre de la défense, de la réserve opérationnelle de la GN et de la réserve civile de la PN. Elle concourt, le cas échéant par la force des armes, à la défense de la patrie et à la sécurité de la population et du territoire.

VII LA GRAVITÉ DES ÉVENEMENTS ET LES RÉGIMES EXCEPTIONNELS

L'état d'urgence

Loi du 3 avril 1955 - Décrété par le chef de l'État en conseil des ministres, 12 jours, durée prorogée par le parlement. En cas de péril imminent résultant d'une atteinte grave à l'ordre public ou une calamité publique.

Renforcement des pouvoirs de police du préfet et des autorités judiciaires, restrictions des libertés.

Mises en place : 1958 et 1961 (Alger), 8.11.2005 au 4.01.2006 (émeutes banlieue), du 14.11.2015 au 31.10.2017 (attentats terroristes).

L'état de siège

Art. 36 de la Constitution - Décision du conseil des ministres, 12 jours prorogé par le parlement. En cas de péril imminent résultant d'une guerre ou d'une insurrection armée.

Exercice du pouvoir de police à l'autorité militaire.

Aucune application sous la Vème République.

Pouvoirs exceptionnels du chef de l'État au titre de l'article 16 de la Constitution en cas de crise

Lorsque les institutions de la République, l'indépendance de la Nation, l'intégrité de son territoire ou l'exécution de ses engagements internationaux sont menacés d'une manière grave et immédiate et que le fonctionnement régulier des pouvoirs publics constitutionnels est interrompu.

Le chef de l'État dispose alors de tous les pouvoirs exécutifs et législatifs.

Durée sous contrôle du conseil constitutionnel.

L'état d'urgence sanitaire

Créé par la loi du 23 mars 2020 pour faire face à l'épidémie de covid-19

L'état d'urgence sanitaire peut être déclaré sur tout ou partie du territoire métropolitain en cas de catastrophe sanitaire mettant en péril, par sa nature et sa gravité, la santé de la population. La prorogation de l'état d'urgence sanitaire au-delà d'un mois ne peut être autorisée que par la loi, après avis du comité de scientifiques

Dans les circonscriptions territoriales où l'état d'urgence sanitaire est déclaré, le Premier ministre peut, par décret réglementaire pris sur le rapport du ministre chargé de la santé, aux seules fins de garantir la santé publique :

1° Restreindre ou interdire la circulation des personnes et des véhicules dans les lieux et aux heures fixés par décret ;

2° Interdire aux personnes de sortir de leur domicile, sous réserve des déplacements strictement indispensables aux besoins familiaux ou de santé ;

3° Ordonner des mesures ayant pour objet la mise en quarantaine, au sens de l'article 1er du règlement sanitaire international de 2005, des personnes susceptibles d'être affectées ;

4° Ordonner des mesures de placement et de maintien en isolement, au sens du même article 1er, à leur domicile ou tout autre lieu d'hébergement adapté, des personnes affectées ;

5° Ordonner la fermeture provisoire d'une ou plusieurs catégories d'établissements recevant du public ainsi que des lieux de réunion, à l'exception des établissements fournissant des biens ou des services de première nécessité ;

6° Limiter ou interdire les rassemblements sur la voie publique ainsi que les réunions de toute nature;

7° Ordonner la réquisition de tous biens et services nécessaires à la lutte contre la catastrophe sanitaire ainsi que de toute personne nécessaire au fonctionnement de ces services ou à l'usage de ces biens. L'indemnisation de ces réquisitions est régie par le code de la défense ;

8° Prendre des mesures temporaires de contrôle des prix de certains produits rendues nécessaires pour prévenir ou corriger les tensions constatées sur le marché de certains produits ; le Conseil national de la consommation est informé des mesures prises en ce sens ;

9° En tant que de besoin, prendre toute mesure permettant la mise à la disposition des patients de médicaments appropriés pour l'éradication de la catastrophe sanitaire ;

10° En tant que de besoin, prendre par décret toute autre mesure réglementaire limitant la liberté d'entreprendre (…).

Des infractions ont créées pour non-respect du confinement (voir partie 8 titre 3).

Les pouvoirs du préfet de département en matière de couvre-feu sont accrus.

Des règles ont été adaptées en matière de procédure pénale. Exemple : Les délais de prescription de l'action publique et de prescription de la peine ont été suspendus à compter du 12 mars 2020 jusqu'au terme de l'état d'urgence sanitaire.

PARTIE 2
CONNAISSANCES DE BASE : ÉTAT & COLLECTIVITÉS TERRITORIALES

CHAPITRE 1
L'ORGANISATION DE L'ÉTAT

I LES PRINCIPES GÉNÉRAUX

Un cadre européen

Plusieurs institutions notamment :

Le Parlement européen : organe législatif de l'Union européenne. Il est élu au suffrage universel direct tous les cinq ans. Les élections européennes (désignation des députés européens siégeant au Parlement européen), la citoyenneté européenne : Voir site https://europa.eu.

La Commission européenne est l'organe exécutif. C'est la seule institution européenne qui présente des textes législatifs pour adoption par le Parlement et le Conseil.

Le Conseil européen réunit les dirigeants des pays membres de l'UE afin de définir les priorités politiques de l'UE. Son président siège tous les 2 ans et demi.

La Cour européenne des droits de l'homme, créée à Strasbourg par les États membres du Conseil de l'Europe en 1959 pour connaître des allégations de violation de la Convention européenne des droits de l'homme de 1950.

Sur les institutions et organes de l'Union européenne : Voir site https://europa.eu.

Les institutions françaises

Le site de l'assemblée nationale présente de manière synthétique les institutions de la Vème République. Les sites du Parlement, le site de la présidence de la République ou le site du conseil constitutionnel sont riches d'informations. Les candidats doivent connaître également les grandes dates et les grands principes du fonctionnement des institutions des autres Républiques.

Notions à connaître : la démocratie, le suffrage universel (direct, indirect), les mode de suffrage aux élections, le droit de vote, la souveraineté populaire, la nation.

La Constitution : quezaco ?

Il s'agit de l'ensemble des règles suprêmes fondant l'autorité de l'État français, organisant les institutions, lui donnant ses pouvoirs et garantissant les libertés publiques et individuelles des citoyens.

La Constitution du 4 octobre 1958 est le texte fondateur de la Ve République. Adoptée par référendum le 28 septembre 1958, elle organise les pouvoirs publics, définit leur rôle et leurs relations.

Norme suprême du système juridique français, elle a été modifiée à vingt-quatre reprises depuis sa publication par le pouvoir constituant, soit par le Parlement réuni en Congrès, soit directement par le peuple à travers l'expression du référendum. Son Préambule renvoie directement et explicitement à trois autres textes fondamentaux : la Déclaration des Droits de l'Homme et du Citoyen du 26 août 1789, le Préambule de la Constitution du 27 octobre 1946 (la Constitution de la IVe République) et la Charte de l'environnement de 2004. Les juges n'hésitant pas à les appliquer directement, le législateur étant toujours soucieux de les respecter, sous le contrôle vigilant du juge constitutionnel, ces énumérations de principes essentiels ont leur place dans le bloc de constitutionnalité. Les règles relatives à la révision de la Constitution sont prévues par la Constitution elle-même. Les textes constitutionnels en vigueur :

Constitution du 4 octobre 1958 – constitution dite rigide

Déclaration des Droits de l'Homme et du Citoyen de 1789

Préambule de la Constitution du 27 octobre 1946

Charte de l'environnement de 2004 – le principe de précaution

Séparation des pouvoirs

Principe qui exige que les pouvoirs législatif, exécutif, judiciaire ne soient pas détenus entre les mêmes mains et puissent exercer un contrôle respectif.

Pouvoir législatif Le parlement	Pouvoir exécutif Le gouvernement	Pouvoir judiciaire La justice
Débat et vote les lois	Détermine les orientations du pays	Veille au respect des lois
Contrôle le pouvoir exécutif	Définit l'action de l'Etat dans le respect des lois	Et peut donc interpréter le sens d'une loi

II L'ORGANISATION DE L'ÉTAT : A PARIS (NIVEAU CENTRAL)

L'administration centrale de l'État à Paris

Les organes de l'État (les trois pouvoirs) au niveau central sont situés à Paris.

Le pouvoir législatif (Parlement)

Rôle : vote la loi - contrôle l'action du Gouvernement - évalue les politiques publiques.

Composition : deux chambres (le parlement est « bicaméral ») qui sont 1/ l'Assemblée nationale (577 membres élus au SUD pour 5 ans - représente le peuple) et 2/ le Sénat (348 membres élus au SUI - représente les collectivités territoriales). Les Français établis hors de France sont représentés à l'Assemblée nationale et au Sénat.

Selon l'article 34 de la Constitution, la loi (donc le parlement) fixe les règles sur : les droits civiques et les garanties fondamentales accordées aux citoyens pour l'exercice des libertés publiques, la détermination des crimes et délits ainsi que les peines qui leur sont applicables, l'assiette, le taux et les modalités de recouvrement des impositions de toutes natures ... La loi détermine les principes fondamentaux de l'organisation générale de la défense nationale, de la libre administration des collectivités territoriales, de l'enseignement, de la préservation de l'environnement ... Tout ce qui ne relève pas de la loi relève du pouvoir réglementaire, comme le dit l'article 37 de la Constitution.

L'Assemblée nationale	Le Sénat
débattre, proposer, amender et voter les lois dans les domaines prévus à l'art. 34 de la Constitution	idem sur l'élaboration de la loi et le contrôle du gouvernement
dernier mot à l'AN sur décision du gouvernement	défendre l'intérêt des collectivités territoriales
contrôler l'action du Gouvernement. Le remettre en cause le cas échéant en refusant sa confiance ou en déposant une motion de censure	à la différence de l'AN, le chef de l'État ne peut pas le dissoudre
	le président du Sénat assure l'intérim du chef de l'Etat en cas d'empêchement
évaluer les politiques publiques	des commissions spécialisées (6max), des questions posées aux ministres, des rapports...
des commissions spécialisées (6max), des questions posées aux ministres, des rapports...	

Le pouvoir exécutif est « bicéphale »

Le pouvoir exécutif (chef de l'Etat + premier ministre à la tête de son gouvernement) applique la loi, et dispose d'un pouvoir réglementaire à cet effet. Le chef de l'État (élu au SUD pour 5 ans) désigne le chef du gouvernement. Le gouvernement détermine et conduit la politique de la Nation. Il dispose de l'administration et de la force armée.

Le président de la République	Le Premier ministre
Chef de l'État : veille au respect de la Constitution, il assure le fonctionnement régulier des institutions et la continuité de l'État, il est le garant de l'indépendance nationale, de l'intégrité du territoire et du respect des traités, il accrédite les ambassadeurs	Chef du gouvernement : dirige l'action du gouvernement (art. 21 de la Constitution) càd fixe ses orientations politiques (celles du président de la République). A savoir : il coordonne les ministres mais n'est pas leur supérieur hiérarchique
Chef des armées : préside les conseils et comités supérieurs de la défense nationale	Il dispose de l'administration (art. 20) et de services propres
Chef de l'exécutif : il nomme le Premier ministre, il promulgue les lois, il signe les ordonnances, il préside le Conseil des ministres, il peut soumettre un projet de loi à référendum, il peut dissoudre l'assemblée nationale	Il assure l'exécution des lois et exerce le pouvoir réglementaire (prise de décret)
	Il est responsable de la défense nationale

Schéma de l'adoption des lois

Le texte initial proposé (issu soit d'un « projet de loi » d'origine gouvernementale ou d'une « proposition de loi » d'origine parlementaire) fait l'objet d'une discussion devant chacune des deux assemblée. Des amendements (modifications proposées du texte initial) sont alors déposés et seront soumis au vote de l'assemblée, d'où résultera son adoption ou son rejet. Ainsi, la durée des débats est liée notamment au nombre d'amendements proposés. Le texte soumis à chaque assemblée prend en compte les modifications issues des seuls amendements adoptés. De fait, il est rare que le texte initial proposé soit ressemblant au texte définitivement adopté par le parlement, d'autant qu'un recours devant le conseil constitutionnel est possible avant sa promulgation par le chef de l'Etat et sa publication au journal officiel.

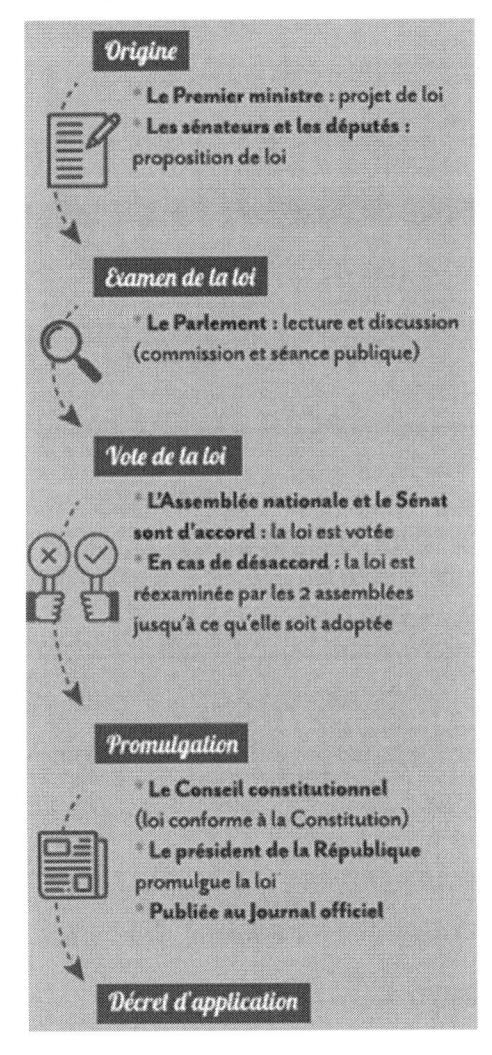

Origine
- Le Premier ministre : projet de loi
- Les sénateurs et les députés : proposition de loi

Examen de la loi
- Le Parlement : lecture et discussion (commission et séance publique)

Vote de la loi
- L'Assemblée nationale et le Sénat sont d'accord : la loi est votée
- En cas de désaccord : la loi est réexaminée par les 2 assemblées jusqu'à ce qu'elle soit adoptée

Promulgation
- Le Conseil constitutionnel (loi conforme à la Constitution)
- Le président de la République promulgue la loi
- Publiée au Journal officiel

Décret d'application

Focus : la Hiérarchie des normes

Définition du principe de légalité : une norme établie par l'administration (ex : décret, arrêté) doit toujours être conforme à celles qui lui sont supérieures. Une hiérarchie existe parmi les normes françaises et qui est la suivante :

- Constitution (4 octobre 1958) et « bloc de constitutionnalité » (càd : préambule de la Constitution du 26 octobre 1946 + charte de l'environnement de 2005 + principes fondamentaux reconnus par les lois de la République)

- Les traités et conventions internationales dont le droit communautaire

- Les lois : loi constitutionnelle (modifie la constitution), loi organique (met en œuvre les dispositions ainsi modifiées), loi ordinaire (domaine du parlement : art. 34 Constitution)
- Les principes généraux du droit (principes non écrits mais dégagés par le juge)
- Les règlements : décrets (domaine : art. 37 Constitution) et arrêtés
- Les normes réglementaires ont une valeur supérieure à celle des actes individuels (ex : arrêté de nomination).
- Les actes administratifs (circulaires, instructions)
- L'acte administratif de l'autorité administrative supérieure l'emporte (arrêté préfectoral)

A noter : L'Union européenne adopte différents types d'actes législatifs, qui visent à remplir les objectifs fixés dans les traités européens. Tous ne sont pas contraignants. Certains s'appliquent à tous les pays de l'UE (les « règlements européens » tels le RGPD), d'autres uniquement à quelques-uns (les « décisions »). Les « directives » fixent des objectifs à tous les pays de l'UE, mais chaque pays est libre d'élaborer ses propres mesures pour les atteindre. Les « recommandations » ne sont pas contraignantes ; elles permettent seulement aux institutions européennes de faire connaître leur point de vue et de suggérer une ligne de conduite aux Etats de l'UE.

III L'ORGANISATION DE L'ÉTAT SUR LE TERRITOIRE : VIA DES REPRÉSENTANTS NOMMÉS

L'État au niveau central à Paris ne peut tout gérer ! Il existe donc des administrations agissant pour le compte de l'État et avec des représentants nommés au niveau central et ce, à l'échelle de tout le territoire national.

C'est la déconcentration

L'État (compétence sur tout le territoire) délègue (par décret signé par président de la République, pris en conseil des ministres) ses compétences à des représentants qu'il NOMME au niveau de la région et du département notamment le préfet de région et le préfet de département.

Le préfet est un représentant du gouvernement

Rôle du préfet : il veille à l'application des lois, met en œuvre des politiques gouvernementales à l'échelon déconcentré, coordonne des actions menées par les administrations (sauf exceptions : éducation nationale, services fiscaux...).

Il existe des directions régionales et départementales dirigées par les représentants de l'État. L'État a donc des services répartis géographiquement sur l'ensemble du territoire. Ce sont eux qui permettent la déconcentration :

- Circonscription régionale : préfet de région (qui est préfet de département du chef-lieu de la région) et ses services. Garant de la cohérence de l'action de l'État dans chaque région, et en charge des intérêts nationaux. Autorité hiérarchique sur les préfets de département (sauf sur les pouvoirs de police administrative du préfet de département où il n'y a pas de hiérarchie du préfet de région),
- Circonscription départementale : préfet de département. Chargé du maintien de l'ordre et du contrôle administratif,
- L'arrondissement : circonscription du sous-préfet et sous-préfectures.

Déconcentration

consiste à augmenter les attributions des représentants locaux du pouvoir central (préfets, recteurs, directeurs d'administration) pour décongestionner le pouvoir central.

Déconcentration	Décentralisation
L'État nomme un représentant (le préfet) sur son territoire (à l'échelle des départements et des régions)	L'État décide de transférer des compétences (par une loi prise par le parlement) à d'autres personnes publiques que sont les collectivités territoriales (commune, département, région). Ces dernières disposent :
Nomination (pas élection) par l'État	
Le préfet reste soumis à l'État et au supérieur hiérarchique de l'autorité étatique	d'une personnalité propre, distincte de l'Etat
Le préfet et l'administration territoriale sont des agents de l'Etat (FPE)	d'une forte autonomie (budget propre, personnel propre FPT, pouvoir de décision)
Les services de l'Etat appliquent les directives de l'autorité hiérarchique.	avec un organe délibérant élu par les citoyens (SUD), et un exécutif élu par l'organe délibérant (SUI).

CHAPITRE 2
L'ORGANISATION DES COLLECTIVITÉS TERRITORIALES

Définition

Article 72 de la Constitution : les collectivités territoriales de la République sont les communes, les départements, les régions, les collectivités à statut particulier et les collectivités d'outre-mer régies par l'article 74.

Les collectivités territoriales (la région, le département et la commune) disposent d'une réelle autonomie et d'un pouvoir de décision pour gérer les affaires courantes à l'échelle de leur territoire et ce en respectant les règles posées par la Constitution et les lois.

I LES COLLECTIVITÉS TERRITORIALES SONT DES AUTORITÉS « DÉCENTRALISÉES »

Une organisation identique pour les trois collectivités

Un fonctionnement autonome par rapport à l'Etat, avec du personnel employé (FPT), des organes élus par les habitants, un pouvoir de décision, des ressources suffisantes avec un budget propre :

- Élections des organes délibérants au suffrage universel direct,
- Moyens matériels et financiers importants,
- Gestion libre des affaires locales (sous réserve du respect des lois).

Le principe de libre administration

Défini à l'article 72 de la Constitution : la liberté de s'administrer appartient à toute collectivité territoriale, pas de restriction possible, sous réserve de respecter les lois.

Le respect des lois : un contrôle de légalité a posteriori exercé par le préfet.

La notion d'intérêt général prime sur les intérêts individuels.

La libre administration est possible grâce aux « conseils élus » : l'organe délibérant élu au SUD par les habitants (conseil municipal, départemental, régional) qui élit en principe au SUI l'exécutif.

Un seuil minimal de compétences attribuées par les lois de décentralisation.

Des compétences attribuées par le parlement

(càd la loi/art. 34 de la constitution) par les lois dites de décentralisation. Pour rappel, la décentralisation est le transfert de compétences de l'Etat (par la loi) vers des assemblées locales élues ayant un pouvoir local de décision (délibérations, arrêtés). Les lois de décentralisation confèrent des compétences exercées jusqu'alors par l'Etat aux diverses collectivités territoriales avec un minimum de ressources financières.

Les communes bénéficent de la clause de compétence générale leur permettant de régler par délibération toutes les affaires relevant de leur niveau. Les principales compétences exercées relèvent des domaines suivants : urbanisme, logement, environnement, gestion des écoles préélémentaires et élémentaires. La loi du 7 août 2015 portant Nouvelle Organisation Territoriale de la République (NOTRé) a renforcé les compétences optionnelles et obligatoires transférées de la commune à la communauté de communes.

Les départements exercent principalement leurs compétences dans les domaines suivants : action sociale (enfance, personnes handicapées, personnes âgées, revenu de solidarité active), infrastructures (ports, aérodromes, routes départementales), gestion des collèges, aide aux communes.

Les régions exercent principalement leurs compétences dans les domaines suivants : développement économique, aménagement du territoire, transports non urbains, gestion des lycées, formation professionnelle.

Les trois niveaux de collectivités se partagent les compétences dans les domaines suivants : sport, tourisme, culture, promotion des langues régionales, éducation populaire.

Le principe de l'autonomie financière

Il est défini à l'article 72-2 de la Constitution : les collectivités territoriales bénéficient de ressources dont elles peuvent disposer librement dans les conditions fixées par la loi. Elles peuvent recevoir tout ou partie du produit des impositions de toutes natures. La loi peut les autoriser à en fixer l'assiette et le taux dans les limites qu'elle détermine.

Le transfert de compétences doit être compensé par l'Etat (l'attribution de ressources équivalentes à celles qui étaient consacrées à leur exercice). La loi prévoit des dispositifs de péréquation destinés à favoriser l'égalité entre les collectivités territoriales.

Les lois de décentralisation

Loi du 2 mars 1982 (Acte1) : institution du président du conseil général en exécutif du département à la place du préfet ; remplacement de la tutelle administrative a priori par un contrôle juridictionnel a posteriori ; reconnaissance de la région en tant que collectivité « locale » à part entière, dotée d'un conseil élu au suffrage universel. Les lois des 7 janvier et 22 juillet 1983 ont modifié la répartition des compétences entre les communes, les départements, les régions et l'Etat.

Loi du 28 mars 2003 (Acte II) de la décentralisation. La Constitution du 4 octobre 1958 est modifiée (articles 72 et 73). Le principe de « l'organisation décentralisée » de la République est posé (art. 1er de la Constitution). La région trouve sa place à l'article 72 en tant que collectivité « territoriale ». Les collectivités locales deviennent des collectivités territoriales (le terme « local » disparaît des textes de loi, bien qu'employé encore dans le langage courant. La loi transfère de nouvelles compétences aux collectivités territoriales.

L'acte III : 2014 et 2015. La loi du 27 janvier 2014 de modernisation de l'action publique territoriale et d'affirmation des métropoles et loi du 7 août 2015 portant nouvelle organisation de la République.

Des collectivités décentralisées depuis la loi du 2 mars 1982

Décentralisation (les collectivités territoriales)	Déconcentration (l'État au niveau local)
Libre administration	Tutelle hiérarchique (préfet)
Autorités élues (suffrage universel)	Autorités nommées
Budget propre à chaque collectivité	Budget unique de l'État
Fonction publique territoriale	Fonction publique de l'État
De multiples employeurs	Un employeur unique : l'État

II LE FONCTIONNEMENT DES COLLECTIVITÉS TERRITORIALES

Trois collectivités territoriales (commune - département - région) avec pour chacune : 1 organe délibérant (élu au SUD) et 1 organe exécutif (élu au SUI)

Un organe exécutif

Élu au suffrage universel indirect (SUI) par l'organe délibérant pour 6 ans : le maire, le président du conseil départemental, le président du conseil régional, après les élections ayant renouvelé l'organe délibérant. Les organes exécutifs exercent les mêmes pouvoirs à l'échelle de leur territoire. Toutefois, le maire et le président du conseil départemental ont des pouvoirs de police administrative (qui sont différents entre eux), et le maire a d'autres pouvoirs que n'ont pas les autres exécutifs.

Maire	Président du conseil départemental	Président du conseil régional
Il prend des arrêtés Il prépare et préside les réunions des conseils Il prépare et exécute le budget Il nomme aux emplois et dirigent les services (le chef du personnel)	idem	idem
Autres pouvoirs du maire : Officier d'état civil Officier de police judiciaire Il assure la publication et l'exécution des lois sur le territoire de la commune Il organise les élections, participe aux recensements de la population Police administrative générale et spéciale	Autre pouvoir du président du CD : Des pouvoirs de police administrative sur la voirie départementale	Pas de pouvoir particulier

Organe délibérant

Un organe délibérant élu au suffrage universel direct (SUD) par les habitants : le conseil municipal, le conseil départemental, le conseil régional

Conseil municipal	Conseil départemental	Conseil régional
Il gère par délibérations les affaires de la commune : crée et organise les services publics locaux en lien avec les compétences de la commune Il élit l'organe exécutif (maire) en son sein (SUI) Il vote le budget Il décide de la création et de la suppression des emplois de la collectivité	Il gère par délibérations les affaires du département : il crée et organise les services publics locaux en lien avec les compétences du département Il élit l'organe exécutif (président du CD) en son sein (SUI) Il vote le budget Il décide de la création et de la suppression des emplois de la collectivité	Il gère par délibérations les affaires de la collectivité : crée et organise les services publics locaux en lien avec les compétences de la région Il élit l'organe exécutif (président du CR) en son sein (SUI) Il vote le budget Il décide de la création et de la suppression des emplois de la collectivité
Elections au SUD **Élections municipales** distinctes pour les communes de +/- de 1 000 habitants	**Elections au SUD** **Élections départementales** : scrutin majoritaire binominal mixte dans les cantons	**Elections au SUD** **Élections régionales** : scrutin de liste à deux tours avec représentation proportionnelle

CHAPITRE 3

LE MAIRE, ET SES POUVOIRS DE POLICE

I LE MAIRE : UN OPJ (ART. 16 DU CPP)

La police judiciaire

La police judiciaire a une finalité répressive (recherche des auteurs d'une infractions, en vue de réprimer son auteur et de demander une peine exemplaire).

Des outils propres : verbalisation, rappel à l'ordre...

L'exercice du pouvoir de police judiciaire reconnu au profit du maire et de ses adjoints s'effectue dans les conditions générales prévues par le Code de procédure pénale, sous la direction du Procureur de la République (art. 12 du CPP) et au nom de l'État.

Loi du 27 décembre 2019 relative à l'engagement dans la vie locale et à la proximité de l'action publique prévoit qu'après le renouvellement général des conseils municipaux, le préfet de département et le(s) procureur(s) de la République territorialement compétents reçoivent les maires du département pour leur présenter les attributions que ces derniers exercent au nom de l'Etat et comme officiers de police judiciaire et de l'état civil.

Le dispositif du Rappel à l'ordre - Lorsque des faits sont susceptibles de porter atteinte au bon ordre, à la sûreté, à la sécurité ou à la salubrité publiques, le maire ou son représentant peut procéder verbalement à l'endroit de leur auteur au rappel des dispositions qui s'imposent à celui-ci pour se conformer à l'ordre et à la tranquillité publics, le cas échéant en le convoquant en mairie. Le rappel à l'ordre d'un mineur intervient, sauf impossibilité, en présence de ses parents, de ses représentants légaux ou, à défaut, d'une personne exerçant une responsabilité éducative à l'égard de ce mineur.

La prévention de la délinquance et de la radicalisation

Le maire « anime et cordonne la politique de prévention de la délinquance » (loi du 5 mars 2007).

Coordination de la mise en œuvre par des dispositifs légaux et supposant un partenariat des acteurs (acteurs locaux, Etat, Justice…). Voir CLSPDR notamment.

II LES POUVOIRS DE POLICE ADMINISTRATIVE DU MAIRE

Les pouvoirs de police administrative générale du maire

La police administrative a une finalité préventive pour le maintien de l'ordre public. Définition de l'ordre public : à l'article L.2212-1 du CGCT (trois composantes : sécurité, tranquillité, salubrité publiques) + rares extensions faites par le Conseil d'état (respect de la dignité humaine reconnu en 1995 et bon ordre moral reconnu en 1959).

La police administrative est un pouvoir propre du maire. Donc incompétence du conseil municipal sauf rares exceptions. Délégation possible par principe aux adjoints - par exception aux conseillers municipaux (empêchement ou absence des adjoints ou si les adjoints ont déjà tous une délégation).

Des compétences articulées avec le préfet de département : le maire ne peut pas alléger les mesures de police prises par l'autorité supérieure. Le préfet est compétent si les mesures de police dépassent le territoire d'une seule commune.

Il existe un pouvoir de substitution du préfet de département au(x) maire(s) défaillant pour prendre pour toutes les communes du département ou pour plusieurs d'entre elles toutes mesures relatives au maintien de la salubrité, de la sûreté et de la tranquillité publiques. Ce droit ne peut être exercé à l'égard d'une seule commune qu'après une mise en demeure restée sans résultat.

Art. L. 2212-2-1 du CGCT : Peut donner lieu à une amende administrative de 500 € au maximum tout manquement à un arrêté du maire présentant un risque pour la sécurité des personnes et ayant un caractère répétitif ou continu :

- En matière d'élagage et d'entretien des arbres et des haies donnant sur la voie ou le domaine public ;
- Ayant pour effet de bloquer ou d'entraver la voie ou le domaine public, en y installant ou en y laissant sans nécessité ou sans autorisation tout matériel ou objet, ou en y déversant toute substance ;
- Consistant, au moyen d'un bien mobilier, à occuper à des fins commerciales la voie ou le domaine public soit sans droit ni titre si celui-ci est requis, soit de façon non conforme au titre délivré, quand l'occupation constitue un usage privatif de ce DP excédant le droit d'usage appartenant à tous ;
- En matière de non-respect d'un arrêté de restrictions horaires pour la vente d'alcool à emporter sur le territoire de la commune,

Délai de prescription : 1 an. Le manquement est alors constaté par procès-verbal d'un OPJ, d'un agent de police judiciaire ou d'un agent de police judiciaire adjoint. Une mise en demeure est préalable.

Les pouvoirs de police administrative spéciales du maire

Les polices administratives dites « spéciales » portent sur des objets particuliers au cas par cas et définies par des textes réglementaires notamment certains codes.

Exemples : police de la circulation et du stationnement (CGCT, Code de la route), police des funérailles et des cimetières (CGCT), police des nuisances sonores (CSP), police des débits de boissons (CSP), réparation ou la démolition des murs, bâtiments ou édifices menaçant ruine (CCH), police de la conservation de la voirie (Code de la voirie) ...

Focus : la loi du 20 février 2020 relative à la lutte contre le gaspillage et à l'économie circulaire a renforcé les pouvoirs de police spéciale du maire dans la lutte contre les dépôts sauvages. Notamment : Lorsque des déchets sont abandonnés ou déposés en manquement des règles, et que l'auteur est identifié, une amende administrative est prévue après mise en demeure restée en vain. L'exécution des travaux d'office aux frais de l'intéressé est prévue.

Des arrêtés pris par le maire

Le maire peut prendre divers types d'arrêtés dans le cadre de ses attributions. Par exemples :

En tant que chef du personnel : il peut procéder par arrêté à des nominations ou titularisations de fonctionnaires, peut pourvoir à leurs avancements, peut prononcer des sanctions disciplinaires... Le maire prend par arrêté toutes mesures relatives à l'organisation interne des services de la commune et à la gestion des agents.

En tant qu'administrateur de la commune : il peut prendre des arrêtés en vue notamment de conserver et administrer le patrimoine communal, de gérer les revenus, et surveiller les établissements communaux, de préparer, proposer le budget et ordonnancer les dépenses, de diriger les travaux communaux, de passer les actes de vente, échange, partage, acceptation de dons ou legs, acquisition, transaction, ...

Des arrêtés pris dans le cadre de la police administrative

Un arrêté ne peut prévoir que des mesures nécessairement proportionnées au regard du trouble à prévenir : une interdiction ne doit pas avoir de caractère général et absolu (CE, 19 mai 1933, Benjamin).

Entrée en vigueur des arrêtés : soit à la date de publication (actes réglementaires), soit à la date de la notification (actes individuels). Transmission en préfecture que si le CGCT l'impose (liste énumérative).

Qui peut contester un arrêté municipal ?

- Une personne qui a « intérêt à agir » : Recours pour excès de pouvoir devant le juge administratif dans un délai de 2 mois à compter de la publication ou de la notification,

- Le préfet (déféré préfectoral) qui doit saisir le tribunal administratif s'il prétend que l'arrêté est illégal (pouvoir souverain du juge) et demande la nullité de l'acte,

- Un contrevenant qui prétend devant le tribunal de police que l'arrêté municipal est illégal et donc que le manquement reproché est sans fondement. Le juge pénal peut apprécier la légalité d'un arrêté municipal si l'issue du litige en dépend. Le juge pénal n'a aucun pouvoir pour annuler l'arrêté (contrairement au juge administratif), mais peut relaxer l'intéressé s'il estime l'arrêté illégal au cas par cas.

Des pouvoirs de police spéciale transférés au président d'un EPCI sous conditions

- 1/ Que dans des domaines énumérés par la loi,
- Et 2/ à condition que l'EPCI ait bénéficié du domaine de compétences concerné,
- Le maire conservant ses pouvoirs de police administrative générale.

En application de l'article L. 5211-9-2 du CGCT, certains pouvoirs de police spéciale du maire font l'objet d'un transfert automatique au président de l'établissement public de coopération intercommunale (EPCI) dont la commune est membre. Le transfert se fait par arrêté préfectoral sur proposition d'un ou de plusieurs maires intéressées, après accord de tous les maires des communes membres et du président de l'EPCI. Chaque maire dispose d'un droit d'opposition à ce transfert pendant un délai de six mois à compter de chaque renouvellement électoral (le conseil municipal n'a aucune prérogative en la matière et c'est logique puisque le pouvoir de police est un pouvoir propre du maire). De la même manière, le président de l'EPCI peut renoncer au transfert de ces pouvoirs de police. Toutefois, la compétence exclusive du maire en matière de police ne l'empêche pas, s'il le souhaite, de consulter le conseil municipal avant de prendre sa décision. Six cas où le transfert est automatique si les deux conditions sont réunies :

- Assainissement : le président de l'EPCI peut réglementer l'assainissement (CSP) et délivrer les autorisations de déversement d'effluents non domestiques (dérogations au raccordement aux réseaux publics de collecte),
- Déchet ménager : il réglemente la collecte des déchets, la collecte sélective (CGCT). Depuis la loi du 10 février 2020, il est en charge de la lutte contre les abandons et dépôts sauvages,
- Aires d'accueil des gens du voyage : interdire le stationnement hors aires d'accueil, saisir le préfet si le stationnement irrégulier porte atteinte à l'ordre public (loi 5.07.2000),
- Voirie (loi 27.01.2014) : police de la circulation et stationnement sur l'ensemble de la voirie + délivrance des autorisations de stationnement aux exploitants de taxis,
- Habitat (loi 24.03.2014) : travaux pour cesser l'insécurité des ERP à usage d'hébergement, prescrire la remise en état des équipements communs des immeubles collectifs à usage d'habitation, police des bâtiments menaçant ruine.

Deux cas où le transfert est facultatif :

- Sécurité des manifestations culturelles et sportives dans les établissements communautaires,
- Défense extérieure contre l'incendie. La défense extérieure contre l'incendie (DECI) a pour objet d'assurer l'alimentation en eau des moyens des services d'incendie et de secours. Elle est placée sous l'autorité du maire ou du président de l'établissement public de coopération intercommunale (EPCI) chargé d'un pouvoir de police administrative spéciale. Le financement et la gestion de la DECI sont de la même manière pris en charge soit par la commune soit par l'EPCI. Le transfert est à l'initiative des communes, sauf pour les métropoles pour lesquelles ce domaine constitue une compétence obligatoire. Ce transfert permet la mutualisation de l'acquisition des équipements de défense contre l'incendie ainsi que de leur maintenance.

Pouvoirs de police administrative et de police judiciaire

Source : Juillet 2013 - Synthèse des travaux menés par la préfecture du Loiret et l'observatoire national des polices municipales

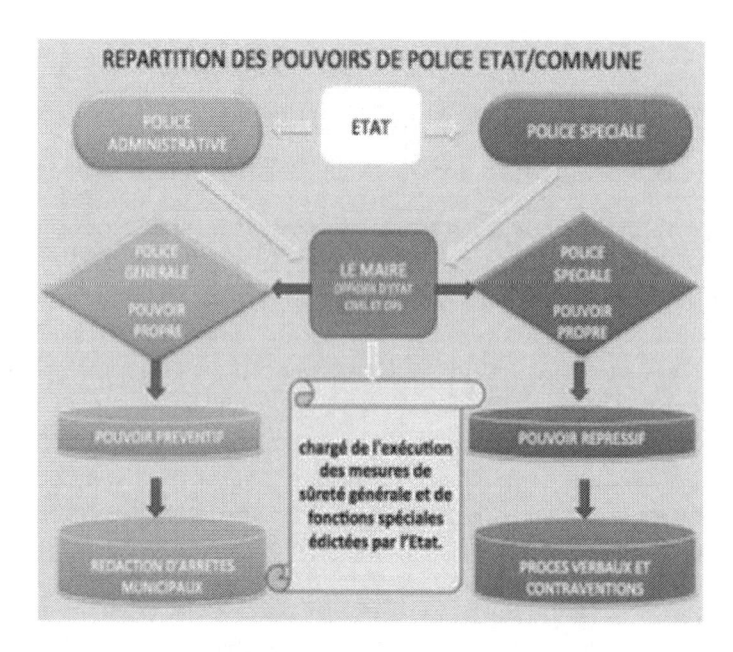

Les titulaires de pouvoir de police administrative au niveau national

Police générale au niveau national : le premier ministre (CE, 8 août 1919, Labonne), et ce en dehors de toute habilitation législative et en vertu de ses pouvoirs propres. Il détermine celles des mesures de police qui doivent, en tout état de cause, être appliquées dans l'ensemble du territoire.

L'arrêt Labonne du CE différencie les pouvoirs de police de l'autorité nationale et ceux des autorités locales : les règlements édictés au niveau national ne retirent pas aux autorités locales la compétence qu'elles tirent de la loi pour prendre des mesures de police complémentaires dans le ressort territorial pour lequel elles sont compétentes. Mais leur pouvoir trouve deux limites : les autorités locales ne peuvent qu'aggraver les mesures édictées par les autorités nationales, sans pouvoir ni les modifier ni, bien sûr, les réduire ; encore faut-il que cette aggravation soit dictée par l'intérêt public et justifiée par les circonstances locales (CE, 18 avril 1902, Commune de Néris- les-Bains).

Police spéciale au niveau national : les ministres dans leur domaine de compétence respective. Exemple : la réglementation de la culture OGM : police administrative relevant du seul ministre de l'agriculture par exemple.

CHAPITRE 3

L'INTERCOMMUNALITÉ

I L'INTERCOMMUNALITÉ ET FUSION DE COMMUNES : A DISTINGUER

Des fusions de communes (« communes nouvelles »)

La loi du 16 décembre 2010 introduit un dispositif de réforme visant à créer des « communes nouvelles» issues de la fusion d'au moins deux communes. Les communes fusionnent pour ne laisser place qu'à une seule commune, ladite « nouvelle » commune, qui aura un nom différent des autres qui disparaissent.

Le nombre de communes diminue ainsi légèrement en France. En 2019, la France est passée sous le seuil des 35 000 communes. Ce palier a été atteint grâce à la création de 239 communes nouvelles en 2018 ayant conduit à la disparition des communes qui ont fusionné.

La commune nouvelle est une collectivité territoriale à part entière dans laquelle ont fusionné des communes sur la base du volontariat. Elle dispose de la qualité de collectivité territoriale, mais son fonctionnement est adapté à l'existence de communes déléguées (anciennes communes, le temps de la transition). Les communes membres n'ont plus de personnalité morale ni de clause de compétence générale. Le conseil municipal de la commune nouvelle peut toutefois désigner un maire délégué et des adjoints délégués pour s'occuper de l'état civil et de l'animation des équipements de proximité ou encore des relations avec les habitants. Par ailleurs, il n'y a plus qu'un seul conseil : celui de la commune nouvelle.

Des regroupements de communes (intercommunalités)

L'intercommunalité permet aux communes de se regrouper au sein d'un établissement public soit pour assurer certaines prestations (ramassage des ordures ménagères, assainissement, transports urbains…), soit pour élaborer de véritables projets de développement économique, d'aménagement ou d'urbanisme. L'intercommunalité constitue une solution pertinente permettant aux communes de mutualiser leurs moyens pour répondre efficacement aux besoins de leurs habitants

Un EPCI n'a pas, contrairement à ses communes membres, de compétence générale

Il ne peut donc exercer que les compétences qui lui ont été explicitement transférées soit par la loi, soit celles transférées par ses communes membres et qui, de ce fait, figurent dans ses « statuts ».

La couverture du territoire national par les groupements à fiscalité propre est arrivée à son terme. Les quatre communes isolées (càd qui ne sont membres d'aucun EPCI à fiscalité propre) sont toutes des îles monocommunales bénéficiant d'une dérogation législative : les îles d'Yeu, de Bréhat, de Sein et d'Ouessant.

II PRINCIPES GÉNÉRAUX SUR L'ORGANISATION ET LE FONCTIONNEMENT

L'EPCI exerce la compétence transférée

L'EPCI est créé pour gérer des activités de service public et/ou réaliser des projets communs incombant aux communes. Il a ses propres organes de décision :

- un organe délibérant (conseil communautaire). Les conseillers communautaires (issus des conseillers municipaux de chaque commune membre) sont élus lors des élections municipales dans les communes de plus de 1 000 habitants,

- un organe exécutif (le président de l'EPCI),

- avec ses propres moyens et agents recrutés par l'EPCI. On trouve également des services communs aux communes et à leur EPCI (informatique, juridique…).

Avec son propre budget. Il existe deux systèmes pour l'«EPCI à fiscalité propre » :

- soit la fiscalité dite additionnelle: l'EPCI perçoit une fraction à son profit des impôts locaux avec un taux unique applicable sur la taxe habitation et taxe foncière sur le territoire + la contribution économique territoriale (ex taxe professionnelle) + autres taxes (réseaux, surfaces commerciales, pylônes électriques…),

- soit la fiscalité professionnelle unique : l'EPCI perçoit la contribution économique territoriale + la part des départements et régions sur la taxe d'habitation et la taxe foncière sur les propriétés non bâties.

CHAPITRE 4

LE SERVICE PUBLIC

I L'INTÉRET GÉNÉRAL : L'ESSENCE DU SERVICE PUBLIC

L'intérêt général

La satisfaction de l'intérêt général poursuit un but d'utilité publique qui est désintéressé visant le bien de tous. C'est une notion évolutive avec le temps. Cela n'exclue pas la recherche d'une gestion attentive à la rentabilité.

Il s'agit des besoins les plus essentiels (et non la satisfaction des intérêts particuliers).

Les moyens pour agir : des « prérogatives de puissance publique »

Ce sont des prérogatives dont dispose toute administration. C'est la grande différence par comparaison avec les relations entre les particuliers qui sont régies par l'égalité et où il n'existe pas de différence juridique dans les relations.

Car l'intérêt général (incarné par l'administration) prévaut sur les intérêts particuliers (les administrés). L'administration bénéficie donc de privilèges pour contraindre les particuliers (exemples de prérogatives : droit de préemption de terrain, expropriation, sans le consentement des intéressés).

II LES PRINCIPES DE FONCTIONNEMENT DU SERVICE PUBLIC

Trois grands principes de fonctionnement

Les principes du service public ont été formalisés par le professeur de Droit Louis Rolland (« lois de Rolland »). Ce sont trois principes communs à tous les services publics :

1. La continuité du service public : le fonctionnement du service ne peut pas être interrompu. A savoir : ce principe a une force juridique équivalente au droit de grève (deux principes à valeur constitutionnelle identique). A relier : le service minimum,

2. L'égalité de tous devant le service public. Égalité de traitement : tant pour les agents que pour les usagers. Corollaire : la neutralité du service public et le respect de la laïcité. Égalité ne veut pas dire égal traitement : des différenciations tarifaires sont possibles pour les usagers se trouvant dans des situations différentes,

3. La mutabilité du service public : adaptation du service public aux exigences de l'intérêt général qui évoluent avec le temps. Il n'existe pas de droit acquis à un service public ou au statut en vigueur. Exemple : suppression d'une classe d'école en raison de la diminution des effectifs mais mise en place d'un service de transport scolaire. Exemple : l'éclairage par l'électricité a remplacé l'éclairage au gaz au début du 19ème siècle.

Continuité du service public

Principe de fonctionnement du service public selon lequel dès qu'un service public existe, l'administration doit en assurer son fonctionnement de manière continue. L'usager a un droit au fonctionnement normal des services publics existants.

Ce droit reconnu aux usagers explique que la grève des services publics était considérée comme illicite (CE 7 août 1949, Winkell). Après la reconnaissance du droit de grève par le préambule de la Constitution du 27 octobre 1946, le conseil d'Etat a reconnu la licéité à l'égard des agents publics (CE, 7 juillet 1950, Dehaene). Le législateur a dû limiter cet exercice en le réglementant (ou en l'interdisant à certains agents publics). Conformément à la décision du conseil constitutionnel du 25 juillet 1979, il appartient au législateur de concilier les deux principes de valeur constitutionnelle que sont le droit de grève et le principe de continuité.

Mise en place de service minimum en cas de grève - Un service continu peut être organisé dans les services des SDIS, de la police municipale, l'état civil ou encore le service des élections en période électorale. Seuls les agents indispensables à l'exécution des obligations du service continu peuvent être « requis » et uniquement si les non-grévistes sont en nombre insuffisant.

Lorsqu'un préavis a été déposé au niveau national, le dépôt d'un préavis dans chaque collectivité est inutile. A défaut d'un préavis national :

Dans les communes et EPCI de + de 10 000 habitants ⇒ nécessité du dépôt d'un préavis de grève par une organisation syndicale représentative, 5 jours francs avant le déclenchement de la grève.

Dans les communes et EPCI de – de 10 000 habitants ⇒ pas de nécessité de dépôt de préavis.

Le droit de grève ne fait pas obstacle au principe selon lequel l'absence de service fait donne lieu à une retenue sur rémunération sous réserve de la proportionnalité entre la durée de la grève et la retenue effectuée.

Égalité du service public

La fixation de tarifs différents, applicable pour un même service rendu à différentes catégories d'usagers d'un service, implique, à moins qu'elle ne soit la conséquence nécessaire d'une loi, soit qu'il existe entre les usagers des différences de situation appréciables, soit qu'une nécessité d'intérêt général en rapport avec les conditions d'exploitation du service commande cette mesure.

Donc, sauf disposition législative, seuls deux motifs permettent de fixer des tarifs différents alors que le service rendu est le même : les différences de situation et l'intérêt général.

- les différences de situation. Ce motif n'est retenu qu'à une triple condition : que ces différences soient objectives, appréciables et en rapport avec l'objet même du service,

- l'intérêt général.

Corollaire de l'égalité : la neutralité

Le principe de neutralité du service public suppose que chaque agent public respecte une obligation de neutralité vis-à-vis de ses convictions et une indépendance politique notamment. L'exercice des croyances religieuses, notamment en portant un signe destiné à marquer son appartenance à une religion, constitue un manquement à ses obligations.

L'agent de police municipale a le respect absolu des personnes, quelles que soient leur nationalité ou leur origine, leur condition sociale ou leurs convictions politiques, religieuses ou philosophiques (art. 6 du Code de déontologie des agents de la police municipale).

III LES MODES DE GESTION DES SERVICES PUBLICS

Pour assurer le service rendu à la population

Les collectivités territoriales et leurs groupements disposent de la liberté du choix du mode de gestion pour exploiter leurs services (principe de libre administration). Compétence de l'organe délibérant.

Le mode de gestion choisi doit permettre d'assurer notamment un niveau élevé de qualité, de sécurité et d'accessibilité, l'égalité de traitement ainsi que la promotion de l'accès universel et des droits des usagers en matière de service public. Certaines activités ne peuvent être déléguées par nature ou du fait de la loi (état civil, police administrative…).

Divers modes de gestion

Différents modes de gestion existent dont le but est l'exécution de travaux ou la gestion d'un service (gestion directe/gestion déléguée). :

1. La régie locale
    a. la régie directe : prise en charge directe par la collectivité territoriale. L'activité se fond dans l'organisation générale et dans son budget général (ex : état civil)
    b. la régie autonome : individualisation de l'activité dans un budget annexe pour savoir s'il est déficitaire ou bénéficiaire (ex : budget cantines pour la commune)
2. L'EP local
    a. autonomie de gestion (organes propres, budget propre), principe de spécialité (ccas, SDIS…), rattachement à une collectivité territoriale (élu dans le conseil d'administration, contrôle sur les décisions importantes)
3. La gestion déléguée
    a. gestion confiée par contrat à une personne publique ou privée.

VII NOTIONS GÉNÉRALES : BUDGET ET COMMANDE PUBLIQUE

Définition du budget

Acte prévisionnel qui prévoit recettes et dépenses pour 1 année pouvant être modifié en cours d'année, préparé par l'exécutif, voté par l'organe délibérant (qui peut aussi le modifier en cours d'année).

Un budget en équilibre

Le budget se présente en deux parties, une section de fonctionnement et une section d'investissement. Chacune de ces sections doit être présentée en équilibre, les recettes (impôts, taxes, emprunts, redevances, dotations…) égalant les dépenses (travaux de construction, assurance, rémunération à verser, acquisition de matériels, entretien voirie et bâtiment…).

2 parties: SECTION DE FONTIONNEMENT/SECTION D'INVESTISSEMENT

Notions à relier : Dépenses/Recettes Fonctionnement/Investissement

Utile pour les solutions opérationnelles, les notions : Efficacité – Efficience - Optimisation

Les principes budgétaires

Le budget d'une collectivité territoriale doit être :

- Sincère (= ne rien cacher)
- Prudent (= anticiper les risques)
- Équilibré (= entre les recettes et les dépenses)

Documents budgétaires

1. Budget primitif : il prévoit les recettes et dépenses de la collectivité au titre de l'année. Cela suppose la nécessité de « programmer les dépenses ». Voté par l'assemblée délibérante avant le 15 avril de l'année à laquelle il se rapporte et transmis au préfet dans les 15 jours qui suivent son approbation.

Par cet acte, l'ordonnateur est autorisé à effectuer les opérations de recettes et de dépenses inscrites au budget, pour la période qui s'étend du 1er janvier au 31 décembre de l'année civile (principe d'annualité budgétaire).

2. Les décisions modificatives et le budget supplémentaire :

Les prévisions inscrites au budget primitif peuvent être modifiées en cours d'exercice par l'assemblée délibérante, qui votent des décisions modificatives (mesure d'ajustement décidée en cours d'année). Les décisions modificatives autorisent les dépenses non prévues ou insuffisamment évaluées lors des précédentes décisions budgétaires. Ces dépenses doivent être équilibrées par des recettes.

Le budget supplémentaire reprend les résultats de l'exercice précédent, tels qu'ils figurent au compte administratif (établi souvent au 2ème semestre de l'année). Mais ces résultats, désormais connus plus tôt grâce à l'utilisation de moyens informatiques, sont le plus souvent repris au budget primitif.

L'exécution du budget

L'exécution annuelle du budget d'une collectivité donne lieu à la confection de deux documents, qui doivent être parfaitement concordants :

Le compte administratif, élaboré par l'ordonnateur. C'est un document de synthèse qui présente les résultats de l'exécution du budget de l'exercice, avec en annexe, un bilan de la gestion pluriannuelle.

Le compte de gestion, établi par le trésorier public, comptable de la collectivité.

L'exécution d'une dépense passe par divers phases : Engagement - Liquidation – Mandatement - Paiement.

Parallèlement au contrôle de légalité, les communes, départements, régions et les établissements publics locaux, et les EPCI, sont aussi soumis à un contrôle a posteriori spécifique, le contrôle budgétaire. Ce contrôle est exercé par le préfet, en liaison avec les chambres régionales des comptes (CRC). Le contrôle veille au respect des règles applicables à l'élaboration, l'adoption et l'exécution des budgets.

La commande publique

Quatre principes à retenir et à respecter : égal accès à la commande publique, transparence, libre concurrence, rationalisation de l'achat public. L'idée générale est de veiller à choisir une offre répondant de manière pertinente au besoin, faire une bonne utilisation des deniers publics et ne pas contracter systématiquement avec un même prestataire.

Obligation de dématérialiser les marchés.

Rappel : le code des marchés publics a été supprimée en 2016, remplacé par le code de la commande publique.

Règles de passation des marchés publics : de nouveaux seuils de passation des marchés publics sont applicables depuis le 1er janvier 2020 (nouveaux seuils européens) - Procédure de passation suivie, adaptée ou formalisée.

Dispense de publicité et de mise en concurrence : tout marché jusqu'à 40 000 € HT (3 devis) (au lieu de 25 000€ HT avant 2020).

Procédure non formalisée (ex/MAPA) : pour les fournitures et services jusqu'à 214 000 € HT, et pour les travaux jusqu'à 5 548 000 € HT,

Procédure formalisée (ex/appel d'offres) : pour les fournitures et servies à partir de 214 000 € HT, et pour les travaux à partir de 5 350 000 € HT,

À titre expérimental pendant 3 ans, il est possible de passer des marchés innovants sans publicité et sans mise en concurrence d'un montant jusqu'à 100 000 € HT.

<u>Gestion de fait</u>

Maniement des deniers publics ou des deniers privés réglementés par une personne qui n'est pas un comptable public et qui n'agit pas pour le compte ou sous le contrôle d'un comptable public. Les faits les plus caractéristiques de la gestion de fait concernent l'absence d'habilitation ou de titre légal pour manier des deniers publics, l'extraction irrégulière de deniers publics de la caisse de la collectivité, l'ingérence dans l'encaissement des recettes publiques.

PARTIE 3
CONNAISSANCES DE BASE : LA POLICE MUNICIPALE

CHAPITRE 1

LA FILIERE POLICE MUNICIPALE DE LA FPT

I LA LOI N° 99-291 DU 15 AVRIL 1999

Harmoniser l'organisation des policiers municipaux et préciser le statut

La loi du 15 avril 1999 a pour principaux apports :

- La création de la convention de coordination : assurer sur le terrain la complémentarité des forces de PM et des forces de sécurité dépendant de l'État,

- Le double agrément des agents : en plus de l'agrément par le procureur de la République qui existait déjà, les agents reçoivent désormais l'agrément du préfet de département avant d'être nommés par le maire et assermentés, U

- Une identification commune des tenues et des équipements,

- L'autorisation d'utilisation en commun de manière occasionnelle des services de police municipale par le préfet, en cas de manifestation exceptionnelle, à l'occasion d'un afflux important de population ou en cas de catastrophe naturelle,

- La soumission à un code/règles de déontologie,

- Des compétences élargies de police judiciaire sous l'autorité fonctionnelle de la hiérarchie judiciaire,

- Une amélioration du statut avec notamment la formation continue obligatoire (CNFPT),

- La création d'une commission consultative des polices municipales : créée auprès du ministre de l'intérieur, présidé par un maire, composée de représentants des maires de communes employant des agents de police municipale (1/3), de représentants de l'État (1/3), et de représentants des policiers municipaux (1/3) choisis par les syndicats.

II FOCUS : L'AGENT DE SURVEILLANCE DES VOIES PUBLIQUES

Absence de cadre d'emploi dans la FPT

Les agents de surveillance de la voie publique (ASVP) sont des agents communaux chargés d'une mission de police, à distinguer des agents de police municipale ou des gardes champêtres. Ils ne constituent pas un cadre d'emplois de la fonction publique territoriale. Ils peuvent être agents titulaires ou agents contractuels. Aujourd'hui au nombre d'environ 7 000 sur l'ensemble du territoire national, ils exercent principalement des missions relevant de la police de la circulation.

Catégorie C - agent contractuel ou titulaire (filière administrative ou technique…).

Agréé par le procureur de la République et assermenté par le tribunal de proximité.

Pas de cadre d'emploi spécifique.

Une profession distincte des PM

Ce n'est pas un agent de police judiciaire adjoint : il s'agit d'agent communal titulaire ou contractuel exerçant certaines fonctions de police judiciaire avec les caractéristiques suivantes :

- le port d'arme de toute catégorie est interdit,
- la conduite d'un véhicule disposant d'une sérigraphie réglementaire et la possibilité de procéder à des investigations ne sont pas autorisées,
- tenue non réglementée mais calquée sur celle de la police municipale,
- pas de soumission au code de déontologie des policiers municipaux,
- pas de formation initiale obligatoire prévue par les textes,
  - des missions aux contours imprécis : Surveillance des voies publiques à titre principal mais aussi :

- Code de la route : arrêts & stationnements gênants, abusifs ou interdits, à l'exception des arrêts/stationnements dangereux (art. L. 130-4 et R. 130-4)
- Code des assurances : défaut d'apposition du certificat d'assurances sur le véhicule (art. R. 211-21-5)
- Des missions de prévention aux abords des établissements scolaires, ERP ou lieux publics
- Code de la santé publique : manquement au règlement sanitaire départemental (propreté des voies, espaces publics…) (art. L. 1312-1)
- Code des transports : contraventions relatives à la circulation, l'arrêt et le stationnement des véhicules dans les cours des gares (art. L. 2241-1)
- Code de l'environnement : règlement local de publicité (art. L 581-40), bruits de voisinage (art. R 571-92) …
- Le maire peut les désigner pour le visionnage des images de vidéo protection ou la lutte contre les déchets sauvages…

A consulter : Circulaire ministérielle du 28 avril 2017 sur le rôle des ASVP.

CHAPITRE 2

LE RECRUTEMENT DES AGENTS DE POLICE MUNICIPALE

I RECRUTEMENT ET AVANCEMENT

Recrutement et nomination par le maire ou le président de l'EPCI

La loi du 27 février 2002 permet aux EPCI de recruter des agents de police municipale à la demande des maires pour les mettre à disposition des communes membres (art. L. 512-2 CSI).

La loi du 27 décembre 2019: l'EPCI peut recruter une police municipale sur vote de son organe délibérant c'est-à-dire le conseil communautaire.

Agrément et assermentation

Double agrément : préfet de département et procureur de la République

Assermentation devant le tribunal de proximité (anciennement Tribunal d'instance)

II DES OBLIGATIONS DES FORMATIONS PRÉALABLE

Formation initiale + Formation continue

Le décret n° 2006-1391 du 17 novembre 2006 portant statut particulier du cadre d'emplois des agents de police municipale prévoit ainsi une durée de 6 mois pour les agents de police municipale, alors que cette durée est de 9 mois pour les cadres d'emplois des chefs de service et des directeurs de police municipale.

La formation initiale d'application (FIA) des agents des cadres d'emplois de la filière police municipale plus particulièrement doit permettre à ces agents, y compris ceux bénéficiant d'une expérience dans la police ou la gendarmerie nationales, d'appréhender leur nouvel environnement professionnel et les missions spécifiques de cette filière. En effet, les compétences confiées aux policiers municipaux en matière de police diffèrent sensiblement de celles exercées par la police et la gendarmerie nationales. Les missions des policiers municipaux s'inscrivent dans le cadre des pouvoirs de police administrative générale (sécurité, tranquillité et salubrité publiques) ou spéciale (police des funérailles par exemple) confiés aux maires par le code général des collectivités territoriales. Si la durée de formation ne varie pas en fonction de l'expérience précédemment acquise par les agents recrutés dans la filière police municipale, les textes prévoient toutefois la prise en compte de cette expérience dans le contenu de la formation dispensée. À titre d'exemple, l'article 2 du décret n° 94-933 du 25 octobre 1994 relatif à l'organisation de la formation initiale d'application des agents de police municipale stagiaires prévoit que le contenu de cette formation, dans le cadre des stages pratiques, tient compte de l'expérience professionnelle acquise par l'agent préalablement à son recrutement.

L'article 60 de la loi n° 2019-828 du 8 août 2019 de transformation de la fonction publique a inséré dans le code de la sécurité intérieure un nouvel article L. 511-7, qui dispose que les agents nommés au sein des cadres d'emplois de la police municipale pourront être dispensés de tout ou partie de la formation d'intégration et de professionnalisation compte tenu de leurs expériences professionnelles antérieures. Les modalités de ce régime de dispense, qui vise les agents issus des forces de sécurité intérieure, doivent effectivement être définies par voie réglementaire. Afin de définir les conditions de mise en œuvre de ces dispenses, une large concertation avec l'ensemble des acteurs concernés a été engagée pour une avancée rapide sur ces textes dont la publication était initialement prévue au deuxième trimestre 2020. Le régime de dispense en cours d'élaboration devrait permettre de réduire sensiblement la durée de formation initiale des agents des forces de sécurité intérieure nommés dans les cadres d'emplois de la police municipale. Des travaux de même nature sont parallèlement conduits par le ministère de l'intérieur s'agissant de la formation préalable à l'armement.

CHAPITRE 3

LES MISSIONS DE LA POLICE MUNICIPALE

I DES AGENTS DE POLICE MINICIPALE ADJOINTS

Article 21 du Code pénal

Les agents de police municipale sont des agents de police judiciaire adjoints (APJA). Ils ont ainsi pour mission :

- De seconder, dans l'exercice de leurs fonctions, les officiers de police judiciaire ;
- De rendre compte à leurs chefs hiérarchiques de tous crimes, délits ou contraventions dont ils ont connaissance ;
- De constater, en se conformant aux ordres de leurs chefs, les infractions à la loi pénale et de recueillir tous les renseignements en vue de découvrir les auteurs de ces infractions, le tout dans le cadre et dans les formes prévues par les lois organiques ou spéciales qui leur sont propres ;
- De constater par procès-verbal les contraventions aux dispositions du code de la route dont la liste est fixée par décret en Conseil d'Etat ainsi que les contraventions prévues à l'article 621-1 du code pénal. Lorsqu'ils constatent une infraction par procès-verbal, les agents de police judiciaire adjoints peuvent recueillir les éventuelles observations du contrevenant.

II MISSIONS DÉFINIES PAR LE CODE DE LA SÉCURITÉ INTÉRIEURE

Article L. 511-1 du CSI

Les agents de PM exécutent, dans la limite de leurs attributions et sous son autorité, les tâches relevant de la compétence du maire que celui-ci leur confie en matière de prévention et de surveillance du bon ordre, de la tranquillité, de la sécurité et de la salubrité publiques.

Ils sont chargés d'assurer l'exécution des arrêtés de police du maire et de constater par procès-verbaux les contraventions aux arrêtés. Ils constatent aussi par PV les contraventions relevant de leurs missions listées au code de la route et au code pénal, si elles ne nécessitent pas de leur part d'actes d'enquête et à l'exclusion de celles réprimant des atteintes à l'intégrité des personnes.

Ils sont habilités à établir l'avis de paiement du forfait post stationnement (FPS).

Ils peuvent constater, par rapport, le délit de l'article L. 126-3 du Code de la construction et de l'habitation c'est-à-dire le fait d'occuper en réunion les espaces communs ou les toits des immeubles collectifs d'habitation en empêchant délibérément l'accès ou la libre circulation des personnes ou le bon fonctionnement des dispositifs de sécurité et de sûreté.

Affectés sur décision du maire à la sécurité d'une manifestation sportive, récréative ou culturelle ou à la surveillance de l'accès à un bâtiment communal, ils peuvent procéder à l'inspection visuelle des bagages et, avec le consentement de leur propriétaire, à leur fouille, et avec le consentement exprès des personnes, à des palpations de sécurité. La palpation de sécurité doit être effectuée par une personne de même sexe que la personne qui en fait l'objet.

Affectés par le maire à des missions de maintien du bon ordre au sein des transports publics de voyageurs, ils constatent par procès-verbal les infractions de l'art. L. 2241-1 du code des transports sur le territoire de la commune ou des communes formant un ensemble d'un seul tenant en cas de mise en commun de PM dans les transports, sans pouvoir excéder le ressort du tribunal auprès duquel ils ont prêté serment.

Exercice : Un policier municipal peut-il percevoir des droits de place ?

En matière de droits de place, il convient de distinguer la fixation du régime des droits de place et de stationnement sur les halles et les marchés qui relèvent de la compétence du maire (art. L. 2224-18 al2 CGCT), de la fixation des droits de place, assimilés à une recette fiscale, qui relèvent de la compétence du conseil municipal (CE, 19 janvier 2011, n° 337870).

En outre, il appartient au maire, en tant qu'autorité de police, de maintenir le bon ordre dans les endroits où il se fait de grands rassemblements, tels que les foires, marchés, cafés et autres lieux publics (art. L. 2212-2 -3° du CGCT).

Ainsi, les agents de police municipale peuvent, dans le cadre des pouvoirs de police confiés au maire, s'assurer de la validité et du respect des permis de stationnement, ainsi que de l'exactitude des emplacements utilisés. Par ailleurs, afin de leur permettre d'encaisser, pour le compte de l'État, le produit des amendes sanctionnant ces contraventions dont la constatation relève de leur compétence, des régies de recettes d'État sont créées par le préfet en concertation avec les maires concernés. Les régisseurs sont nommés par arrêtés préfectoraux. Dans ce cadre, il n'y a pas d'incompatibilité de fonction entre un régisseur et un agent de la police municipale. Ainsi, l'article 19 de l'arrêté du 13 février 2013 habilitant les préfets à instituer des régies de recettes et des régies d'avances auprès des services déconcentrés du ministère de l'intérieur prévoit que des régies de recettes peuvent être créées auprès des communes et groupements de communes qui emploient des agents de police municipale, des gardes champêtres ou des agents chargés de la surveillance de la voie publique pour percevoir le produit de certaines contraventions.

En revanche, contrairement aux missions de verbalisation, aucune disposition législative ou réglementaire ne confère aux agents de police municipale la fonction de régisseur des droits de place dans les halles et marchés, c'est-à-dire une fonction de contrôle et d'encaissement d'une taxe communale. En effet, la perception du droit de place constitue une fonction à caractère financier et comptable, étrangère aux pouvoirs de police du maire en matière de bon ordre, de tranquillité, sécurité et salubrité publiques. Ainsi, les agents de police municipale ne sont pas compétents pour intervenir dans la collecte des droits de place.

III DES MOYENS JURIDIQUES

Article L. 511-1 du CSI : les palpations de sécurité

Affectés sur décision du maire à la sécurité d'une manifestation sportive, récréative ou culturelle ou à la surveillance de l'accès à un bâtiment communal, les agents de police municipale peuvent procéder à l'inspection visuelle des bagages et, avec le consentement de leur propriétaire, à leur fouille.

Ils peuvent également procéder, avec le consentement exprès des personnes, à des palpations de sécurité. Dans ce cas, la palpation de sécurité doit être effectuée par une personne de même sexe que la personne qui en fait l'objet.

Article 78-6 du Code procédure pénale : la rétention des contrevenants

Les agents sont habilités à relever l'identité des contrevenants pour dresser les procès-verbaux concernant des contraventions aux arrêtés de police du maire, des contraventions au code de la route que la loi et les règlements les autorisent à verbaliser ou des contraventions qu'ils peuvent constater en vertu d'une disposition législative expresse.

Si le contrevenant refuse ou ne peut justifier de son identité, le policier municipal en rend compte à tout OPJ de la PN ou la GN territorialement compétent, qui peut alors lui ordonner sans délai de lui présenter sur-le-champ le contrevenant ou de retenir celui-ci pendant le temps nécessaire à son arrivée ou à celle du policier municipal agissant sous son contrôle. A défaut de cet ordre, le policier municipal ne peut retenir le contrevenant. Pendant le temps nécessaire à l'information et à la décision de l'OPJ, le contrevenant est tenu de demeurer à la disposition du policier municipal.

La violation de cette obligation par le contrevenant est punie de deux mois d'emprisonnement et de 7500 € d'amende.

Dépistage de stupéfiants

Art. L. 235-2 Code de la route : faculté pour le policier municipal de soumettre à des épreuves de dépistage d'usage de substances ou plantes classées comme stupéfiants. Délit de conduite sous l'influence de stupéfiants - Cas de dépistage :

1- si l'auteur est présumé avoir commis une infraction

2- ou si le conducteur est impliqué dans un accident de la circulation ayant occasionné un dommage corporel ou mortel

3- sur tout conducteur ou tout accompagnateur d'élève conducteur, en vue d'établir si cette personne conduisait en ayant fait usage de substances ou plantes classées comme stupéfiants même en l'absence d'accident de la circulation, d'infraction ou de raisons plausibles de soupçonner un usage de stupéfiants (Dépistage aléatoire préventif).

Intervention, sur l'ordre et sous la responsabilité d'un OPJ.

Dépistage d'alcoolémie

Possible à titre préventif sous l'ordre et la responsabilité d'un OPJ (hors maire) en cas d'infraction préalable ou d'accident : alcootest (éthylotest). Si positif : éthylomètre

Contrôle d'identité via l'OPJ le plus proche, l'APJA étant sur l'ordre et sous la responsabilité d'un OPJ (art. 78-2 CPP). Possibilité de vérification d'identité par un OPJ en cas de contrôle d'identité infructueux (la personne n'est retenue que pour les recherches) - art. 78-3 CPP

Relevé d'identité

En cas de constatation d'une contravention que l'agent peut verbaliser (ar.78-6 du CPP). Art. R. 515-10 du CSI : le relevé d'identité consiste en la présentation d'une pièce d'identité pour verbaliser une contravention (et non un délit/usurpation de qualité).

Lorsque l'agent de PM relève l'identité des contrevenants pour dresser les procès-verbaux concernant les contraventions (relevant de leurs compétences) et que le contrevenant refuse ou se trouve dans l'impossibilité de justifier de son identité, il doit en rendre compte immédiatement à tout officier de police judiciaire de la PN/GN territorialement compétent.

Si ce dernier lui ordonne de lui présenter sur-le-champ le contrevenant, il doit le faire sans délai, en usant, le cas échéant, de la contrainte strictement nécessaire et proportionnée à cet effet. A défaut de cet ordre, l'APJA ne peut retenir le contrevenant.

Si l'officier de police judiciaire décide de procéder à une vérification d'identité, la personne qui fait l'objet d'une vérification ne peut être retenue que pendant le temps strictement exigé par l'établissement de son identité. La rétention ne peut excéder quatre heures (art. 78-3 du CPP).

Accès au SNPC et au SIV

Décret n° 2018-387 du 24 mai 2018 sur les conditions d'accès aux informations des traitements de données à caractère personnel relatifs au permis de conduire et à la circulation des véhicules. Objet : accéder directement aux données du système national des permis de conduire (SNPC) et du système d'immatriculation des véhicules (SIV) – Le dispositif a été expérimenté durant 7 mois sur 11 communes volontaires, puis généralisé sur tout le territoire depuis le 1er juillet 2019.

Consultation des informations sur l'existence, la catégorie et la validité du permis de conduire sur les postes informatiques fournies par la mairie. But : identifier les auteurs de l'infraction (titulaire du certificat d'immatriculation ou locataire si location de longue durée), état de validité du permis...

Il est prévu l'engagement de l'agent lors de son habilitation délivrée par le préfet d'utiliser les données des fichiers SIV et SNPC qu'à des fins strictement professionnelles, c'est-à-dire aux seules fins d'identifier les auteurs des infractions au Code de la route.

CHAPITRE 4
LES ÉQUIPEMENTS ET MOYENS MATÉRIELS

I LES ÉQUIPEMENTS DE LA POLICE MUNICIPALE

Carte professionnelle, tenue et équipements

La carte professionnelle, la tenue, la signalisation des véhicules de service et les types d'équipement dont sont dotés les agents de police municipale font l'objet d'une identification commune à tous les services de police municipale et de nature à n'entraîner aucune confusion avec ceux utilisés par la police nationale et la gendarmerie nationale.

Tenue de service : arrêté du 5 avril 2014

Sérigraphie réglementaire : véhicules, deux roues ... : arrêté du 5 avril 2014

Les tenues et casquettes

Les tenues des agents de police municipale sont conçues de manière à n'entraîner aucune confusion avec les tenues des représentants de la police et de la gendarmerie nationales. Elles comprennent :

1° Les tenues des agents affectés à des missions de service général ;

2° Les tenues des agents appartenant à des brigades spécialisées ou exerçant des missions autres que de service général ;

3° Les tenues d'honneur ou de cérémonie ;

4° Les insignes de grade ;

5° Les autres insignes et écussons pouvant être compris dans les tenues.

Les dates de port des tenues d'hiver et d'été sont décidées par le maire ou, quand les agents de police municipale ont été recrutés par un établissement public de coopération intercommunale, par le président de cet établissement.

Casquettes : casquettes souples, casques de motards, cyclistes et patineurs. Les tailles et caractéristiques obligatoires (notamment couleur bleue et police municipale) sont fixées par arrêté du 5 avril 2014.

II L'ARMEMENT DE LA POLICE MUNICIPALE

Des conditions préalables

Une demande de port d'arme (acquisition, détention) du maire + une autorisation nominative du préfet de département (durée de 5 ans). Caducité de l'autorisation possible.

<u>Une demande individuelle</u>

Une motivation du maire est obligatoire : par rapport aux missions de l'agent et leurs conditions d'exercice (nocturne, et présentant un risque particulier) avec transmission d'un certificat médical de moins de 15 jours, et une vérification de la moralité de l'agent.

L'armement suppose l'existence d'une convention de coordination avec la PN/GN passée entre le maire, le préfet et le procureur de la République

La loi 21 juin 2016 a supprimé la condition de motivation qui existait « lorsque la nature des interventions et des circonstances le justifie ». Le régime d'armement de la police municipale a été assoupli par la loi du 21 juillet 2016 : la condition de l'examen préalable par le préfet de département des circonstances et de la nature des interventions des policiers municipaux a été supprimée. En effet, dans le contexte de menace terroriste élevée, il n'apparaissait plus pertinent d'examiner si les circonstances ou la nature des interventions d'une police municipale justifient cet armement.

Ainsi, dès lors que le maire en fait la proposition au préfet et que la commune a signé une convention de coordination avec les forces de sécurité de l'Etat, l'autorisation d'armement est consentie par le préfet à l'agent, lequel doit néanmoins remplir les conditions individuelles d'aptitude et d'honorabilité: la moralité de l'agent concerné doit être vérifiée, et l'autorisation de port d'arme de catégorie B ou C ne peut être délivrée qu'aux agents ayant suivi avec succès la formation préalable attestée par le CNFPT. Le maire joint dans sa demande un certificat médical datant de moins de 15 jours, attestant que l'état de santé physique et psychique de l'agent n'est pas incompatible avec le port d'une arme.

Catégories d'armes autorisées

Article R. 511-12 du CSI :

- Catégorie B : 1°1, 3°, 6° et 8°
- Catégorie C : 3°
- Catégorie D : 2°2a, 2°2b

Des obligations pour la commune

La commune acquiert, détient et conserve les armes : local sécurisé - registre d'inventaire - registre de mouvements des armes

L'emploi des armes

Formation préalable (CNFPT) à la délivrance de l'arme

Formation d'entraînement de maniement à l'arme (2/an – 50 cartouches tirées au minimum)

La formation à l'armement, qu'elle soit initiale ou d'entraînement, revêt un caractère obligatoire pour tous les agents de police municipale y compris pour les anciens gendarmes ou anciens fonctionnaires actifs de la police nationale accueillis en détachement, notamment dans le cadre d'emploi des chefs de service. L'absence de dérogation à cette obligation tient notamment au fait que la gamme d'armement utilisable par les polices municipales est variable d'une commune à l'autre et que leurs conditions d'emploi ne sont pas équivalentes à celles des forces de sécurité de l'État. De plus, compte tenu de la diversité des administrations d'origine des agents accueillis en détachement, le suivi par ces derniers d'une formation partagée avec leurs collègues issus du concours permet à tous les policiers municipaux, dont les chefs de service, de disposer d'un creuset commun et de forger des réflexes dans une culture et des méthodes partagées, essentielles à l'entretien de l'identité de la filière.

Les agents de police municipale doivent suivre des formations obligatoires relatives au maniement des armes de catégorie D (bâton de défense, tonfas ou matraques télescopiques), aux pistolets à impulsions électriques, ou aux générateurs d'aérosols incapacitants ou lacrymogènes de catégorie B, sans quoi ils ne peuvent pas patrouiller avec leurs matraques ou leurs sprays lacrymogènes.

De plus, les agents de police municipale doivent suivre une formation annuelle d'entraînement au maniement des armes des catégories B, C et D dont la liste est fixée à l'article R. 511-12 du CSI. Ces formations concernent certaines armes de catégorie D (matraques de type « bâton de défense » ou « tonfa », matraques ou tonfas télescopiques). En vertu du décret du 28 novembre 2016 relatif aux conventions locales de sûreté des transports collectifs et aux conditions d'armement des agents de police municipale, une autorisation de port d'armes de type matraque ou tonfa délivrée avant le 1er juillet 2017 est valable jusqu'à ce que l'agent ait suivi la formation correspondante, au plus tard le 1er juillet 2020.

Usage des armes

Art. L. 511-5-1 du CSI (créé par loi 28.02.2017) : Les agents de police municipale autorisés à porter une arme après autorisation du préfet peuvent faire usage de leurs armes dans les conditions prévues au 1er alinéa de l'article L. 435-1.

Art. L. 435-1 du CSI : les policiers municipaux armés peuvent faire usage de leur arme en cas d'absolue nécessité et de manière strictement proportionnée, quand :

- des atteintes à la vie ou à l'intégrité physique sont portées contre eux ou contre autrui,
- OU menace : lorsque des personnes armées menacent leur vie ou leur intégrité physique ou celles d'autrui.

À noter : respect des principes : 1/ de nécessité absolue et 2/ de stricte proportionnalité (quelle arme ? partie du corps visé?)

Caméras mobiles

Caméras déclenchées par l'agent + Obligation d'avertir les personnes filmées.

Dans l'exercice de leurs missions de prévention des atteintes à l'ordre public et de protection de la sécurité des personnes et des biens ainsi que de leurs missions de police judiciaire, les agents peuvent être autorisés, par le préfet de département, à procéder en tous lieux, au moyen de caméras individuelles, à un enregistrement audiovisuel de leurs interventions lorsque se produit ou est susceptible de se produire un incident, eu égard aux circonstances de l'intervention ou au comportement des personnes concernées.

Les enregistrements ont pour finalités la prévention des incidents au cours des interventions des agents de police municipale, le constat des infractions et la poursuite de leurs auteurs par la collecte de preuves ainsi que la formation et la pédagogie des agents.

Les enregistrements audiovisuels, hors le cas où ils sont utilisés dans le cadre d'une procédure judiciaire, administrative ou disciplinaire, sont effacés au bout de six mois.

L'autorisation du préfet est subordonnée à la demande préalable du maire et à l'existence d'une convention de coordination des interventions de la police municipale et de la PN/GN.

Les enregistrements ne peuvent être consultés qu'à l'issue de l'intervention et après leur transfert sur le support informatique sécurisé. Aucun système de transmission permettant de visionner les images à distance en temps réel ne peut être mis en œuvre.

Personnes seules habilitées à procéder à l'extraction des données et informations pour les besoins exclusifs d'une procédure judiciaire, administrative ou disciplinaire ou dans le cadre d'une action de formation ou de pédagogie des agents : responsable du service de la PM + agents individuellement désignés et habilités par le responsable du service.

III VERBALISATIONS ASSISTÉES PAR ORDINATEUR OU CAMÉRAS

Dispositifs de vidéoverbalisation et force probante des images

Liste infractions vidéoverbalisables (art. R. 130-11 du Code de la route) :

« Font foi jusqu'à preuve du contraire les constatations, effectuées par ou à partir des appareils de contrôle automatique ayant fait l'objet d'une homologation, relatives aux infractions sur » :

1° Le port d'une ceinture de sécurité homologuée dès lors que le siège qu'il occupe en est équipé prévu à l'article R. 412-1 ; 2° L'usage du téléphone tenu en main prévu aux premier, quatrième et cinquième alinéas de l'article R. 412-6-1 ; 3° L'usage de voies et chaussées réservées à certaines catégories de véhicules prévu aux II et III de l'article R. 412-7 ; 4° La circulation sur les bandes d'arrêt d'urgence prévue à l'article R. 412-8 ; 5° Le respect des distances de sécurité entre les véhicules prévu à l'article R. 412-12 ; 6° Le franchissement et le chevauchement des lignes continues prévus à l'article R. 412-19; 6° bis Le sens de la circulation prévu aux articles R. 412-28 et R. 421-6 ; 7° Les signalisations imposant l'arrêt des véhicules prévues aux articles R. 412-30 et R. 415-6 ; 8° Les vitesses maximales autorisées prévues aux articles R. 413-14 et R. 413-14-1 ; 9° Le dépassement prévu aux II et IV de l'article R. 414-4 et aux articles R. 414-6 et R. 414-16 ; 10° L'engagement dans une intersection ou dans l'espace compris entre les deux lignes d'arrêt prévu à l'article R. 415-2 ; 11° L'obligation du port d'un casque homologué d'une motocyclette, d'un tricycle à moteur, d'un quadricycle à moteur ou d'un cyclomoteur prévue à l'article R. 431-1 ; 12° L'obligation, pour faire circuler un véhicule terrestre à moteur, d'être couvert par une assurance garantissant la responsabilité civile, prévue aux articles L. 211-1 et L. 211-2 du code des assurances et à l'article L. 324-2.

A rapprocher : la verbalisation à la volée (PV à la volée)

Le titulaire du certificat d'immatriculation du véhicule est redevable pécuniairement de l'amende encourue pour des infractions aux règles sur :

1° Le port d'une ceinture de sécurité homologuée dès lors que le siège qu'il occupe en est équipé prévu à l'article R. 412-1 ; 2° L'usage du téléphone tenu en main ou le port à l'oreille de tout dispositif susceptible d'émettre du son prévus à l'article R. 412-6-1 ; 3° L'usage de voies et chaussées réservées à certaines catégories de véhicules, de voies vertes et d'aires piétonnes prévu au II de l'article R. 412-7 ; 4° L'arrêt, le stationnement ou la circulation sur les bandes d'arrêt d'urgence prévus à l'article R. 412-8, au 9° du II de l'article R. 417-10 et à l'article R. 421-7 ; 5° Le respect des distances de sécurité entre les véhicules prévu à l'article R. 412-12 ; 6° Le franchissement et le chevauchement des lignes continues prévus aux articles R. 412-19 et R. 412-22 ; 6° bis Le sens de la circulation ou les manœuvres interdites prévus aux articles R. 412-28 et R. 421-6 ; 7° Les signalisations imposant l'arrêt des véhicules prévues aux articles R. 412-30, R. 412-31 et R. 415-6 ; 8° Les vitesses maximales autorisées prévues aux articles R. 413-14, R. 413-14-1 et R. 413-17 ; 9° Le dépassement prévu aux articles R. 414-4, R. 414-6 et R. 414-16 ; 10° L'engagement dans une intersection ou dans l'espace compris entre les deux lignes d'arrêt prévu à l'article R. 415-2 ; 10° bis La priorité de passage à l'égard du piéton prévue à l'article R. 415-11 ; 11° L'obligation du port d'un casque homologué d'une motocyclette, d'un tricycle à moteur, d'un quadricycle à moteur ou d'un cyclomoteur prévue à l'article R. 431-1 ; 12° L'obligation, pour faire circuler un véhicule terrestre à moteur, d'être couvert par une assurance garantissant la responsabilité civile, prévue aux articles L. 211-1 et L. 211-2 du code des assurances et à l'article L. 324-2 ; 13° Le port de plaques d'immatriculation dans les conditions prévues à l'article R. 317-8.

Articles L. 121-2/L. 121-3 du Code de la route : le propriétaire du véhicule n'est pas coupable mais responsable pécuniairement. Le texte ne prévoit pas dans ce cadre de force probante.

- Est responsable pécuniairement : à la réglementation sur le stationnement des véhicules ou sur l'acquittement des péages pour lesquelles seule une peine d'amende est encourue (pas de retrait points, donc pas stationnement dangereux), sauf événement de force majeure, vol ou indication de l'auteur véritable de l'infraction.
- Est redevable de l'amende forfaitaire encourue : dépassement de la vitesse maximale autorisée, non-respect des arrêts (feux, stop), sens interdit etc. (cf. liste) sauf événement de force majeure, vol ou indication de l'auteur véritable de l'infraction.

Si le véhicule était loué à un tiers, cette responsabilité pèse sur le locataire. Si le véhicule a été cédé, cette responsabilité pèse sur l'acquéreur du véhicule. Lorsque le certificat d'immatriculation du véhicule est établi au nom d'une personne morale, la responsabilité pécuniaire incombe au représentant légal de cette personne morale.

Les particuliers n'ont pas l'obligation de désigner le véritable conducteur. En revanche, les sociétés ont cette obligation, à défaut elles encourent une contravention de 4ème classe.

Dispositif LAPI (lecture automatisée des plaques d'immatriculation)

Autorisé par la CNIL pour la police municipale depuis la réforme de la dépénalisation du stationnement payant. Toutefois, la CNIL précise l'impossibilité de procéder à une verbalisation de bout en bout.

Délégation possible à un prestataire :

- que pour les manquements au FPS (pas les stationnements gênants, dangereux…),
- protection des données personnelles recueillies (RGPD).

Des outils technologiques permettent des verbalisations assistées par ordinateur (VAO) via des dispositifs de lecture automatisée des plaques d'immatriculation (LAPI). Plusieurs communes françaises et européennes ont d'ores et déjà développé de tels systèmes, notamment pour le contrôle du stationnement sur voirie. La Commission nationale de l'informatique et des libertés (CNIL) a publié des recommandations le 14 novembre 2017 au sujet de la réforme du stationnement payant et plus particulièrement sur l'utilisation de la lecture automatisée des plaques d'immatriculation pour le contrôle du stationnement. Sa position est clairement explicitée : les données collectées par ces dispositifs ne peuvent servir qu'à réaliser des pré-contrôles du paiement du stationnement en vue de faciliter le travail des agents de contrôle.

La CNIL estime que la mise en œuvre de tels traitements est dispensée d'une autorisation préalable par un acte réglementaire spécifique. Si les formalités préalables à l'usage de ce dispositif se sont assouplies dans le cadre du FPS, la CNIL a cependant posé des conditions strictes pour y recourir au regard notamment du traitement des données à caractère personnel et à la libre circulation de ces données (RGPD). D'une part, la mise en œuvre de VAO via les dispositifs LAPI est soumise au respect des dispositions de la loi du 6 janvier 1978 ainsi que du règlement général de la protection des données (RGPD). Le RGPD, applicable depuis le 25 mai 2018 à toute entité manipulant des données personnelles, dont les collectivités territoriales, nécessite une mise en conformité et la désignation d'un délégué à la protection des données. Par conséquent, ces dispositifs ne peuvent collecter que les seules plaques des véhicules en stationnement, assorties de la date et de l'heure du contrôle ainsi que de la géolocalisation, à l'exclusion de toute autre image ou donnée à caractère personnel. Les données relatives à l'immatriculation doivent être supprimées immédiatement après avoir réalisé le rapprochement avec les données du serveur pour les véhicules en règle, et à l'issue du constat pour les véhicules pour lesquelles une présomption d'insuffisance ou de non-paiement est envoyée aux contrôleurs assermentés. Le système projeté doit avoir pour seul objet de permettre un pré-contrôle afin d'orienter les contrôles des agents assermentés.

Ainsi, ce système ne doit pas permettre le constat de non-paiement du stationnement sur le seul fondement d'un traitement automatisé de données à caractère personnel. Le contrôle de la situation des personnes bénéficiant du stationnement gratuit (personnes en situation de handicap titulaires de la carte de stationnement), est juridiquement la même que celle des autres conducteurs. Il revient alors à chaque commune de trouver quelle est la meilleure solution technique pour optimiser ce dispositif en tenant compte des différences entre les conducteurs. La CNIL précise par ailleurs sur son site internet qu'il appartient aux communes d'effectuer une analyse d'impact relative à la protection des données (AIPD) sur les opérations de traitement impliquant une collecte systématique des numéros de plaque d'immatriculation, compte tenu de la nature et de la portée des traitements associés à l'usage du LAPI. L'obligation de réalisation de cette AIPD préalablement à la mise en œuvre du traitement, prévue par l'article 35 du RGPD, vise à démontrer que les risques pour les droits et libertés des personnes concernées ont été correctement pris en compte par la collectivité et ses éventuels sous-traitants. D'autre part, la mise en œuvre du dispositif de VAO via les dispositifs LAPI implique nécessairement d'être associée à la création d'un second traitement, ayant pour objet la collecte des plaques d'immatriculation dans les horodateurs. Selon la CNIL, ce second traitement nécessite que des garanties fortes soient prévues afin de limiter le risque d'une atteinte disproportionnée à la vie privée des conducteurs. Les numéros de plaque et la localisation des véhicules ne doivent pas faire l'objet d'un enregistrement centralisé, afin de se prémunir contre toute possibilité de disposer d'un recensement en temps réel de l'ensemble des plaques d'immatriculation des véhicules stationnés dans une collectivité. Un haut niveau de sécurité de l'ensemble des données traitées dans le cadre de ce dispositif doit être assuré.

Les droits des conducteurs sur leurs données à caractère personnel – droits d'information, d'opposition, d'accès, de rectification et d'effacement – doivent également être respectés. En outre, conformément à l'article 30 du RGPD, la commune et son éventuel prestataire sont tenus de tenir un registre des activités de traitement permettant de recenser leurs traitements de données et de disposer d'une vue d'ensemble de l'usage fait des données à caractère personnel collectées.

CHAPITRE 5
LA DÉONTOLOGIE DE LA POLICE MUNICIPALE

I LE CODE DE DÉONTOLOGIE DES AGENTS DE PM

Loi du 15 avril 1999 transposée dans le Code de la sécurité intérieure

La déontologie, prévue par la loi du 15 avril 1999, est inséré dans le CSI (art. R. 515-1 et s). Les dispositions du CSI s'appliquent à l'ensemble des agents de police municipale, des chefs de service de police municipale et des directeurs de police municipale.

Au-delà, les agents de PM sont des agents publics qui doivent respecter les droits et obligations des fonctionnaires (loi du 13 juillet 1983 à relier avec loi du 20 avril 2016 sur la déontologie)

Faute d'un agent et types de responsabilités encourues

1.La responsabilité disciplinaire

Tout manquement aux devoirs définis par le Code de déontologie, l'auteur encourt une sanction disciplinaire. Le chef de service doit faire respecter la déontologie.

L'agent encourt une poursuite disciplinaire (Il existe quatre groupes de sanctions disciplinaires en fonction de la gravité de la faute).

2.La responsabilité pénale

Le fait reproché est constitutif d'une infraction pénale : son auteur encourt une sanction pénale c'est-à-dire une peine répressive pouvant être prononcée par une juridiction pénale en cas de condamnation. Ex : violence non justifiée et disproportionnée sur une personne/délit.

3.La responsabilité civile

La faute a provoqué un dommage à autrui. L'auteur du dommage devra réparer le dommage subi par une victime (dommages et intérêts) qui va soit se constituer partie civile devant le juge pénal, soit s'adresser à un juge civil. Ex : la personne violentée a subi des blessures (immobilisation, frais d'hôpital) et un préjudice moral (stress, douleur).

4.La responsabilité administrative

Si l'agent a pu commettre une faute personnelle, il y a faute du service public : la faute est considérée comme commise dans le cadre d'un service public en tant qu'entité collective. Ainsi, la victime va poursuivre en justice l'administration employant l'agent pour engager sa responsabilité devant la juridiction administrative.

Théorie du cumul des fautes et théorie du cumul des responsabilités : la victime peut réclamer une indemnisation à la collectivité territoriale (en général plus solvable que l'agent lui-même).

II DES DEVOIRS GÉNÉRAUX

Tout policier municipal doit être intègre, impartial et loyal envers les institutions républicaines. Quelques devoirs : Exemplaire, Respect absolu des personnes, Exécution des directives du maire, Bon usage des armes, Assistance à personne en danger...

Obligation de loyauté

L'obligation de loyauté repose sur une obligation de morale professionnelle.

Fidélité à tenir ses engagements, à servir les institutions, obéissance aux règles d'honneur et de la probité (probité : honnêteté scrupuleuse). Ainsi, le fonctionnaire de la police nationale ou l'agent de police municipale est loyal envers les institutions républicaines. Ils sont intègres et impartiaux et ne se départissent de leur dignité en aucune circonstance. Placé au service du public, ces fonctionnaires se comportent envers celui-ci d'une manière exemplaire.

Obligation de probité

Tout fonctionnaire doit assurer l'intégrité et la loyauté dans l'exercice de ses fonctions. Le Code pénal réprime et définit les manquements au devoir de probité : la concussion, la corruption passive, le trafic d'influence, la prise illégale d'intérêts, les atteintes à la liberté d'accès et à l'égalité des candidats dans les marchés publics et les délégations de service public, la soustraction et le détournement de biens.

Obligation de réserve

En dehors de son service, le fonctionnaire peut exprimer ses opinions, mais de façon prudente et mesurée. La réserve impose au fonctionnaire d'éviter en toutes circonstances les comportements portant atteinte à la considération du service public par les usagers. Cette obligation découle du principe de neutralité du service public.

Obligation de discrétion professionnelle

Les fonctionnaires doivent faire preuve de discrétion professionnelle pour tous les faits, informations ou documents dont ils ont connaissance dans l'exercice ou à l'occasion de l'exercice de leurs fonctions. En dehors des cas expressément prévus par la réglementation en vigueur, notamment en matière de liberté d'accès aux documents administratifs, les fonctionnaires ne peuvent être déliés de cette obligation de discrétion professionnelle que par décision expresse de l'autorité dont ils dépendent.

Sens du service public

Servir pour le bien de tous, population administrés, habitants, sans aucune discrimination. Se mettre à la disposition de l'intérêt général.

III DES DROITS

Les encadrants prennent des décisions nécessaires et les traduisent par des ordres qui doivent être précis et assortis des explications permettant leur bonne exécution. Ils sont responsables des ordres qu'ils donnent, de leur exécution et de leurs conséquences.

Droit de désobéir

si l'ordre donné est manifestement illégal et de nature à compromettre gravement un intérêt public.

La protection fonctionnelle

Si l'agent est victime d'une infraction à l'occasion de l'exercice de ses missions ou en raison de ses fonctions (pendant ou hors temps de service), il bénéficie d'une protection assurée par le maire : des agents contre menaces, violences, injures, diffamations, outrages dans l'exercice des fonctions ... Renforcement de la protection fonctionnelle des agents étendue aux conjoints et enfants qui vivent en couple, aux parents par la loi déontologie du 20 avril 2016. Procédure :

- une demande de l'agent par écrit (refus possible sous 2 mois),
- une assistance juridique par l'employeur (avancer les frais d'avocat ou d'expertise...), déposer plainte à la place de l'agent...
- réparer les préjudices subis (matériels, corporels).

CHAPITRE VI

LA MUTUALISATION DE LA POLICE MUNICIPALE

1/ MISE EN COMMUN D'UNE POLICE MUNICIPALE ENTRE COMMUNES

Une convention à établir

Par « convention de mise à disposition » entre les communes intéressées (1 à 3 ans renouvelable)

Une commune emploie déjà une police municipale. Elle peut la mettre à disposition aux communes voisines qui n'en ont pas. Condition : les communes concernées doivent former un ensemble de moins de 80 000 habitants d'un seul tenant.

Modalités

Agents recrutés par une commune employeur qui les met à disposition des autres communes sous l'autorité du maire de la commune d'accueil (double autorité). Les conditions sont définies dans une convention écrite (armement ? jour de mise à disposition ? horaires ? contrepartie financière ? ...) signée par toutes les communes intéressées

2/ MISE A DISPOSITION D'UNE POLICE INTERCOMMUNALE AUX COMMUNES MEMBRES D'UN EPCI A FISCALITÉ PROPRE

Par « convention de mise à disposition » (1 à 3 ans renouvelable) passée entre l'EPCI et les communes membres intéressées.

Condition : Nécessité d'une convention de coordination avec la police et la gendarmerie nationale

L'EPCI a donc recruté sa propre police municipale (donc une police intercommunale), qui est chargée d'abord d'exécuter les arrêtés de police spéciale pris par le président de l'EPCI, et sera mise à disposition des communes dans lesquelles elle intervient.

3/ MISE A DISPOSITION DE LA PM D'UNE COMMUNE MEMBRE A L'EPCI

L'EPCI (qui n'a pas de police intercommunale) bénéficie d'une mise à disposition d'une police municipale par une de ses communes membres qui en emploie une. Ce dispositif a été prévue par la loi du 27 décembre 2019. Ainsi, une commune peut mettre ses agents de police municipale à la disposition de l'EPCI pour exécuter les arrêtés de police de son président

Les policiers municipaux restent sous la responsabilité du maire de la commune dans laquelle ils interviennent. Une convention de mise à disposition en définit les modalités.

4/ MISE A DISPOSITION TEMPORAIRE AUTORISÉE PAR LE PRÉFET DE DÉPARTEMENT EN CAS DE MANIFESTATION EXCEPTIONNELLE

Par arrêté préfectoral

Une police municipale est mise en commun de manière temporaire entre communes limitrophes ou appartenant à une même agglomération. Deux conditions :

- sur autorisation du préfet de département précisant la durée ainsi temporaire,
- lors d'une manifestation exceptionnelle (culturel, récréatif, sportif...).

5/ MUTUALISATION D'UNE POLICE MUNICIPALE SUR DES RÉSEAUX DE TRANSPORT COLLECTIF

Les communes contiguës desservies par un ou plusieurs réseaux de transports publics peuvent conclure entre elles une convention locale de sûreté des transports collectifs pour organiser l'intervention d'une police municipale sur l'ensemble du ou des réseaux, et lui permettre d'exercer indistinctement ses compétences sur les parties de réseaux qui les traversent. Cette convention est conclue sous l'autorité du préfet dans le département dans le respect des conventions de coordination des interventions de la PM/PN/GN et dans le respect du contrat d'objectif départemental de sûreté dans les transports collectifs. Les agents sont placés sous l'autorité du maire de la commune où ils opèrent.

Approbation du (des) préfets qui vérifie la conformité aux conventions de coordination avec PN/GN

Délibération de tous les conseils municipaux des communes intéressées

Convention écrite passée entre les communes concernées. Contenu (non exhaustif) :

- Nombre, par commune de rattachement, d'agents autorisés à constater par procès-verbal les infractions relatives à la police des transports ferroviaires ou guidés,

- Les modalités et les périmètres d'intervention des agents sur le territoire d'une autre commune de l'agglomération ou de plusieurs communes formant un seul tenant,
- Les modalités de conduite des opérations lorsque plusieurs agents interviennent sur un même territoire, le cas échéant,
- Port d'arme autorisé ou pas en dehors des limites de la commune de rattachement…

VII COORDINATION ET COPRODUCTION DE SÉCURITÉ

La coordination de la police municipale avec la police et la gendarmerie nationales est une nécessité au regard des problématiques locales du territoire.

Une convention est nécessaire

La convention est passée entre le maire ou le président de l'EPCI (police intercommunale), le préfet de département et le procureur de la République. La convention est obligatoire si :

- La police municipale emploie au moins 3 emplois d'agents PM (5 avant loi 27.12.19) incluant le cas échéant les agents mis à disposition de la commune par l'EPCI,
- Ou en cas de demande d'armement par le maire.

La convention est facultative s'il existe moins de 3 emplois, mais la demande du maire est possible.

En l'absence de convention passée, des conséquences :

- missions de la police municipale limitées le jour (6-23h) sauf exceptions,
- pas de possibilité d'armement.

La convention est communale ou intercommunale

Un diagnostic local de sécurité en amont est nécessaire. Le contenu devra préciser la nature et les lieux des interventions, les modalités de la coordination… La durée est de 3 ans (+3 ans par reconduction expresse). Elle est signé par le maire ou le président de l'EPCI, le préfet de département et le procureur de la République. Il existe une convention type, mais ce modèle est à adapter aux problématiques locales et à la stratégie de sécurité locale de chaque commune.

PARTIE 4
CONNAISSANCES DE BASE : LA FONCTION PUBLIQUE TERRITORIALE

CHAPITRE 1

L'ORGANISATION DE LA FONCTION PUBLIQUE TERRITORIALE

I TROIS FONCTIONS PUBLIQUES PRINCIPALES

Panorama général

1. Fonction publique d'État (43.8% d'agents) - ministères, préfectures, directions régionales et départementales, rectorats, établissements publics d'Etat... (Statut FPE : loi du 11 janvier 1984),

2. Fonction publique hospitalière (20.8% d'agents) - hôpitaux, maisons de retraite, établissements relevant de l'aide sociale à l'enfance, établissements pour handicapés... (Statut FPH : loi du 9 janvier 1986),

3. Fonction publique territoriale (35.20% d'agents) - régions, départements, communes, EPCI, OPH, CCAS... (Statut FPT : loi du 26 janvier 1984).

Principal mode d'accès à la FPT : le recrutement sur liste d'aptitude après concours

Les fonctionnaires sont recrutés par concours sauf dérogation prévue par la loi. Des conditions préalables sont exigées (aptitude physique, nationalité, jouissance des droits civiques, absence de condamnation figurant au bulletin n° 2 du casier judiciaire...). Nul ne peut avoir la qualité de fonctionnaire :

1° S'il ne possède la nationalité française ;

2° S'il ne jouit de ses droits civiques ;

3° Le cas échéant, si les mentions portées au bulletin n° 2 de son casier judiciaire sont incompatibles avec l'exercice des fonctions ;

4° S'il ne se trouve en position régulière au regard du code du service national ;

5° S'il ne remplit les conditions d'aptitude physique exigées pour l'exercice de la fonction compte tenu des possibilités de compensation du handicap.

Nomination et titularisation

Chaque concours donne lieu à l'établissement d'une liste classant par ordre de mérite les candidats déclarés aptes par le jury. Pour chaque corps, le nombre des postes qui peuvent être pourvus par la nomination de candidats inscrits sur la liste complémentaire ne peut excéder un pourcentage, fixé par décret, du nombre des postes offerts au concours.

Les nominations sont prononcées dans l'ordre d'inscription sur la liste principale, puis dans l'ordre d'inscription sur la liste complémentaire. S'il apparaît, au moment de la vérification des conditions requises pour concourir, laquelle doit intervenir au plus tard à la date de la nomination, qu'un ou plusieurs candidats déclarés aptes par le jury ne réunissaient pas lesdites conditions, il peut être fait appel, le cas échéant, aux candidats figurant sur une liste complémentaire.

La fonction publique territoriale regroupe les personnels des collectivités territoriales (communes, départements, régions), des structures intercommunales (communautés d'agglomérations, communautés de communes...) des établissements publics et des offices publics d'HLM :

- non-titulaire : possibilité de recruter des agents non-titulaires dans des cas limités (contractuel, vacataire, intérim),
- stagiaire : le fonctionnaire stagiaire est nommé pour effectuer une période probatoire durant laquelle seront appréciée ses capacités professionnelles,
- titulaire : si à l'issue de la période de stage l'autorité territoriale prend une décision de titularisation, l'agent est définitivement intégré dans la FPT par nomination par l'organe exécutif.

L'activité est la position du fonctionnaire qui, titulaire d'un grade, exerce effectivement les fonctions de l'un des emplois correspondant à ce grade. Le fonctionnaire qui bénéficie d'une décharge de service pour l'exercice d'un mandat syndical est réputé être en position d'activité.

La carrière et l'avancement

Chaque filière correspond à un secteur d'activités. Il existe huit filières : administrative – technique – culturelle – animation - sociale – médico-sociale - sportive - police municipale.

Les cadres d'emplois sont répartis en 3 catégories hiérarchiques : A, B et C. Les cadres d'emplois des catégories A B C ont chacun leurs règles.

Tout agent est titulaire de son grade, mais pas de son emploi. Les modalités de calcul des traitements sont identiques et les échelles de rémunération fixées pour chaque cadre d'emplois.

Grade : le grade est distinct de l'emploi.

Le grade est le titre qui confère à son titulaire vocation à occuper l'un des emplois qui lui correspondent: un certain nombre d'emplois à l'intérieur d'un même corps (services de l'Etat) ou d'un même cadre d'emploi (services des collectivités territoriales). Ce principe permet à un fonctionnaire de conserver son grade à l'intérieur d'un même corps, même s'il change d'emploi.

Sauf exception, les grades comportent plusieurs échelons. Les statuts particuliers fixent les modalités et les proportions selon lesquelles l'avancement a lieu de grade en grade. La séparation du grade et de l'emploi est un principe essentiel de la fonction publique.

Toute nomination ou toute promotion dans un grade qui n'intervient pas exclusivement en vue de pourvoir à un emploi vacant et de permettre à son bénéficiaire d'exercer les fonctions correspondantes est nulle. En cas de suppression d'emploi, le fonctionnaire est affecté dans un nouvel emploi dans les conditions prévues par les dispositions statutaires régissant la fonction publique à laquelle il appartient.

Échelon

Subdivision d'un grade. La position de l'échelon dans le grade détermine le rang hiérarchique. On avance d'échelon en échelon dans le grade, soit au choix, soit à l'ancienneté selon des conditions fixées par chacun des statuts particuliers.

Cadre d'emplois

Un cadre d'emploi regroupe les fonctionnaires soumis au même statut particulier, titulaires d'un grade leur donnant vocation à occuper un ensemble d'emplois. Les cadres d'emplois de fonctionnaires sont régis par les statuts particuliers à caractère national. L'ensemble des fonctionnaires appartenant à la fonction publique territoriale appartient à des cadres d'emploi régis par des statuts particuliers communs aux fonctionnaires des communes, des départements, des régions et de leurs établissements publics.

Catégories d'emplois

On distingue trois catégories :

- la catégorie A est accessible aux titulaires d'un diplôme post-baccalauréat (licence, maîtrise etc.) permettant d'exercer des fonctions de commandement ;

- la catégorie B nécessite le niveau du baccalauréat ;

- la catégorie C et exige le niveau du BEPC au moins.

Le niveau de catégorie détermine la hiérarchie des fonctions et, en conséquence, l'importance des différentes grilles indiciaires.

CHAPITRE 2
LA DÉONTOLOGIE DANS LA FONCTION PUBLIQUE

I LE CADRE LÉGAL : DEUX LOIS A CONNAITRE

Loi du 13 juillet 1983 modifiée portant droits et obligations des fonctionnaires

Les fonctionnaires territoriaux ont des obligations :

- obligation de discrétion professionnelle,
- secret professionnel,
- devoir de réserve,
- obligation d'information du public,
- obligation d'obéissance hiérarchique,
- interdiction de cumul d'activités publiques/privées (sauf exceptions) …

Ils bénéficie de plusieurs droits :

- liberté d'opinion,
- droit à la formation,
- droit de grève,

- droit syndical,
- droit à rémunération après service fait,
- droit à congés,
- droit à la protection et à la santé,
- droit d'accès à son dossier personnel...

La loi du 20 avril 2016 a modifié la déontologie

Elle rappelle que le fonctionnaire exerce ses fonctions avec dignité, impartialité, intégrité et probité. Il doit faire preuve de neutralité et respecter le principe de laïcité.

- Principe de dignité

    L'agent public ne doit pas compromettre par son comportement ou son attitude l'image ou la réputation de son administration ou de ses fonctions pendant et hors service.

- Principe d'intégrité

    L'agent doit agir pour satisfaire un besoin d'intérêt général et ne doit pas avoir de mauvaises intentions.

- L'impartialité

    Elle impose le respect de l'égalité devant la loi et le traitement objectif de la demande ou de la situation de l'administré.

- Le principe de laïcité

    Les agents ne peuvent pas porter de signes religieux visibles, ni diffuser de convictions religieuses dans le cadre du service.

II QUELQUES DÉFINITIONS ET FOCUS

Droit de retrait

Droit pour tout fonctionnaire, quel que soit son rang dans la hiérarchie, de désobéir à un ordre donné par son supérieur hiérarchique s'il est manifestement illégal et de nature à compromettre gravement un intérêt public.

Le droit à la protection et à la santé

La protection des agents présente plusieurs enjeux pour l'employeur : humain (santé physique et mentale des agents, bien-être au travail), financier (coût accidents du travail et arrêts), juridique (sanctions, fautes, responsabilité, imprudence...) ...

Diagnostic des risques au travail : le Document unique d'évaluation des risques professionnels (DUERP)

Les « RPS », risques psychosociaux : harcèlement, stress, burn out, surcharges de travail ...

Le comité d'hygiène, de sécurité et des conditions de travail (CHSCT) : créé par l'organe délibérant de la collectivité, composé de représentants des agents, il examine les questions concernant spécifiquement l'hygiène, la sécurité et la médecine préventive. Il participe à l'inventaire des risques professionnels. Il peut procéder à une enquête en cas d'accident ou de maladie professionnelle, suggérer des mesures pour améliorer l'hygiène et la sécurité ou pour la formation des agents sur ces questions.

Le droit à la formation

La formation permet aux employés de s'adapter aux changements des techniques et des conditions de travail, de favoriser leur promotion sociale par l'accès aux différents niveaux de culture et de la qualification professionnelle. Au cours de sa carrière, le fonctionnaire territorial peut bénéficier d'une formation professionnelle. Il peut s'agir de la préparation aux concours, examens professionnels ou encore d'un perfectionnement professionnel (actions de formation).

Le droit à la formation est reconnu aux fonctionnaires. Ceux-ci peuvent être tenus de suivre des actions de formation professionnelle dans les conditions fixées par les statuts particuliers. La formation continue a pour but de veiller à les adapter à leur poste de travail et de veiller au maintien de leur capacité à occuper un emploi compte tenu de l'évolution des technologies et du poste de travail.

L'accès à la formation s'exerce à l'initiative de l'employeur dans le cadre d'un plan de formation ou à l'initiative de l'employé dans le cadre d'un congé de formation.

Liberté d'opinion

La liberté d'opinion est garantie aux fonctionnaires, sous réserve des obligations de réserve et de secret professionnel auxquels ils sont soumis.

Aucune distinction, directe ou indirecte, ne peut être faite entre les fonctionnaires en raison de leurs opinions politiques, syndicales, philosophiques ou religieuses, de leur origine, de leur orientation sexuelle, de leur âge, de leur patronyme, de leur état de santé, de leur apparence physique, de leur handicap ou de leur appartenance ou de leur non-appartenance, vraie ou supposée, à une ethnie ou une race. Toutefois des distinctions peuvent être faites afin de tenir compte d'éventuelles inaptitudes physiques à exercer certaines fonctions.

Le dialogue social et le comité social territorial

La loi de transformation de la fonction publique du 6 août 2019 a notamment pour but de renforcer le dialogue social. Elle prévoit la création d'une instance appelée le « comité social territorial » fusionnant le comité technique et le CHSCT en 2022, année des prochaines élections professionnelles.

Secret professionnel

Les fonctionnaires sont tenus au secret professionnel dans le cadre des règles instituées dans le code pénal. Sauf nécessité du service ou obligation légale leur imposant la communication des informations dont ils ont eu connaissance dans l'exercice ou à l'occasion de l'exercice de leur fonction, le fonctionnaire est tenu au secret en tant que dépositaire des renseignements concernant les particuliers. L'atteinte au secret professionnel est obligatoire dans les cas suivants :

- Dénonciation aux autorités judiciaires, médicales ou administratives de privations ou de sévices, y compris lorsqu'il s'agit d'atteintes sexuelles, dont il a eu connaissance et qui ont été infligées à un mineur ou à une personne qui n'est pas en mesure de se protéger en raison de son âge ou de son incapacité physique ou psychique ;

- Dénonciation du médecin qui, avec l'accord de la victime, porte à la connaissance du procureur de la République les sévices ou privations qu'il a constatés, sur le plan physique ou psychique, dans l'exercice de sa profession et qui lui permettent de présumer que des violences physiques, sexuelles ou psychiques de toute nature ont été commises. Lorsque la victime est mineure, son accord n'est pas nécessaire ;

- Information des professionnels de la santé ou de l'action sociale qui informent le préfet et, à Paris, le préfet de police du caractère dangereux pour elles-mêmes ou pour autrui des personnes qui les consultent et dont ils savent qu'elles détiennent une arme ou qu'elles ont manifesté leur intention d'en acquérir une ;

- Témoignage en justice en matière criminelle ou correctionnelle (Article 109 du code de procédure pénale) ;

- Dénonciation de crimes ou délits dont un fonctionnaire a connaissance dans l'exercice de ses fonctions (art. 40 du code de procédure pénale),

- Communication de renseignements, pièces et documents aux autorités de justice agissant en matière criminelle ou correctionnelle.

Obligation de discrétion professionnelle

Les fonctionnaires doivent faire preuve de discrétion professionnelle pour tous les faits, informations ou documents dont ils ont connaissance dans l'exercice ou à l'occasion de l'exercice de leurs fonctions. En dehors des cas expressément prévus par la réglementation en vigueur, notamment en matière de liberté d'accès aux documents administratifs, les fonctionnaires ne peuvent être déliés de cette obligation de discrétion professionnelle que par décision expresse de l'autorité dont ils dépendent.

Obligation de réserve

En dehors de son service, le fonctionnaire peut exprimer ses opinions, mais de façon prudente et mesurée. La réserve impose au fonctionnaire d'éviter en toutes circonstances les comportements portant atteinte à la considération du service public par les usagers. Cette obligation découle du principe de neutralité du service public

III LA DISCIPLINE

Tout manquement ou faute expose l'agent à des sanctions disciplinaires.

Focus : Alcoolémie

Le code du travail, initialement conçu pour le secteur privé, interdit à toute personne et à tout chef d'établissement d'introduire ou distribuer de l'alcool sur le lieu de travail. Il fait également interdiction à tout chef d'établissement de laisser entrer ou séjourner au sein de l'entreprise des personnes en état d'ivresse.

Faute disciplinaire de l'agent

Un régime de sanction disciplinaire est applicable aux agents publics ayant eu des comportements fautifs. L'article 29 de la loi du 13 juillet 1983 prévoit en effet que toute faute commise par un fonctionnaire dans l'exercice ou à l'occasion de l'exercice de ses fonctions est passible d'une sanction disciplinaire. Les sanctions sont réparties en fonction de quatre groupes selon la gravité de la faute reprochée :

- Groupe 1 : avertissement, le blâme, l'exclusion temporaire des fonctions,
- Groupe 2 : baisse d'échelon, exclusion temporaire des fonctions,
- Groupe 3 : baisse de grade, exclusion temporaire des fonctions,
- Groupe 4 : révocation, mise à la retraite anticipée.

Procédure disciplinaire

Le pouvoir disciplinaire appartient à l'autorité ayant le pouvoir de nomination, c'est à dire l'autorité territoriale. Aucune sanction disciplinaire ne peut être prononcée sans consultation préalable du conseil de discipline, sauf pour les sanctions du 1er groupe qui peuvent être prise sans son avis.

Le fonctionnaire poursuivi pour faute a le droit, sur sa demande, de consulter l'intégralité de son dossier individuel et tous les documents annexes, en particulier ceux en lien avec la procédure disciplinaire en cours. Il peut présenter devant le conseil de discipline des observations écrites ou orales, citer des témoins et se faire assister par un ou plusieurs défenseurs de son choix (délégué syndical, avocat...). L'administration doit informer l'agent de l'ensemble de ces droits.

Parfois, les mêmes faits peuvent constituer à la fois une faute professionnelle et une infraction pénale (ex : le harcèlement moral ou sexuel). Toutefois, la procédure disciplinaire et l'action pénale sont indépendantes : ainsi, l'issue de l'action publique (condamnation, non-lieu, relaxe, acquittement, mise hors de cause) ne lie pas l'autorité administrative qui peut décider d'engager, ou non, une procédure disciplinaire à l'encontre de l'agent. Ex : un agent frappe son chef, ce dernier le poursuit au pénal (pour violence volontaire) et une action disciplinaire est engagée. Même si le juge relaxe au pénal, l'administration peut sanctionner (un blâme).

Conseil de discipline

A l'exception des sanctions du premier groupe (avertissement, blâme, exclusion temporaire), un organisme paritaire (représentants du personnel et de l'administration) siégeant en conseil de discipline doit être consulté avant toute sanction disciplinaire, en cas de suspension d'un fonctionnaire, ou avant tout licenciement pour insuffisance professionnelle.

Dossier du fonctionnaire

Le dossier du fonctionnaire doit comporter toutes les pièces intéressant la situation administrative de l'intéressé, enregistrées, numérotées et classées sans discontinuité. Il ne peut être fait état dans le dossier d'un fonctionnaire, de même que dans tout document administratif, des opinions ou des activités politiques, syndicales, religieuses ou philosophiques de l'intéressé. Tout fonctionnaire a accès à son dossier individuel.

Le fonctionnaire à l'encontre duquel une procédure disciplinaire est engagée, a le droit à la communication de l'intégralité de son dossier individuel et de tous les documents annexes et à l'assistance de défenseurs de son choix. L'administration doit informer le fonctionnaire de son droit à communication du dossier.

PARTIE 5
CONNAISSANCES DE BASE : DROIT PÉNAL, PROCÉDURE PÉNALE ET JUSTICE

CHAPITRE 1
LE CADRE PÉNAL

I DES REGLES POSÉES PAR LE CODE PÉNAL ET LE CODE DE PROCÉDURE PÉNALE

Le Code pénal

Ensemble des règles définissant les comportements constitutifs d'infractions, et les peines qui leur sont applicables.

Règles définies par la loi pour les crimes et délits, et les décrets pour les contraventions (art. 34 et 37 de la Constitution, art. 111-2 du Code pénal). Ces textes sont transposés dans les codes.

Le Code de procédure pénale

Ensemble des règles applicables en matière de recherche, poursuite et de jugement des personnes soupçonnées d'avoir commis une infraction. Exemples : présomption d'innocence, droit à être informé sur les causes de l'accusation, droit à l'assistance d'un avocat, droit de se taire….

Le principe de la présomption d'innocence

Un individu, même suspecté de la commission d'une d'infraction est toujours présumé innocent tant qu'il n'a pas été jugé et déclaré coupable par un tribunal compétent.

CHAPITRE 2
L'INFRACTION ET LES PEINES ENCOURUES

I LES ÉLÉMENTS CONSTITUTIFS DE L'INFRACTION

Définition de l'infraction

L'infraction est le non-respect d'une loi ou d'un texte réglementaire qui résulte du comportement d'un individu et pour lequel le Code pénal prévoit une sanction. Il n'y a pas d'infraction si le Code pénal ne la prévoit pas expressément.

Trois éléments constitutifs

Pour être considéré comme l'auteur d'une infraction, et encourir une sanction à ce titre, les règles pénales exigent la réunion de trois éléments :

1. Élément légal : c'est l'existence d'un acte prévu par la loi ou un règlement et qui est condamné comme tel. La tentative manifestée par un commencement d'exécution (et donc la non commission de l'acte) n'est prise en compte que pour les crimes. La tentative est constituée dès lors qu'elle n'a été suspendue ou n'a manqué son effet qu'en raison de circonstances indépendantes de la volonté de son auteur ;

2. Élément matériel : c'est l'agissement matériel par exemple la dégradation d'un bien ou l'atteinte portée à une personne. Pour le crime, ce peut être la tentative ;

3. Élément intentionnel : c'est l'intention de commettre l'infraction. En France, personne ne peut être condamné pour un crime ou un délit sans intention de le commettre. Il existe cependant une exception : la faute pénale d'imprudence (Loi Fauchon du 10 juillet 2000, art. 121-3 du Code pénal).

élément moral	élément matériel	élément légal
• manifestation volontaire d'un comportement répréhensible • intention coupable • infraction non intentionnelle • la tentative • la complicité	• réalisation d'un acte répréhensible • infraction instantanée • infraction continue • infraction flagrante	• violation d'un texte légal ou réglementaire • des peines encourues • principe de la proportionnalité et de l'individualisation des peines

Complicité

Est complice la personne qui participe à l'infraction. Il aide ou assiste une autre personne (l'auteur) dans la préparation ou la réalisation d'une infraction, qui provoque une infraction ou donne des instructions pour la commettre, MAIS sans la réaliser elle-même. Le complice encourt les mêmes peines que l'auteur de l'infraction. Le coauteur est celui qui commet l'infraction avec l'auteur. Chacun sera jugé individuellement par le juge.

Tentative (de crime ou de délit)

Crime ou délit interrompu au cours de sa réalisation par un événement indépendant de la volonté de son auteur. La tentative est punissable des mêmes peines que si le crime ou le délit avait été pleinement réalisé.

Des faits « justifiés » dans des cas limités : les faits « justificatifs »

Les faits ne sont pas considérés comme constitutifs d'infractions. Ils sont licites :

1. L'ordre ou l'autorisation de la loi et le commandement légitime.

a. Perquisition, secours pompiers : pas de violation de domicile
   b. Déclaration d'une maladie contagieuse : pas de violation du secret médical
2. La légitime défense : acte de défense pour soi-même ou pour autrui (art. 122-5 du CP) : proportionné, mesurée et nécessaire. A relier : L'usage des armes pour la PM/PN/GN.
3. L'état de nécessité : faculté pour un individu placé dans un danger actuel ou imminent qui menace elle-même autrui ou un bien d'agir pour sauvegarder elle-même ce bien ou autrui. Ex : voler du pain pour nourrir ses enfants – Ex : choix du médecin : tuer un bébé qui allait naître pour sauver la mère.

Des causes de non imputabilité : pas de culpabilité

Des faits constituent une infraction, mais ne seront pas imputés à l'individu qui a agi car il manque de lucidité. Plusieurs hypothèses :

1. La contrainte : agir sous l'emprise d'une force ou d'une contrainte à laquelle il n'est pas possible de résister.
2. Le trouble mental (abolition des facultés intellectuelles) : « N'est pas pénalement responsable la personne qui était atteinte, au moment des faits, d'un trouble psychique ou neuropsychique ayant aboli son discernement ou le contrôle de ses actes. »
3. L'erreur : la personne a cru, par une erreur sur le droit, pouvoir légitimement accomplir l'acte.

II CATÉGORIES D'INFRACTIONS ET CLASSIFICATION DES PEINES

La classification des peines

La classification en fonction de la garantie de la peine : peines principales, peines complémentaires, peines alternatives.

La classification en fonction de la gravité de l'infraction : peines contraventionnelles, peines délictuelles, peines criminelles.

La classification objective fondée sur l'impact : les peines privatives de liberté, les peines restrictives de liberté, les peines privatives de droits.

Des possibilités d'assouplissement dans l'exécution des peines existent : placement sous surveillance électronique, semi-liberté…

Trois catégories d'infractions

Les infractions sont classées selon leur gravité par le Code pénal en contraventions, délits et crimes.

Cinq classes de contraventions

Les contraventions sont composées de cinq classes selon leur gravité (art. 131-13 du Code de procédure pénale). Les amendes fixées pour les réprimer sont les suivantes pour les personnes physiques sous réserve de textes particuliers :

1° 38 euros au plus pour les contraventions de la 1re classe ;

2° 150 euros au plus pour les contraventions de la 2e classe ;

3° 450 euros au plus pour les contraventions de la 3e classe ;

4° 750 euros au plus pour les contraventions de la 4e classe ;

5° 1 500 euros au plus pour les contraventions de la 5e classe, montant qui peut être porté à 3 000 euros en cas de récidive lorsque le règlement le prévoit, hors les cas où la loi prévoit que la récidive de la contravention constitue un délit.

Pour les personnes morales, les peines ainsi encourues sont multipliées par 5.

	AF minorée (cas bis)	AF initiale	AF majorée	Montant max.
Textes	Art. 529-7 et R 49-9 du CPP	Art. 529-1 et R 49 du CPP	Art. 529-2 et R 49-7 du CPP	Art. 131-13 du CP
Délais	3 à 15 j. pour payer	45 j. pour payer ou contester		Si OP ou citation
4e classe	90 €	135 €	375 €	750 €
3e classe	45 €	68 €	180 €	450 €
2e classe	22 €	35 €	75 €	150 €
1e classe		11 ou 17 €	33 €	38 €
Cas piéton		4 €	7 €	38 €

Les délits

sont des infractions plus graves que les contraventions. A l'inverse des contraventions, les délits ne sont pas classés en « classe » en fonction de leur gravité comme le sont les contraventions. En revanche, les peines prononcées par le juge compétent (le tribunal correctionnel) dépendront de la gravité des faits, de leur circonstance, et de la personnalité de leur auteur. C'est le principe de «l'individualisation des peines ». L'intention volontaire de commettre l'infraction est présente en matière délictuelle pour prononcer la peine (ce qui n'est pas le cas des contraventions où seule la matérialité des faits importe). L'échelle des peines délictuelles a été modifié en mars 2020.

Crimes

Infractions les plus graves sur l'échelles pénale. Peines : réclusion ou détention (crimes politiques) de 10 ans emprisonnement à la perpétuité.

Les peines délictuelles par le Code pénal

Il faut bien distinguer les peines encourues c'est-à-dire les peines édictées par le Code pénal pour chaque délit (amende, emprisonnement, autre peine), des peines prononcées par le juge qui est tenu d'individualiser les peines encourues aux circonstances de l'infraction et à la personnalité du prévenu. Concernant les délits, les peines correctionnelles maximales susceptibles d'être prononcées par le juge sont énumérées à l'article 131-3 du Code pénal. De manière schématique, les peines correctionnelles encourues par les personnes physiques depuis le 24 mars 2020 (entrée en vigueur de la loi du 23 mars 2019 de programmation 2018-2022 et de réforme pour la justice) sont les suivantes :

1° L'emprisonnement (10 ans au plus) avec sursis, sursis probatoire ou aménagement de peine ;

2° La détention à domicile sous surveillance électronique (nouvelle peine crée en 2020) ;

    faculté de sortie pour : activité professionnelle, suivi d'enseignement, stage ou formation, traitement médical, recherche d'emploi, ou autre projet de réinsertion selon les modalités fixées par le juge pénal ou le JAP

3° Le travail d'intérêt général (durée maximale 400 h) ;

travail non rémunéré au sein d'une association, collectivité, établissement public ou privé.

4° L'amende (au moins 3 750 euros) ;

5° Le jour-amende ;

contribution quotidienne (fixée selon les ressources et charges du condamné et inférieure à 1 000€) multiplié par un certain nombre de jours sur 1 an maximum. A défaut de paiement: incarcération pour le nombre de jours-amende prononcé

6° Les peines de stage (stage de citoyenneté, sensibilisation routière…) ;

7° Les peines privatives ou restrictives de droits prévues à l'article 131-6 du Code pénal ;

8° La sanction-réparation.

obligation de réparer le préjudice subi par la victime selon des modalités fixées par le juge (ex : remise en état d'un bien endommagé)

Des peines complémentaires peuvent s'ajouter.

Conversion de peine

Avec la réforme de la justice pénale, la libération sous contrainte devient une étape normale de l'exécution d'une peine délictuelle pour encadrer et accompagner un condamné à moins de 5 ans d'emprisonnement et sortant de détention. But : éviter les sorties sèches sans accompagnement (octroi au 2/3 de la peine). Le condamné est placé en détention à domicile sous surveillance électronique ou en semi-liberté ou en libération conditionnelle pour la durée de détention restante

Les circonstances aggravantes

Elles alourdissent les peines applicables. Faits prévus et énumérés limitativement par la loi se rattachant à une infraction initiale et qui entraîne une augmentation de la peine encourue (au-delà des maxima encourus). Ex. : le vol sans circonstance aggravante est puni par : peine 3 ans d'emprisonnement + 45 000 € d'amende. Un vol avec une circonstance aggravante (Ex. : avec violences) est puni par : 5 ans + 75 000 € d'amende

Exemples : préméditation (dessein formé avant l'action de commettre un crime ou un délit déterminé), port d'arme (proxénétisme, vol, extorsion, attroupement), arme (violences avec armes, vol avec violences, vol avec armes)…

Deux circonstances aggravantes générales s'appliquent à toute infraction :

- **La récidive :** la récidive légale est la réitération d'une même infraction ou proche d'une infraction ayant déjà donné lieu à une condamnation (à différencier de la « réitération » : commission d'une autre infraction et non pas la même),

- **L'utilisation d'un moyen de cryptologie :** tout matériel ou logiciel conçu ou modifié pour transformer des données, qu'il s'agisse d'informations ou de signaux, à l'aide de conventions secrètes ou pour réaliser l'opération inverse avec ou sans convention secrète.

IV FOCUS : LA LOI DU 23 MARS 2019 ET LA RÉFORME DE LA JUSTICE PÉNALE

Objectif : Favoriser le recours à d'autres peines que l'emprisonnement.

Nouvelles mesures en matière de peine d'emprisonnement ferme prononcée

- Peines d'emprisonnement ferme inférieures ou égales à 1 mois = interdiction

- Peines d'emprisonnement ferme supérieures à 1 mois et inférieures ou égales à 6 mois = principe strict de l'aménagement ab initio pour la totalité
- Peines d'emprisonnement ferme supérieures à 6 mois et inférieures ou égales à 1 an = principe souple de l'aménagement ab initio en tout ou partie
- Peines d'emprisonnement ferme supérieures à 1 an = exclusion de l'aménagement

Création de la peine autonome de détention à domicile sous surveillance électronique (DDSE)

Le tribunal correctionnel peut, à la place de l'emprisonnement, prononcer la peine autonome de DDSE pendant une durée comprise entre 15 jours et 6 mois, sans pouvoir excéder la durée de l'emprisonnement encouru.

Suppression de la contrainte pénale existante antérieurement, et création du sursis probatoire (régime de mise à l'épreuve et suivi renforcé).

Fusion des peines de stage

Durée : 1 mois maximum.

Plusieurs stages sont possibles : le stage de citoyenneté, • le stage de sensibilisation à la sécurité routière, • le stage de sensibilisation aux dangers de l'usage de produits stupéfiants, • le stage de responsabilisation pour la prévention et la lutte contre les violences au sein du couple et sexiste, • le stage de sensibilisation à la lutte contre l'achat d'actes sexuels, • le stage de responsabilité parentale, • le stage de lutte contre le sexisme et de sensibilisation à l'égalité entre les femmes et les hommes.

La loi du 23 mars 2019 a renforcé le rôle des enquêtes sociales rapides pour permettre au magistrat de prendre la décision sur la peine de la manière la plus éclairée possible. Cette mesure vise à vérifier la situation matérielle, familiale et sociale de la personne concernée, à rechercher les mesures propres à favoriser son insertion sociale.

III CAS PARTICULIER : LES MINEURS

Une réforme en cours d'année 2020

En France, l'ordonnance du 2 février 1945 relative à l'enfance délinquante posait les principes de la protection des mineurs délinquants qui étaient repris dans la procédure pénale. La réforme de la justice pénale a supprimé cette ordonnance. Un Code de la justice pénale des mineurs a été créé et s'applique au 1er octobre 2020. Le code régit les conditions dans lesquelles la responsabilité pénale des mineurs est mise en œuvre, en prenant en compte l'atténuation de cette responsabilité en fonction de leur âge et la nécessité de rechercher leur relèvement éducatif et moral par des mesures adaptées à leur âge et leur personnalité, prononcées par une juridiction spécialisée ou selon des procédures appropriées.

Des juridictions spécialisées pour les mineurs

Le juge des enfants connaît :

- 1° Des contraventions de la cinquième classe et des délits commis par les mineurs ;
- 2° Des contraventions des quatre premières classes commises par les mineurs, lorsqu'elles sont connexes aux infractions mentionnées au 1°.

Le tribunal pour enfants connaît :

- 1° Des contraventions de la cinquième classe et des délits commis par les mineurs âgés d'au moins treize ans ;
- 2° Des crimes commis par les mineurs de moins de seize ans ;
- 3° Des contraventions des quatre premières classes commises par les mineurs, lorsqu'elles sont connexes aux infractions mentionnées aux 1° et 2°.

Peines encourues pour les mineurs

La détention provisoire des mineurs est limitée aux faits les plus graves et aux mineurs réitérants. Les juges doivent privilégier le placement en centre éducatif fermé (CEF), l'incarcération provisoire devant être l'ultime recours.

La réforme privilégie la primauté de l'éducatif sur le répressif, et l'atténuation de la responsabilité en fonction de l'âge (l'âge de la majorité pénale reste fixé à 18 ans). Les peines suivantes ne sont pas applicables aux mineurs :

- 1° La peine d'interdiction du territoire français ;
- 2° La peine de jour amende ;
- 3° Les peines d'interdiction des droits civiques, civils et de famille, d'interdiction d'exercer une fonction publique ou une activité professionnelle ou sociale, d'interdiction de séjour, de fermeture d'établissement, d'exclusion des marchés publics ;
- 4° Les peines d'affichage ou de diffusion de la condamnation.

Aucune interdiction, déchéance ou incapacité ne peut résulter de plein droit d'une condamnation pénale prononcée à l'encontre d'un mineur.

Il ne peut être prononcé à l'encontre d'un mineur une peine d'amende supérieure à la moitié de la peine encourue ni une peine d'amende excédant 7 500 euros. Le tribunal pour enfants et la cour d'assises des mineurs ne peuvent prononcer une peine privative de liberté supérieure à la moitié de la peine encourue. Si le mineur est âgé de plus de seize ans, le tribunal de police, le tribunal pour enfants et la cour d'assises des mineurs peuvent, à titre exceptionnel et compte tenu des circonstances de l'espèce et de la personnalité du mineur ainsi que de sa situation, décider qu'il n'y a pas lieu de faire application de cette règle d'atténuation des peines.

Le juge des enfants peut, si les circonstances et la personnalité du mineur le justifient, condamner un mineur âgé d'au moins treize ans aux peines :

- 1° De confiscation de l'objet ayant servi à commettre l'infraction ;
- 2° De stage ;
- 3° De travail d'intérêt général, si le mineur est âgé d'au moins seize ans au moment du prononcé de la peine.

IV EXTINCTION DES PEINES ET EFFACEMENT DES PEINES

Extinction des peines

La peine s'éteint par son exécution. D'autres causes exceptionnelles mettent fin à la peine : décès du condamné, prescription de la peine, la grâce présidentielle, l'amnistie.

Effacement des condamnations

Certaines causes d'extinction des peines entrainent l'effacement de la condamnation : l'amnistie, la réhabilitation.

Décès ou dissolution du condamné

- décès du condamné pour une personne physique
- dissolution pour une personne morale, sauf si la dissolution de la personne morale est prononcée par un juge pénal

Prescription de la peine

- délai à l'expiration duquel une peine prononcée (condamnation) ne peut plus être exécutée (sans qu'il y ait eu un acte interruptif ou suspensif de prescription)
- 3 ans (contravention), 6 ans (délit, 5 ans avant la loi du 28.02.2017), 20 ans (crime). Ne pas confondre avec prescription de l'action publique !

Réhabilitation légale ou judiciaire

- efface la condamnation uniquement si le condamné a exécuté sa peine
- Dans les deux cas, des conditions doivent être remplies notamment des conditions de délai. La réhabilitation vise tant les personnes physiques que les personnes morales

Amnistie (prise par une loi. Tombée en désuétude depuis 2007)

- efface à la fois les peines, et toutes les condamnations prononcées
- la mention ne figure plus au casier judiciaire

Grâce présidentielle

- décret signé avec le ministre de la justice après qu'il ait été saisi d'un recours en grâce
- mesure de clémence tendant à la remise totale ou partielle de la peine qui dispense l'auteur de l'infraction d'exécuter les peines, mais la victime peut toujours obtenir réparation
- La mention reste au casier judiciaire

VI LE CASIER JUDICIAIRE

Le casier judiciaire contient les condamnations prononcées par les juridictions pénales d'une même personne, et quelques décisions prononcées par les tribunaux de commerce (liquidation judiciaire...). Il vise les personnes physiques et les personnes morales.

Bulletin de casier judiciaire

Les informations du casier judiciaire sont communiquées sous forme d'extraits appelées bulletins de casier judiciaire. Il existe trois types de bulletins dont le contenu varie selon la gravité des sanctions (ou mention « Néant » en l'absence de condamnation). Certaines condamnations peuvent être effacées : Voir art. 768 s du CPP et Voir site service-public.fr.

Bulletin n° 1 : le plus complet

Délivré aux autorités judiciaires (magistrats, greffes des établissements pénitentiaires dans le cadre de l'instruction de certaines mesures d'exécution de la peine d'emprisonnement). Comporte : toutes les condamnations et décisions portées au casier judiciaire.

Bulletin n° 2

Délivré à certaines autorités militaires ou administratives pour des motifs précis (obtention d'une distinction honorifique, accès à certains emplois tels travail auprès de mineurs).

Comporte : la plupart des condamnations du bulletin n° 1 sauf exceptions (pas les condamnations pour contraventions de police, ni condamnations à l'encontre des mineurs jusqu'à 2 mois d'emprisonnement...).

Bulletin n°3

Délivré qu'à l'intéressé lui-même sur sa demande.

Comporte : les condamnations les plus graves pour crimes et délits. Ex. condamnations pour crimes et délits supérieures à 2 ans d'emprisonnement sans sursis.

CHAPITRE 3
L'ACTION PUBLIQUE

I LA POLICE JUDICIAIRE ET L'ENQUETE

La police judiciaire

La police judiciaire a pour objet de constater des infractions à la loi pénale, rassembler les preuves et rechercher les auteurs (définition de l'art. 14 du Code de procédure pénale) par tout mode de preuve (sauf exception) et en respectant les procédures définies par le Code de procédure pénale.

Les services de police nationale ou de gendarmerie nationale doivent réunir tous les éléments de preuve (témoignages, indices matériels...) à charge ou à décharge à l'encontre d'un contrevenant (contravention), d'un prévenu (délit) ou d'un accusé (crime). Cette recherche peut prendre du temps au cas par cas, et elle doit garantir le respect des droits et libertés fondamentaux garantis aux intéressés.

L'enquête de flagrance

Mise en œuvre que pour les crimes/délits punis d'une peine d'emprisonnement, et « flagrants » (infraction qui se commet ou vient de se commettre ou dont l'auteur présumé, dans un temps très voisin de l'action, est poursuivi par la clameur publique, ou est trouvé en possession d'objets ou présente des indices qui l'accusent). En raison de la coercition qui caractérise l'enquête de flagrance (perquisition décidée d'autorité par l'OPJ, saisie, visite domiciliaire...), sa durée est limitée à 8 jours (renouvelable 1 fois).

L'enquête préliminaire

L'enquête préliminaire est une enquête qui n'est pas précédée de la constitution d'un crime ou d'un délit (sinon, ce serait une enquête de flagrance avec constatation d'indice apparent). Elle est l'enquête qui permet à la police judiciaire de rechercher les preuves et/ou les auteurs des infractions afin de permettre la constitution d'un dossier complet sur une affaire pénale (on dit « mettre en l'état » une affaire pénale) aux fins de poursuites. Elle peut être déclenchée à la suite d'une plainte ou d'une dénonciation.

L'article 75 du Code de procédure pénale indique que les officiers de police judiciaire procèdent à des enquêtes préliminaires soit sur les instructions du procureur de la République, soit d'office. Dans ce cadre, le code encadre strictement les actes d'enquête envisageables notamment la procédure de perquisitions, les visites domiciliaires et saisies de pièces à conviction ou de biens, la garde à vue ...

Soit une enquête judiciaire : le procureur décide de superviser le travail de la PJ

La police judiciaire est alors chargée de l'«enquête judiciaire » sous la direction du procureur de la République (ou officier du ministère public pour les contraventions des quatre premières classes). Ce dernier va procéder, faire procéder et coordonner les divers actes nécessaires à la recherche et à la poursuite des infractions en dirigeant notamment l'activité des officiers de police judiciaire. Il doit également veiller au respect des actes de procédure et faire respecter le formalisme imposé par le Code de procédure pénale.

Soit une instruction : le procureur décide de nommer un magistrat spécialisé, le juge d'instruction qui dirige la PJ

Si crime ou délit grave et complexe, le procureur déclenche l'ouverture d'une information judiciaire qui a pour effet de confier l'instruction de l'affaire à un juge, et qui a tous les pouvoirs pour diriger les investigations. Dans ce cadre d'enquête, la police dispose de plus ou moins d'autonomie opérationnelle selon l'étendue des actes qui lui sont confiés par le juge d'instruction dans la commission rogatoire.

Quelle différence ? Seul un juge d'instruction peut mettre un suspect en examen, voir en détention provisoire

Flagrant délit

En cas de flagrant délit (en pratique : le délit ou le crime a été commis moins de 24 heures avant le premier acte d'enquête), l'officier de police judiciaire dispose de pouvoirs coercitifs renforcés : interpellation, perquisition sans le consentement de l'intéressé...

Il peut recourir au placement en garde à vue du mis en cause dès lors que l'infraction est passible d'une peine d'emprisonnement. Le procureur de la République en contrôle l'exécution et décide de l'issue de la mesure : levée ou prolongation.

II LE PROCUREUR DE LA RÉPUBLIQUE

Rôle : défendre les intérêts de la société avec le ministère public

Il s'agit d'un magistrat placé auprès d'un tribunal judiciaire (ex « tribunal de grande instance »). Il est le chef du parquet. Son rôle est de défendre les intérêts de la société (et donc des citoyens) et de veiller à l'application des lois par chacun. Aussi, en cas de non-respect des lois :

- il propose l'application d'une sanction adaptée aux circonstances de chaque affaire, étant précisé que le Code pénal édicte les peines qu'il est possible d'appliquer pour chaque cas,

- au préalable, il mène ou fait mener une enquête afin d'élucider les faits qui sont portés à sa connaissance (audition de témoin, enquête préliminaire...). La loi du 5 mars 2007 lui a confié aussi des prérogatives en matière de prévention de la délinquance.

Le procureur n'est pas un officier de police judiciaire.

L'opportunité des poursuite (art. 40 du CPP)

Le procureur de la République détient l'initiative des poursuites contre le prévenu et a le choix des poursuites. Il peut :

- Classer sans suite une affaire : auteur non identifié, Pas d'infraction, Vice de forme dans la procédure...
- Poursuivre l'auteur devant un juge pénal
    - Soit par procédure simplifiée : «l'ordonnance pénale» (le juge décide sur dossier),
    - Soit en le «citant» devant un tribunal pénal pour une audience publique (sauf les mineurs)
- Préférer une « alternative aux poursuites » : pour éviter un jugement pour des infractions de faible gravité :
    - Soit la médiation pénale : proposée par un OPJ sur autorisation du procureur, versement d'une amende transactionnelle (max le 1/3 de l'amende encourue) + dédommagement de la victime et abandon des poursuites,
    - Soit la composition pénale : mesure proposée par le procureur destinée à éviter l'emprisonnement qui suppose l'acceptation de l'intéressé (stage, TIG...), sa reconnaissance de culpabilité et l'homologation par un juge pénal.

III LA PRESCRIPTION DE L'ACTION PUBLIQUE ET DES PEINES

La prescription de l'action publique

Définition : Délai à l'expiration duquel aucune poursuite devant un juge n'est possible

Les délais de prescription de l'action publique sont les suivants :

1. Crimes : 20 ans
2. Délits : 6 ans
3. Contraventions : 1 an
4. à compter du jour où l'infraction a été commise.
5. à compter de la majorité de la victime mineure en cas de crimes (viol, torture...)

Il existe des délais d'exception :

Crimes contre l'humanité : Imprescriptible

Crimes de guerre, Génocides, Crimes de terrorisme et crimes de trafic de stupéfiant : 30 ans

Ces délais peuvent s'éteindre (décès de la personne poursuivie, amnistie ...). Ces délais peuvent être interrompus pour refaire partir sa durée. Causes d'interruption : acte de poursuite et d'instruction, contestation d'une contravention, plainte avec constitution de partie civile...

A ne pas confondre : l'action civile

Action ouverte à la victime qui veut obtenir réparation d'un dommage personnel subi et causé directement par l'infraction. Elle souhaite des dommages et intérêts pour réparer son préjudice (moral, matériel...)

La prescription de la peine

Définition : durée au-delà de laquelle l'exécution de la peine prononcée dans une condamnation pénale devenue définitive est impossible.

Ne pas confondre la prescription de l'action publique (extinction du droit de poursuivre devant la justice) et la prescription de la peine (une décision de justice a été prononcée avec une peine prononcée)

Les délais de prescription de la peine sont les suivants :

1. contravention: 3 ans
2. délit: 6 ans
3. crime: 20 ans

Ainsi, si la peine est prescrite, la condamnation demeure néanmoins.

Exemple :

- le 1.01.2019 : infraction routière commise (non-respect d'un stop)
    - donc : la prescription des poursuites (délai 1 an) s'achève le 1.01.2020
- mais l'intéressé fait une contestation le 5.02.2019
    - donc : sa contestation interrompt le délai qui repart pour 1 an jusqu'au 5.03.2020
- Il est convoqué devant le tribunal de police qui rend un jugement le 5.02.2020 le condamnant à une peine d'amende de 750 euros
    - donc : la prescription de la peine est de 3 ans à partir de l'expiration des délais de recours (5 jours devant la Cass) soit le 5.03.2023. Un délai de trois ans existe pour recouvrer la somme de 750 euros si elle n'est pas payée.

VI QUELQUES MESURES D'ENQUETES

Mise en examen

Acte du juge d'instruction qui met en cause une personne dans le cadre d'une information judiciaire s'il existe à son égard des indices graves ou concordants de sa probable implication dans les faits dont le juge est saisi.

Délai maximum de 2ans, prolongation motivée de 6 mois en 6 mois. La mise en examen permet au juge d'imposer à la personne soupçonnée des mesures restrictives de liberté (assignation à résidence avec bracelet électronique, détention avec autorisation du juge des libertés et de détention, contrôle judiciaire), mais qui lui ouvre aussi des droits (demander au juge une audition, des actes d'enquête, un avocat…).

Détention provisoire

Une personne poursuivie peut être placée en prison avant le procès, sous le régime de la détention provisoire. Condition : que si la personne est mise en examen pour une infraction punie de plus de 3 ans de prison.

Ordonnée lors d'une information judiciaire, lors d'un procès en comparution immédiate ou lors d'une comparution sur reconnaissance préalable de culpabilité (plaider coupable). Durée de 4 mois max pour un délit (exception de 2ans si conditions).

But : nécessité de conserver les preuves ou les indices matériels, empêcher une pression sur des témoins ou victimes ou leur famille, empêcher une concertation frauduleuse entre la personne poursuivie et un complice (faux alibi) …

Comparution immédiate

Procédure qui permet de juger sur le champ, sans enquête préalable, les personnes soupçonnées d'avoir commis une infraction (flagrance). La décision de juger suivant cette procédure est prise par le procureur de la République quand il dispose d'assez de preuves pour que la culpabilité du prévenu ou de l'accusé soit reconnue. Les personnes qui vont être jugées en comparution immédiate peuvent être placées en détention provisoire.

La garde à vue

A raison d'un flagrant délit, ou permettre l'exécution des investigations, empêcher que la personne modifie les preuves, garantir la mise en œuvre des mesures destinées à faire cesser le crime ou le délit.

L'audition libre

Personne suspecte pour laquelle il existe des raisons plausibles de soupçonner qu'elle a commis ou tenté de commettre une infraction.

Toute personne mise en cause par un témoin ou contre laquelle « il existe des indices rendant vraisemblable qu'elle ait pu participer à la commission d'une infraction (auteur ou complice) » peut être entendue comme témoin assisté par le juge d'instruction saisi. Ce dernier opte pour le statut de mis en examen « s'il existe des indices graves ou concordants rendant vraisemblable que la personne a participé à la commission d'une infraction ».

Le témoin assisté ne prête pas serment à la différence des témoins simples. Il peut être assisté d'un avocat, demander une confrontation avec la personne le mettant en cause. Le témoin assisté n'est pas poursuivi tant qu'il n'est pas mis en examen.

Le mis en examen peut être placé en détention provisoire à condition que la détention soit la seule possibilité liée aux nécessités de l'instruction ou à titre de mesures de sûreté. Décision relevant du juge des libertés et de la détention (JLD). Risque d'une déperdition de preuve ou de pression sur les témoins ou les victimes, ou pour garantir le maintien de la personne à disposition de la justice, ou pour prévenir le renouvellement de l'infraction, ou protéger la personne mise en examen.

Durée limitée : 1 an/crime (prolongation 6mois), 4 mois/délit (prolongation 4 mois)

CHAPITRE 4
FOCUS SUR L'ENVIRONNEMENT TERRITORIAL

I LES INFRACTIONS DANS L'ENVIRONNEMENT TERRITORIAL

Les infractions non intentionnelles

La loi du 10 juillet 2000 (dite loi Fauchon) tend à préciser la notion de délit non intentionnel. Cette loi a complété l'article 121-3 du code pénal par une disposition exigeant désormais une « faute caractérisée » en cas de causalité indirecte entre la faute et le dommage.

La « non intention » : faute d'imprudence, de négligence ou de manquement à une obligation de prudence ou de sécurité prévue par la loi ou le règlement commise par une personne physique s'il est établi que l'auteur des faits n'a pas accompli les diligences normales compte tenu de la nature de ses missions, fonctions ou compétences. Exemples de délits non intentionnels encourus par les personnes physiques : homicide involontaire, blessures involontaires, mise en danger d'autrui…

L'engagement de la responsabilité pénale des élus suppose

- soit d'une violation manifestement délibérée d'une obligation particulière de prudence ou de sécurité prévue par la loi ou le règlement,
- soit d'une faute caractérisée qui exposait autrui à un risque d'une particulière gravité ne pouvant être ignorée.

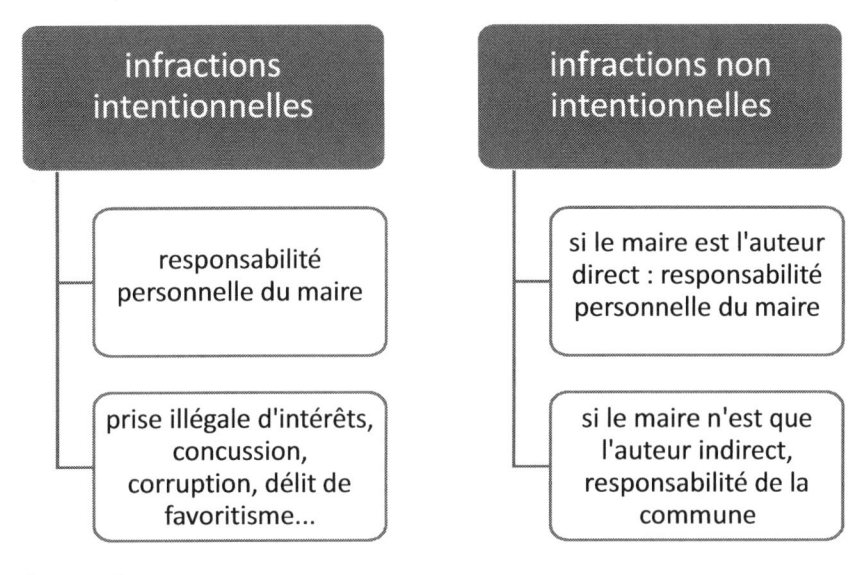

infractions intentionnelles
- responsabilité personnelle du maire
- prise illégale d'intérêts, concussion, corruption, délit de favoritisme...

infractions non intentionnelles
- si le maire est l'auteur direct : responsabilité personnelle du maire
- si le maire n'est que l'auteur indirect, responsabilité de la commune

Concussion

Le fait, par une personne dépositaire de l'autorité publique ou chargée d'une mission de SP, de recevoir, exiger ou ordonner de percevoir à titre de droits ou contributions, impôts ou taxes publics, une somme qu'elle sait ne pas être due, ou excéder ce qui est dû.

Le fait, par les mêmes personnes, d'accorder sous une forme quelconque et pour quelque motif que ce soit une exonération ou franchise des droits, contributions, impôts ou taxes publics en violation des textes légaux ou réglementaires.

C'est un délit. Ex : la personne qui remet indûment les fonds est victime de la manœuvre de l'agent public. Ex : le président du conseil départemental de la Charente maritime a continué de percevoir la taxe versée au passage de l'île de Ré sur le fondement d'un règlement tarifaire pourtant annulé par le juge administratif.

Corruption

Agissement par lequel une personne investie d'une fonction déterminée, publique ou privée, sollicite ou accepte un don, une offre ou une promesse en vue d'accomplir, retarder ou omettre d'accomplir un acte entrant, d'une façon directe ou indirecte, dans le cadre de ses fonctions.

Corruption active

une personne physique ou morale obtient ou essaie d'obtenir, moyennant des dons, des promesses ou avantages, d'une personne exerçant une fonction publique, qu'elle accomplisse ou retarde ou s'abstienne d'accomplir ou de retarder un acte de sa fonction ou un acte facilité par elle ; le tiers reçoit le nom de corrupteur.

Corruption passive

une personne exerçant une fonction publique profite de cette fonction en sollicitant ou en acceptant des dons, promesses ou avantages en vue d'accomplir ou de s'abstenir d'accomplir un acte de sa fonction cette personne reçoit le nom de corrompu.

Exemple : l'élu se sert des pouvoirs qu'il détient de sa fonction pour en retirer un avantage tel le détournement d'un processus ou d'une interaction avec une ou plusieurs personnes dans le but, pour le corrupteur, d'obtenir des avantages ou des prérogatives particulières. Corruption passive : l'élu accepte par faiblesse ou complaisance d'obtenir une rétribution en échange de sa complaisance, la personne qui remet les fonds participe ici activement à cette manœuvre et engage sa responsabilité pénale.

Prise illégale d'intérêt

Le fait, par une personne dépositaire de l'autorité publique ou chargée d'une mission de service public ou par un élu, de prendre, recevoir ou conserver, directement ou indirectement, un intérêt quelconque dans une entreprise ou dans une opération dont elle a, au moment de l'acte, en tout ou partie, la charge d'assurer la surveillance, l'administration, la liquidation ou le paiement. C'est un délit.

Le favoritisme : l'octroi d'un avantage injustifié

Délit d'atteintes à la liberté d'accès et à l'égalité des candidats dans les marchés publics et les délégations de service public. Les élus tout comme les agents publics servent l'intérêt général et doivent donc prendre leurs décisions en toute impartialité, a fortiori quand leur décision pèse sur les finances publiques.

Pour que l'infraction de favoritisme soit caractérisée, il faut réunir trois éléments constitutifs : la qualité de l'auteur (1), l'octroi d'un avantage injustifié (2) et la violation de dispositions législatives ou réglementaires ayant pour objet de garantir la liberté d'accès et l'égalité des candidats (3).

Détournement de biens publics

Soustraction et détournement commis intentionnellement par des personnes exerçant une fonction publique.

Les agissements qui sont désignés par les mots « détruire, détourner ou soustraire » doivent porter sur un objet particulier. Ils doivent être « un acte ou un titre, ou des fonds publics ou privés, ou des effets, pièces ou titres en tenant lieu, ou tout autre objet détenu en raison des fonctions ou de la mission ».

Homicide involontaire : atteinte involontaire à la vie

Le fait de causer, par maladresse, imprudence, inattention, négligence ou manquement à une obligation de prudence ou de sécurité imposée par la loi ou le règlement, la mort d'autrui. C'est un Délit à la différence de l'homicide volontaire.

Le trafic d'influence

Trafic d'influence actif : trafic d'influence commis par un particulier.

Trafic d'influence passif : trafic d'influence commis par des personnes exerçant une fonction publique.

Lorsque la personne prévenue a légitimement pu croire à l'influence de la position apparente de la personne corrompue, les manœuvres corruptrices réalisées à son égard sont punissables, compte tenu de la gravité des faits au regard de l'ordre public. En revanche, si la personne ne pouvait se méprendre sur la situation réelle du corrompu et sur l'irrégularité de sa position, l'apparence n'existe plus et c'est seulement la qualification d'escroquerie qui pourrait être retenue.

L'escroquerie implique de solliciter ou de percevoir des dons en vue de l'accomplissement des actes d'une fonction alléguée faussement.

Diffamation

Une allégation ou l'imputation d'un fait qui porte atteinte à l'honneur et à la considération d'une personne. La diffamation peut être raciste, sexiste, homophobe.

La personne accusée de diffamation peut se défendre et tenter d'échapper à la condamnation en proposant de prouver l'authenticité des faits mis en cause (« exception de vérité ».

Injure

Une parole, un écrit, une expression quelconque de la pensée adressés à une personne dans l'intention de la blesser ou de l'offenser. L'injure peut être privée ou publique. Elle peut aussi avoir un caractère raciste, sexiste ou homophobe.

II LA RESPONSABILITÉ DE L'ÉTAT

Le régime juridique de la responsabilité de l'État résulte d'une longue évolution jurisprudentielle.

- Arrêt Blanco TC 8 février 1873

Arrêt qui reconnaît pour la première fois le principe d'une responsabilité de l'État et par là-même reconnaît la spécificité d'un droit applicable à l'administration. Le tribunal des conflits affirme en effet que la responsabilité qui peut incomber à l'État pour les dommages causés aux particuliers par le fait de personnes qu'il emploie dans le service public, ne peut être régie par les principes qui sont établis dans le Code civil pour les rapports des particuliers à particulier.

- Arrêt Cadot TC 13 décembre 1889

Arrêt par lequel le Tribunal des conflits, après avoir considéré que la responsabilité qui peut incomber à l'Etat pour les dommages causés aux particuliers par le fait des personnes qu'il emploie dans le service public ne peut être régie par les principes qui sont établis dans le code civil pour les rapports de particulier à particulier, affirme que cette responsabilité a ses règles spéciales qui varient suivant les besoins du service et la nécessité de concilier les droits de l'État avec les droits privés. Constamment tiraillé entre deux impératifs contradictoires (intérêt général et intérêts privés), le droit administratif est donc par essence un droit de compromis qui doit contenir l'arbitraire sans contraindre l'administration à l'inertie.

- Arrêt Anguet CE 3 février 1911

Le Conseil d'État recherche pour la première fois si l'accident subi par un usager du service public du fait de la faute personnelle d'un agent ne trouve pas son origine dans un mauvais fonctionnement du service public. L'existence d'une faute de service rend l'administration responsable du dommage.

Cumul de responsabilités :

- Arrêt Lemonnier CE 26 juillet 1918

Arrêt par lequel le Conseil d'État reconnaît le cumul de responsabilités lorsqu'une faute personnelle d'un agent s'ajoute à une faute de service. La circonstance que l'accident serait la conséquence d'une faute d'un agent préposé à l'exécution d'un service public, laquelle aurait le caractère d'un fait personnel, ne saurait avoir pour conséquence de priver la victime de l'accident du droit de poursuivre directement contre la personne publique qui a la gestion du service incriminé, la réparation du préjudice.

- Arrêt Demoiselle Mimeur CE 18 novembre 1949

Le Conseil d'État reconnaît l'engagement de la responsabilité de l'administration alors même que la faute commise ne revêtait que le caractère d'une faute personnelle, mais l'accident litigieux survenu du fait d'un véhicule qui avait été confié à l'agent pour l'exécution d'un service public, ne saurait être regardé comme dépourvu de tout lien avec le service.

Responsabilité pour risques :

- Arrêt Regnault-Desroziers CE 28 mars 1919

Arrêt par lequel le Conseil d'Etat reconnaît que les risques excédant les limites de ceux qui résultent normalement du voisinage entraînent la responsabilité de l'Etat en cas d'accident sans pour autant que la victime ait à prouver l'existence d'une faute de l'Etat (en l'espèce, accident à la suite d'une manutention d'engins dangereux).

- Arrêt Consorts Lecomte CE 24 juin 1949

Arrêt par lequel le Conseil d'État reconnaît que la responsabilité de la puissance publique se trouve engagée même en l'absence d'une faute lourde dans le cas où le personnel de la police fait usage d'armes ou d'engins comportant des risques exceptionnels pour les personnes et les biens et où les dommages subis dans de telles circonstances excèdent, par leur gravité, les charges qui doivent normalement être supportées par les particuliers en contrepartie des avantages résultant de l'existence de ce service public.

- **XIXème siècle : irresponsabilité totale de l'État**
  - **Arrêt 8 fév. 1873 TC Blanco** — reconnaissance de la responsabilité des personnes publiques avec des règles spéciales
    - **Arrêt 30 juillet 1873 Pelletier** — reconnaissance de la faute d'un agent. Donc : distinction entre faute personnelle - faute de service

faute de service : imputable directement à la fonction
- compétence du tribunal administratif pour engager la responsabilité de l'administration

faute personnelle : faute qui est détachable du service liée à la faiblesse de l'humain
- compétence du tribunal judiciaire pour engager la responsabilité de l'agent

> **RÉGIME DE CUMULS**
> Plus favorable pour la protection des victimes
>
> **Cumul de faute** CE 3 fév. 1911 Anguet
> 1 faute de service + 1 faute personnelle. La victime attaque au choix l'agent ou l'administration
>
> **Cumul de responsabilité** CE 6 juillet 1918 Lemmonier
> 1 seule faute (personnelle) engage la double responsabilité : commune + maire

CHAPITRE 5

L'ORGANISATION DE LA JUSTICE EN FRANCE

I L'ORDRE JUDICIAIRE ET L'ORDRE ADMINISTRATIF

L'organisation des juridictions françaises repose sur plusieurs principes (droit d'appel, impartialité...) qui garantissent le respect des libertés fondamentales. Les juridictions se répartissent en deux ordres: un ordre judiciaire et un ordre administratif. A chaque litige correspond une juridiction compétente.

Ordre judiciaire : pénal + civil

Les juridictions de l'ordre judiciaire sont compétentes pour régler les litiges opposant les personnes privées (juridictions civiles) et pour sanctionner les auteurs d'infractions aux lois pénales (juridictions pénales).

Ordre administratif

Les juridictions de l'ordre administratif sont compétentes dès qu'une personne publique est en cause (une commune ou un service de l'État par exemple). Pour veiller à cette séparation, le Tribunal des conflits a été institué. Il tranche les conflits de compétence entre les juridictions administratives et judiciaires.

Comprendre les responsabilités encourues

1. La responsabilité pénale (juge pénal) - Faits constitutifs d'une infraction (crime, délit ou contravention) volontaire ou non intentionnelle. Recours devant le juge pénal.

2. La responsabilité administrative (juge administratif) - Des agents ont commis une faute de service. Il y a eu un dysfonctionnement du SP sans faute personnelle de l'agent. L'administration (via son assurance) doit réparer intégralement les dommages causés aux victimes. Faute personnelle non dépourvue de lien avec le service.

3. La responsabilité disciplinaire - en cas de manquement aux obligations statutaires d'un agent.

4. La responsabilité civile (juge civil) - En cas de faute personnelle de l'agent (acte détachable des fonctions et sans lien avec le service, animé d'une intention malveillante ou d'un intérêt purement privé ...). L'agent doit réparer le préjudice causé avec ses propres deniers.

Droits et obligations de tout citoyen

Toute personne a le droit :

1. d'accéder à la Justice quelle que soit sa condition (sexe, âge, culture, nationalité...) ;
2. à l'examen de son affaire par un juge ;
3. à ce que sa cause soit entendue (le juge a l'obligation de rendre une décision) ;
4. à être jugée selon les mêmes règles de droit et de procédure ;
5. de connaître les demandes ou reproches de son adversaire et de disposer des délais et moyens intellectuels pour les comprendre et préparer sa défense ;
6. de s'exprimer dans sa langue ;
7. d'être assistée ou représentée par le défenseur de son choix ;
8. d'être jugée par un juge indépendant, impartial et neutre ;
9. de contester une décision de justice en exerçant un recours devant d'autres juges.

Les obligations

Toute personne doit respecter les lois et les règlements en vigueur. La violation de la vie en société, des lois et des droits d'autrui peut engager :

- la responsabilité civile : on est responsable des dommages que l'on cause à autrui ;
- la responsabilité pénale, en cas d'infraction prévue par la loi : contraventions, délits, crimes.

Les recours

Quel que soit la décision prononcée par le juge, tout justiciable a la possibilité de contester le jugement rendu en première instance (tribunal saisi en premier), en faisant appel auprès d'une juridiction d'appel qui a pour rôle de procéder à un nouvel examen de toute l'affaire par d'autres magistrats. La cour d'appel va rendre un « arrêt ». Si l'arrêt ainsi rendu ne convient pas à l'une des parties au litige, elles peuvent faire un autre recours en « formant un pourvoi en cassation » soit devant la cour de cassation (affaire civile ou pénale), soit devant le conseil d'État (affaire administrative). La Cour de cassation et le conseil d'État ont un rôle plus limité : ils vérifient uniquement que les règles de droit ont été respectées, et ne procèdent pas à l'examen des faits à l'origine du litige.

Le respect du contradictoire

Les magistrats doivent s'assurer que toutes les parties s'opposant à un litige aient pris le temps de communiquer leurs pièces respectives. Chacune des parties doit être en possession des mêmes éléments, ces derniers qui seront communiqués au magistrat qui va trancher le litige.

II LES JURIDICTIONS ADMINISTRATIVES

Distinctes des juridictions judiciaires

Les juridictions administratives sont compétentes dès qu'une personne publique, une administration, une collectivité territoriale est en cause.

Le CE créé en 1799, les CAA créées en 1987, les TA créés en 1953.

Le conseil d'État (CE)

Mission juridictionnelle. Il est juge de cassation des arrêts rendus par les CAA. Le CE ne juge pas une troisième fois le litige mais vérifie le respect des règles de procédures et la correcte application des règles de droit par les TA et CAA.

Également compétent en premier et dernier ressort pour certains recours, le Conseil d'État juge aussi certains appels contre les décisions des tribunaux administratifs (ex : litiges relatifs aux élections municipales).

Mission consultative. Le Conseil d'État exerce aussi une autre mission : il donne un avis au Gouvernement sur les projets de loi et sur les projets de décrets les plus importants.

Les cours administratives d'appel (CAA)

compétentes pour statuer en appel sur saisine d'un particulier ou d'une administration, contre un jugement de tribunal administratif.

Les tribunaux administratifs (TA)

compétence de droit commun en première instance. Ex. : contestation d'un acte administratif ou action en responsabilité contre les services publics.

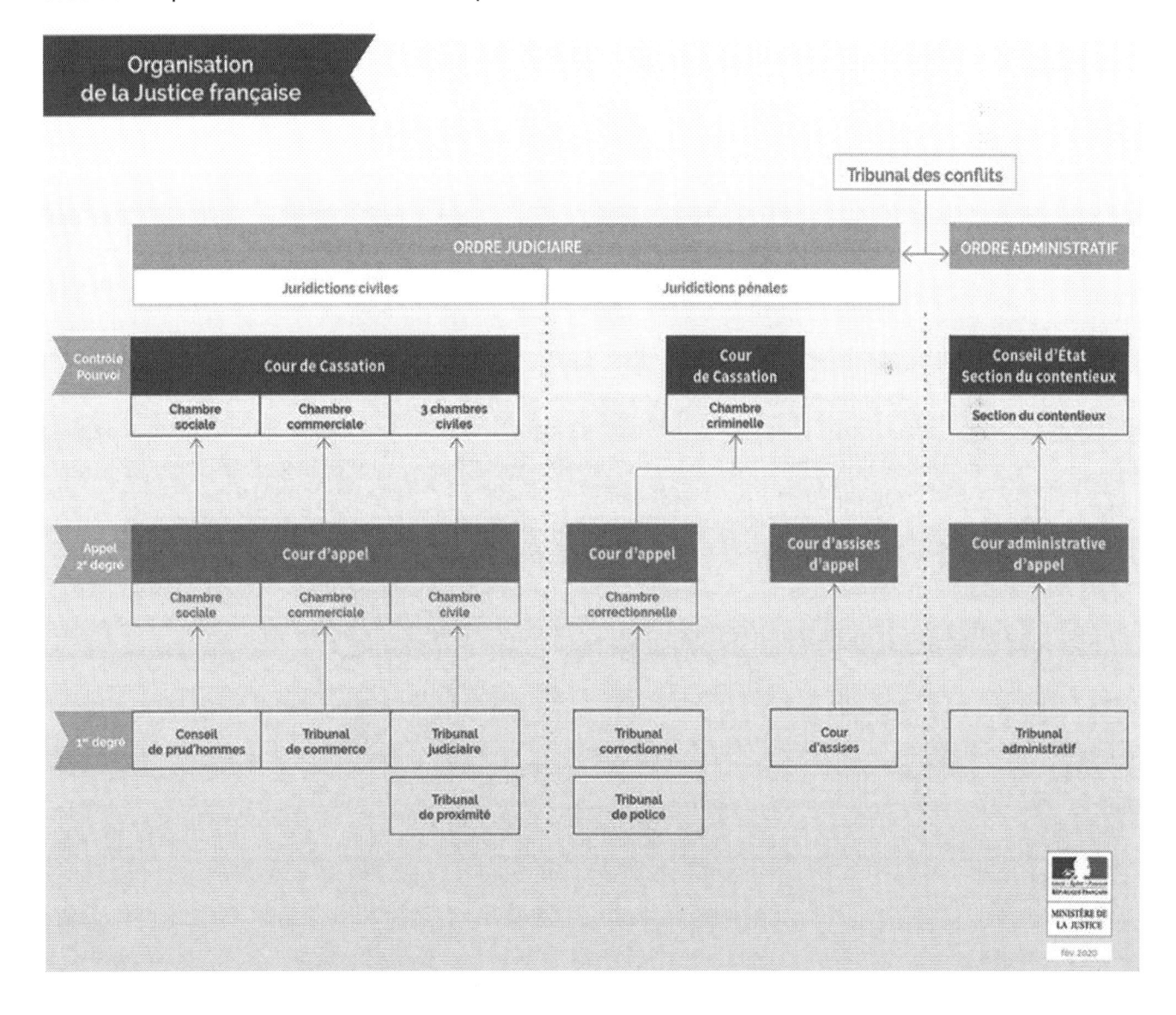

Organisation de la Justice française (Ministère de la Justice, fév. 2023)

III LES JURIDICTIONS CIVILES

La justice civile tranche les conflits entre les personnes privées. Une affaire civile est toujours jugée selon les règles du Code civil et du Code de procédure civile. Elle juge les contentieux d'ordre familial nés à l'occasion d'un mariage, d'un divorce, d'un décès ou résultant de difficultés relatives à l'éducation des enfants. Elle se charge également de régler les contentieux relatifs à la propriété, aux dettes non régularisées, aux contrats mal exécutés.

Il existe des juridictions civiles spécialisées qui tranche aussi les litiges nés dans le cadre des relations de travail (conseil des prud'hommes) ou de relations commerciales (tribunaux de commerce).

Nouvelles juridictions civiles à compter du 1er janvier 2020

Le Tribunal judiciaire (ex « TGI »/tribunal de grande instance) : compétent pour les litiges dont l'enjeu financier est supérieur à 10 000 euros. Il est aussi seul compétent pour certaines affaires énumérées par la loi, quel que soit le montant : état civil, divorce, autorité parentale, adoption, succession…

Le Tribunal de proximité (ex « TI »/tribunal d'instance) : compétence pour les litiges dont l'enjeu financier est inférieur à 10 000 euros. Attention : ne pas confondre le tribunal de proximité avec les anciennes juridictions de proximité (et juges de proximité) qui ont disparu depuis 2017.

IV LES JURIDICTIONS PÉNALES

La Justice pénale juge les personnes soupçonnées d'avoir commis une infraction :

- les contraventions (infractions les moins graves) sont jugées par le tribunal de police ;
- les délits (plus graves que les contraventions) sont jugés par le tribunal correctionnel ;
- les crimes (les infractions les plus graves) sont jugés par la cour d'assises.

Le tribunal de police siège à juge unique au sein du tribunal judiciaire (ex « TGI »). Le tribunal correctionnel siège au sein du tribunal judiciaire également. Soit en formation collégiale (3 juges), soit à juge unique.

Une affaire pénale est toujours jugée selon les règles du Code pénal et du Code de procédure pénale. Dans une procédure pénale, la société (par l'intermédiaire du procureur de la République ou de l'officier du ministère public) demande réparation à la personne inculpée. Si des personnes physiques ont également été victimes de cette personne, elles peuvent se porter parties civiles pour réclamer un dédommagement.

V AU-DELA DES JURIDICTIONS NATIONALES : LES JURIDICTIONS EUROPÉENNES

La justice européenne vise à garantir le respect du droit dans l'application et l'interprétation des traités au niveau de l'Union européenne, et à garantir le respect de la Convention européenne des droits de l'Homme.

La CJUE

La Cour de justice de l'Union européenne contrôle la légalité des actes des institutions de l'Union européenne et veille au respect par les États membres des obligations qui découlent des traités. Elle assure également une interprétation et une application uniforme du droit de l'Union.

La CEDH

La Cour européenne des droits de l'Homme (CEDH) est une juridiction qui assure le respect de la Convention de sauvegarde des droits de l'Homme et des libertés fondamentales dans les pays qui l'ont ratifiée notamment la France. Il est possible de saisir la CEDH après avoir saisi toutes les instances nationales (donc en France, après avoir saisi le conseil d'État ou la Cour de cassation). Cette convention protège un certain nombre **de droits et libertés fondamentaux** :

- le droit à la vie, le droit à un procès équitable, le droit au respect de la vie privée et familiale, ou encore le droit au respect de ses biens, la liberté d'expression, de pensée, de conscience ou de religion, les droits sociaux et économiques reflétant les valeurs communes et l'héritage constitutionnel de l'Europe...

- de nouveaux droits, dits de "troisième génération", tels que le droit à la protection des données et le droit à une bonne administration...

Le rôle de la CEDH est alors de juger des atteintes à ces droits et libertés par l'un des Etats partie à la Convention. Si la Cour juge qu'il y a une violation des droits énoncés dans la Convention, alors l'État peut être condamné à verser une somme d'argent au requérant, en réparation du préjudice subi.

Plus généralement, s'il est condamné, l'État sera amené à prendre des mesures (modification de la loi...) pour éviter une nouvelle violation de la Convention. Enfin, par sa jurisprudence, c'est-à-dire l'ensemble des arrêts qu'elle rend, la CEDH précise ce que sont les droits et les libertés fondamentales issus de la Convention.

PARTIE 6
QUESTIONS POUR S'ENTRAINER
DÉCOUPER, PLIER ET TIRER AU SORT !

Questions à découper pour les tirer au sort...

Vous trouverez ci-joint deux tableaux quadrillés comportant plus d'une cinquantaine de questions diverses. Découpez la page, et le quadrillé tracé, puis pliez tous les carrés qui vous permettront de vous entrainer à toutes ces questions qui sont à l'image de celles qui pourraient être posées par les membres du jury. Ne trichez pas et ne regardez pas les questions si vous souhaitez vous entrainer efficacement et faire un entrainement en conditions réelles de simulation !

Vous pouvez aussi demander à une tierce personne de votre entourage de découper ces deux quadrillés, et plier les questions posées pour éviter la tentation de les lire !

Les propositions de réponse et les conseils aux questions « à découper/plier » figurent dans la partie 7 suivante, laquelle distingue la liste des questions correspondant aux deux différents tableaux.

Quelle différence faites-vous entre l'état d'urgence et l'état de siège ?	Parlez-nous des formations nécessaires pour s'équiper en bâton de défense ou de tonfas	Maire, élus et DGS, quelle différence faites-vous ?
Le maire vous demande comment adresser une mise en demeure à un riverain n'élaguant pas ses haies qui dépassent sur la voie publique. Que dites-vous ?	Votre maire a constaté qu'un arbre planté sur une propriété privée menace de s'abattre sur la propriété riveraine. Il vous demande, au regard de l'urgence, s'il est possible de pénétrer sur la propriété privée pour abattre cet arbre.	Une contravention pour non-respect d'un arrêté municipal interdisant la consommation d'alcool sur la voie publique peut-elle être contestée ?
Les visites sur le terrain sont-ils réservés aux fonctionnaires, et pas aux élus ?	Que pensez-vous des suicides des agents de police avec leur arme de service ?	Comment gérez-vous un conflit entre deux agents de votre service ?
Quels sont les pouvoirs du président de la République ?	Qu'est-ce que la diffamation ?	Comment identifier un agent motivé dans un service ?
Pourquoi ne travaillez-vous pas dans la police nationale ?	Que vous inspire le couvre-feu ?	Qu'est-ce que le droit de retrait ?
Quelles sont selon vous les qualités d'un bon encadrant ?	Un de vos agents arrive en état d'ébriété. Que faites-vous ?	Comment vous voyez-vous dans 5 ans ?
Vaut-il mieux ne pas habiter sur la commune et avoir un logement de fonctions ?	Etes-vous pour ou contre la vidéoprotection ?	Qu'est-ce que le tribunal de police ?
La liberté d'opinion est-elle réelle pour les fonctionnaires ?	A quoi vous fait penser le mot « incendie » ?	Quelles sont les juridictions civiles du premier ressort ?
Comment préparez-vous un dossier d'aide à la décision d'un élu ou à la hiérarchie ?	Un de vos collaborateurs arrive régulièrement avec retard aux réunions. Que faites-vous ?	Vous êtes policier municipal combien de temps dans une journée ?

Le verso de cette page est vierge pour le pliage des questions découpées selon le quadrillé du tableau.

Que pensez-vous des arrêtés anti mendicité pris par certains maires ?	Qu'est-ce qu'un ordre illégal ?	Comment s'élabore le budget ?
Etes-vous pour ou contre la peine de mort ?	Etes-vous pour ou contre le port de la casquette ?	Combien d'acteurs impliqués dans la sécurité aujourd'hui ?
La sécurité est-elle un droit fondamental selon vous ?	Quel est le rôle du ministère public ?	Le port du voile sur l'espace public est-il autorisé ?
Un de vos agents suspendu de ses fonctions remet en cause votre légitimité sur un réseau social. Que faites-vous ?	Un maire peut-il refuser la mise à disposition d'une salle communale pour la fête de l'Aïd-el-Kebir ?	Pourquoi la CNIL doit-elle être connue d'un chef de service de police municipale ?
Un de vos agents a des difficultés à réaliser la mission que vous lui avez confiée. Que faites-vous ?	Le maire est contacté pour installer une fête foraine. Il est d'accord. Comment menez-vous le projet ?	Un propriétaire est-il complice de rires et cris de jeunes gens à son domicile qu'il laisse commettre la nuit ?
Parlez-nous de la procédure disciplinaire ?	Que pensez-vous de la privatisation des voitures radars ?	Faut-il terroriser les terroristes selon vous ?
Le maire peut-il infliger une amende administrative de 500 euros à un SDF qui reste au même endroit sur un espace public ?	Les qualités exigées pour être policier municipal sont-elles les mêmes que celles exigées par le statut militaire de la gendarmerie ?	Le maire peut-il interdire l'occupation d'un immeuble dont au rez-de-chaussée une boulangerie ayant endommagé les deux étages supérieurs ?
Vous intégrez votre poste à la tête d'un nouveau service. Que faîtes-vous ?	Vous n'êtes pas d'accord avec le projet d'un élu. Que faites-vous ?	Que pensez-vous des relations entre la police nationale et la police municipale ?
Que vous inspire la safe city ?	La déontologie c'est quoi ? est-ce sanctionnable ? comment ?	Qu'est-ce que la dépénalisation ?

Le verso de cette page est vierge pour le pliage des questions découpées selon le quadrillé du tableau.

PARTIE 7
QUESTIONS
ÉLÉMENTS DE CORRECTION POUR S'AUTO ÉVALUER

Indications de correction pour le 1er tableau

I Rappel des questions d'entraînement proposées

Maire, élus et DGS, quelle différence faites-vous ?

Que pensez-vous des suicides des agents de police avec leur arme de service ?

Comment préparez-vous un dossier d'aide à la décision d'un élu ou à la hiérarchie ?

Etes-vous pour ou contre la vidéoprotection ?

La vidéoprotection permet de visionner un espace précis sur la voie publique aux fins limitativement

Vaut-il mieux ne pas habiter sur la commune et avoir un logement de fonctions ?

Comment vous voyez-vous dans 5 ans ?

Quelles sont selon vous les qualités d'un bon encadrant ?

Comment identifier un agent motivé dans un service ?

Comment gérez-vous un conflit entre deux agents de votre service ?

Quelle différence faites-vous entre l'état d'urgence et l'état de siège ?

Le maire vous demande comment adresser une mise en demeure à un riverain n'élaguant pas ses haies qui dépassent sur la voie publique. Que dites-vous ?

Parlez-nous des formations nécessaires pour s'équiper en bâton de défense ou de tonfas ?

Un de vos collaborateurs arrive régulièrement avec retard aux réunions. Que faites-vous ?

Un de vos agents arrive en état d'ébriété. Que faites-vous ?

Qu'est-ce que le droit de retrait ?

Pourquoi ne travaillez-vous pas dans la police nationale ?

Quelle sont les juridictions civiles du 1er ressort ?

A quoi vous fait penser le mot « incendie »

Quels sont les pouvoirs du président de la République ?

Vous êtes policier municipal combien de temps dans une journée ?

Les visites sur le terrain sont-ils réservés aux fonctionnaires, pas aux élus ?

Qu'est-ce que la diffamation ?

Qu'est-ce que le tribunal de police ?

La liberté d'opinion est-elle réelle pour les fonctionnaires ?

Que vous inspire le couvre-feu ?

Une contravention pour non-respect d'un arrêté municipal interdisant la consommation d'alcool sur la voie publique peut-elle être contestée ? Une contravention pour non-respect d'un arrêté municipal interdisant la consommation d'alcool sur la voie publique peut-elle être contestée ?

II Réponses et conseils aux questions posées

Maire, élus et DGS, quelle différence faites-vous ?

Le maire est élu au suffrage universel indirect. Il est le chef du personnel notamment du service de la police municipal. Il nomme le directeur général des services qui sera chargé de mettre en œuvre les politiques publiques locales. Il n'a pas de lien hiérarchique avec les élus du conseil municipal qui sont désignés par suffrage universel direct. Toutefois, le DGS se situe à un poste fonctionnel important et élevé dans l'organigramme d'une commune. Les relations entre le DGS et le maire sont fortes et collaboratives. Le DGS a une place centrale, tout en restant un fonctionnaire soumis au statut de la fonction publique territoriale.

Que pensez-vous des suicides des agents de police avec leur arme de service ?

L'actualité montre que plusieurs gendarmes ou policiers nationaux se sont suicidés avec l'arme de dotation et ce, hors service, en repos ou en permission. La prévention du suicide relève bien souvent d'un accompagnement psychologique. En tant que responsable de mon service, je m'efforcerai d'être à l'écoute des agents sous ma responsabilité. La dimension relationnelle dans l'exercice du commandement est importante car en tant qu'encadrant, il est nécessaire d'apporter une réponse adaptée pour détecter une personne en difficulté, et selon le degré d'urgence identifié. De plus, il est nécessaire de s'impliquer dans la prévention des risques psychosociaux et de l'amélioration de la qualité de vie au travail de l'ensemble du personnel avec les autres acteurs impliqués dans la qualité de vie au travail comme le comité d'hygiène, de sécurité et des conditions de travail (CHSCT).

A ce titre, l'aspect formation est important. D'une part pour l'encadrant le cas échéant sur la prévention du risque suicidaire, d'autre part pour faire évoluer l'agent dans son parcours professionnel. S'il est établi que les causes du suicide sont majoritairement d'ordre privé, la difficulté du métier de policier, confronté aux violences, aux souffrances et aux détresses qui traversent la société, ne peut être éludée parmi les facteurs déclenchant un passage à l'acte. Enfin, le management reposera sur des temps informels pour des moments de convivialité et de partage, faciliter le dialogue et favoriser la cohésion.

Comment préparez-vous un dossier d'aide à la décision d'un élu ou à la hiérarchie ?

En tant que chef de service de police municipale, mon rôle sera d'aider à la décision des élus par l'expertise dans mon champ de compétence et ma connaissance des besoins des usagers.

Il convient d'abord de bien formuler la volonté politique de l'élu et ses attentes en objectifs opérationnels. Un état des lieux sera nécessaire avec l'identification des contraintes juridiques, budgétaires, techniques, au cas par cas. Car au-delà de la volonté politique de l'élu, et de ses objectifs stratégiques, il est nécessaire de déterminer les enjeux du projet et les modalités de sa mise en œuvre transversale. Un calendrier sera proposé avec des points d'étape, outre les modalités de pilotage et de validation. Il sera bien sûr nécessaire d'identifier les acteurs qui seront à solliciter en interne et les partenaires à impliquer en externe.

Etes-vous pour ou contre la vidéoprotection ?

La vidéoprotection permet de visionner un espace précis sur la voie publique aux fins limitativement énumérées dans le Code de la sécurité intérieure comme par exemple les secours, la prévention de la tranquillité publique. Ce dispositif est très encadré au niveau de la protection de la vie privée et du droit à l'image. Certains débattent à ce sujet. Il convient de rappeler que la vidéoprotection est un des moyens pour que l'État assure le droit à la sécurité des populations tout en préservant le respect de la vie privée par les procédures d'autorisation auprès de la préfecture et la mise en place d'une commission pour veiller au respect de la vie privée. Cet encadrement explique pourquoi de très nombreuses communes en France ont déployé le dispositif. Allié à la vidéoverbalisation et bientôt avec la safe city, les avantages pour la population sont certains.

Vaut-il mieux ne pas habiter sur la commune et avoir un logement de fonctions ?

L'attribution d'un logement de fonction est liée aux conditions de travail. Il peut être fait référence au contenu du poste de travail ou aux caractéristiques de la collectivité. Mais l'attribution d'un logement de fonction doit être en relation avec la nécessité absolue des services et l'exercice des fonctions. Il appartient donc aux collectivités territoriales d'apprécier les contraintes justifiant l'attribution d'un logement de fonction, et de distinguer celles qui, parce qu'elles appellent de la part de l'agent une présence pouvant être regardée comme constante, justifient que ce logement soit attribué gratuitement, de celles qui rendent seulement utile la fourniture dudit logement qui alors, doit être assortie du paiement par l'intéressé d'une redevance. Le conseil municipal fixera ainsi la liste des emplois bénéficiant d'un logement de fonctions.

Pour la police municipale, l'attribution d'un logement de fonction ne semble pas justifiée car les missions restent ponctuelles, et il n'existe pas d'astreinte prolongée justifiant sa présence. Il appartient à chaque agent de décider s'il a l'intention ou pas d'habiter sur la commune où il exerce.

Comment vous voyez-vous dans 5 ans ?

La réponse doit être personnalisée. Au cas par cas : évolution de poste au sein de la même commune ou pas ? volonté de rester dans la région ou pas ? volonté de s'impliquer plus fortement dans l'expertise auprès des élus ou pas ? projection dans le concours de directeur de police municipale ? ...

Votre maire a constaté qu'un arbre planté sur une propriété privée menace de s'abattre sur la propriété riveraine. Il vous demande, au regard de l'urgence, il est possible de pénétrer sur la propriété privée pour abattre cet arbre.

Il convient de rappeler qu'en vertu des articles L. 2212-1 et L. 2212-2 du code général des collectivités territoriales, le maire est chargé de la police municipale qui a pour objet d'assurer le bon ordre, la sûreté, la sécurité et la salubrité publiques. Ces pouvoirs ne lui permettent pas d'entrer sur une propriété privée sans commettre une infraction délictuelle qui est la voie de fait.

Toutefois, en cas de danger grave ou imminent, les dispositions de l'article L. 2212-4 du CGCT autorisent le maire à ordonner l'exécution de travaux sur une propriété privée en les faisant réaliser par la commune. Il appartient donc au maire d'apprécier, en fonction des circonstances locales et des informations portées à sa connaissance, si l'imminence ou la gravité du danger pour la sécurité publique rendent nécessaire son intervention d'office sur une propriété privée. Il sera nécessaire de prendre attache avec le propriétaire privé dans les meilleurs délais pour expliquer la situation, et indispensable de caractériser la dangerosité et l'urgence de la situation.

Quelles sont, selon vous, les qualités d'un bon encadrant ?

Une telle question n'amène pas de réponse type A chacun de travailler en amont cette question avec a minima trois qualités essentielles à ses yeux. Au cas par cas : proposer et traduire des objectifs clairs aux agents et à l'équipe, encourager et savoir déléguer, être exemplaire, savoir arbitrer...

Comment identifier un agent motivé dans un service ?

La motivation peut résulter de plusieurs critères manifestés par cet agent. D'une manière générale, il s'investit, fait preuve de curiosité dans l'exercices des missions et des pouvoirs de police du maire en partageant ses connaissances. Il montre aussi de l'intérêt dans l'exercice de ses missions et n'hésite pas à s'investir pleinement. Il cherche à améliorer ses connaissances, peut se remettre en cause, et prend des initiatives personnelles d'amélioration. Un agent motivé est souvent force de propositions avec des idées ou des solutions qu'il partage avec le service. Enfin, il ambitionne une évolution de carrière, songe à passer des examens et se projette dans l'avenir.

Comment gérez-vous un conflit entre deux agents de votre service ?

La première chose à faire est d'entendre les deux agents en conflit. Je les reçois individuellement, les écoute, en ayant pour objectif de les apaiser. Ensuite, je les reçois ensemble. L'idée est de se positionner de manière neutre et de leur faire comprendre que je ne prendrais pas parti pour l'un ou pour l'autre, mais d'apaiser les tensions. Chacun pourra s'exprimer, tour à tour, en exposant les raisons du conflit. Ensuite, je fais une synthèse pour rappeler les faits de manière objective, et clarifier l'origine du litige. Je m'efforcerais de trouver une conciliation pour résoudre ce litige afin que chacun fasse un effort. Si aucune conciliation n'est possible, je procède à un arbitrage en expliquant avec clarté les raisons de ma décision.

D'une manière générale, il est toujours important d'anticiper les éventuels conflits au sein d'un service. Le dialogue, la transparence de l'information, l'égalité de traitement entre les agents, l'écoute des besoins des agents et l'esprit d'équipe sont des critères importants pour tout encadrant.

Quelle différence faites-vous entre l'état d'urgence et l'état de siège ?

La réponse doit débuter par un rapide rappel de définition. L'état d'urgence est régi par la loi du 3 avril 1955, et se caractérise par des pouvoirs exceptionnels confiés aux autorité détentrices de certains pouvoirs de police administrative à l'image du préfet de département pour renforcer les mesures nécessaires au maintien de l'ordre public. L'état de siège, quant à lui, est reconnu dans la Constitution du 4 octobre 1958 à l'article 36. Il se définit comme les pouvoirs dont l'autorité civile était revêtue pour le maintien de l'ordre public, conférés aux autorités militaires. L'état de siège n'a jamais été appliqué sous la Vème République, à l'inverse de l'état d'urgence.

A noter : La notion d'ordre public peut ne pas être défini à ce stade. Le candidat peut ainsi amener le jury à lui poser la question sur les contours et la définition de l'ordre public, notion que tout candidat doit absolument connaître. De même, les événements ayant déclenché la mise en application de l'état d'urgence en France sont à connaître. Il sera utile de réviser parallèlement les pouvoirs exceptionnels du président de la République définis à l'article 16 de la Constitution du 4 octobre 1958. Il est aussi possible d'évoquer l'état d'urgence sanitaire (loi du 23 mars 2020) pour faire face à l'épidémie de covid-19.

Le maire vous demande comment adresser une mise en demeure à un riverain n'élaguant pas ses haies qui dépassent sur la voie publique. Que dites-vous ?

La loi du 27 décembre 2019 relative à l'engagement dans la vie locale et à la proximité de l'action publique a augmenté les pouvoirs de police administrative en la matière. En effet, le maire peut appliquer une amende administrative de 500 euros au maximum tout manquement à un arrêté du maire présentant un risque pour la sécurité des personnes et ayant un caractère répétitif ou continu en matière d'élagage et d'entretien des arbres et des haies donnant sur la voie ou le domaine public.

S'agissant les modalités de la mise en demeure, le maire notifie par écrit à l'intéressé les faits reprochés, les mesures nécessaires pour faire cesser le manquement, et les sanctions encourues. Ce dernier peut présenter des observations, écrites ou orales, dans un délai de 10 jours, le cas échéant assisté par un conseil ou représenté par un mandataire de son choix. Passé 10 jours, si la personne n'a pas pris les mesures nécessaires pour faire cesser le manquement, le maire la met en demeure de se conformer à la réglementation dans un nouveau délai de dix jours. A défaut d'exécution dans ce second délai, le maire peut, par décision motivée, prononcer l'amende administrative (le montant sera fixé selon la gravité des faits). La décision du maire prononçant l'amende est notifiée par écrit et mentionne les modalités et le délai de paiement de l'amende. Ces modalités doivent être scrupuleusement respectées puisque la personne peut saisir le tribunal administratif pour contester la procédure.

Parlez-nous des formations nécessaires pour s'équiper en bâton de défense ou de tonfas ?

Les formations à l'armement des agents de police municipale et au certificat de moniteur de police municipale en maniement des armes sont encadrées par arrêté.

Les agents de police municipale doivent suivre des formations obligatoires relatives au maniement des armes de catégorie D (bâton de défense, tonfas ou matraques télescopiques), mais aussi aux pistolets à impulsions électriques, ou aux générateurs d'aérosols incapacitants ou lacrymogènes de catégorie B, sans quoi ils ne peuvent pas patrouiller avec leurs matraques ou leurs sprays lacrymogènes, pourtant nécessaires à l'exercice de leurs fonctions.

Les agents de police municipale doivent suivre une formation préalable puis une formation annuelle d'entraînement au maniement des armes des catégories B, C et D dont la liste est fixée dans le code de la sécurité intérieure. Ces formations concernent certaines armes de catégorie D (matraques de type « bâton de défense » ou « tonfa », matraques ou tonfas télescopiques).

Par ailleurs, en vertu du décret du 28 novembre 2016 relatif aux conventions locales de sûreté des transports collectifs et aux conditions d'armement des agents de police municipale, une autorisation de port d'armes de type matraque ou tonfa délivrée avant le 1er juillet 2017 est valable jusqu'à ce que l'agent ait suivi la formation correspondante, au plus tard le 1er juillet 2020.

Un de vos collaborateurs arrive régulièrement avec retard aux réunions. Que faites-vous ?

Je demande à en discuter avec lui au cours d'un entretien. Je l'informe de la régularité de ses retards, malgré les horaires définis des réunions. Puis, j'écoute ses explications. Je lui rappelle que l'exemplarité est indispensable pour le service, outre le respect qu'il doit à l'ensemble de ces collaborateurs. De plus, son retard peut compromettre le respect de l'ordre du jour de la réunion. Je lui demande donc de mieux gérer son temps pour qu'aucun retard ne se produise à l'avenir, tout en lui indiquant que je serai particulièrement attentif à sa ponctualité à l'avenir.

Un de vos agents arrive en état d'ébriété. Que faites-vous ?

Si un agent arrive en état d'ébriété, il n'est pas en capacité d'assurer les missions qu'il devrait exercer. En conséquence, je le reçois en entretien individuel pour entendre ses explications tout en élucidant s'il s'agit d'un alcoolisme ponctuel ou chronique, et je l'envoie à la médecine du travail. Parallèlement, j'informe ma hiérarchie de la situation et de ma décision. Il sera reçu en entretien de recadrage dès le lendemain. Suite à cet entretien, je transmettrai un rapport factuel à la hiérarchie en précisant la nature de ses missions, à savoir s'il est en extérieur au contact du public et s'il possède une arme. Je mettrai en place une procédure de suivi de l'agent par la médecine du travail. Surtout, je sollicite que cet agent soit changé de poste lorsque ces missions sont incompatibles avec les missions exercées telles que l'accueil du public, l'îlotage, la conduite d'un véhicule.

Qu'est-ce que le droit de retrait ?

Le droit de retrait est un droit dont bénéficie tout agent public en vertu de la loi du 13 juillet 1983 sur les droits et obligations de la fonction publique. Il permet de refuser d'obéir ou de ne pas exercer ses missions s'il a un motif raisonnable de penser qu'il se trouve exposé à un danger grave et imminent pour sa vie ou sa santé.

L'agent qui se trouve dans une situation de travail présentant un danger grave et imminent en alerte immédiatement son chef de service et peut se retirer d'une telle situation. Il peut aussi informer un représentant du personnel au CHSCT. Le chef de service procède alors à une enquête, s'il y a lieu avec le représentant du CHSCT qui lui a signalé le danger, et prend les dispositions nécessaires pour y remédier. En cas de divergence sur la réalité du danger ou la façon de le faire cesser, le CHSCT est réuni dans les 24 heures. L'inspecteur du travail est informé de cette réunion et peut y assister. L'administration décide des mesures à prendre après avis du CHSCT. En cas de désaccord entre l'administration et le CHSCT, l'inspecteur du travail est obligatoirement saisi.

Pourquoi ne travaillez-vous pas dans la police nationale ?

Cette question peut être posée à une personne venant de la police nationale (ou dans le même sens pour le candidat ayant un parcours dans la gendarmerie nationale). Tout d'abord, le sens du service public sera valorisé en prônant l'intérêt général à savoir la surveillance et la protection de la population. Néanmoins, la police municipale est une police de proximité, proche des usagers, et offrant la possibilité d'observer les résultats à court ou moyen terme des élus, et en tant que chef de service, la possibilité de participer à la réalisation des projets sur le territoire de la commune avec une diversité de missions que n'offre pas forcément la police nationale.

Quelle sont les juridictions civiles du 1er ressort ?

Les juridictions civiles ont été réorganisées à la suite de la réforme de la justice en France. Depuis le 1er janvier 2020, date d'entrée en vigueur de la réforme, le tribunal judiciaire (nouvelle appellation du tribunal de grande instance) est compétent pour les litiges dont l'enjeu financier est supérieurt à 10 000 euros. Le tribunal de proximité (ancienne appellation du tribunal d'instance qui a été fusionné au tribunal de grande instance) est compétent pour les litiges inférieurs à 10 000 euros. De nombreux développements sont possibles (réforme de la justice pénale en parallèle, compétences spécialisées des deux tribunaux…), et dépendent des connaissances de chaque candidat.

A quoi vous fait penser le mot « incendie »

Il faut d'abord apporter une définition ! Incendie : un feu qui se dégage et qui n'est pas maîtrisé, et créé des dégâts matériels ou des blessés. Puis, il faut trouver le lien avec les missions professionnelles ou les connaissances (c'est l'intérêt de laisser deux à trois secondes de silence avant de répondre). Ainsi, au cas par cas, et après la définition, un candidat pourra évoquer : les primo intervenants, la mise en sécurité, les relations avec des partenaires, le SDIS … Par analogie, pourquoi ne pas évoquer le feu de Saint-Jean, fête locale traditionnelle et la mise en sécurité préventive des lieux…

Quels sont les pouvoirs du président de la République ?

En vertu de l'article 5 de la Constitution du 4 octobre 1958, le Président de la République veille au respect de la Constitution. Il assure, par son arbitrage, le fonctionnement régulier des pouvoirs publics ainsi que la continuité de l'Etat. Enfin, il est le garant de l'indépendance nationale, de l'intégrité du territoire et du respect des traités.

Vous êtes policier municipal combien de temps dans une journée ?

La durée réglementaire fixée dans le Code du travail est de 35 heures hebdomadaire. Toutefois, la profession demande de la disponibilité compte tenu notamment de la particularité des missions portant sur la protection de la population. Les missions exercées sur le terrain ne peuvent s'arrêter à la durée réglementaire en fonction des tâches à effectuer qui sont variables relationnelles en termes de médiation ou de gestion des conflits ou de la surveillance du domaine public, et qui par ailleurs offrent tout l'intérêt du métier. De plus, le travail de nuit, les jours fériés ou le week-end fait partie du profil de poste.

Les visites sur le terrain sont-ils réservés aux fonctionnaires, pas aux élus ?

En tant que fonctionnaire, un chef de service de police municipale a des relations avec les élus, d'autant s'il développe des missions d'expertise. Faut-il pour autant se contenter de respecter la relation hiérarchique ? La réponse est à nuancer au regard des rôles et des missions de chacun. Dès lors, et compte tenu des décisions en matière notamment de politiques sécuritaires, il faut privilégier le dialogue entre les élus et les fonctionnaires. Aujourd'hui, les agents de police municipale sont quotidiennement sur le terrain et à l'écoute de la population. Il est donc important pour un élu d'être également à l'écoute des fonctionnaires qui sont sur le terrain, ces derniers devant les informer des retours de terrain, tout en les incitant à les accompagner. Certes, le chef de service devra assurer la mise en application des décisions des élus, mais il peut apporter son expertise dans l'analyse des besoins des usagers. A ce titre, le rôle de l'encadrant sera également d'informer les équipes des grandes orientations prises, et de leurs enjeux, pour donner un sens à leurs actions.

Qu'est-ce que la diffamation ?

La diffamation est une limite à la liberté d'expression définie par la loi du 29 juillet 1881 sur la liberté de la presse. Il s'agit d'une infraction qui consiste en une allégation ou l'imputation d'un fait qui porte atteinte à l'honneur et à la considération d'une personne. La diffamation peut être raciste, sexiste, homophobe. Le candidat pourra la différencier de l'injure.

Qu'est-ce que le tribunal de police ?

Le tribunal de police est la juridiction pénale compétente pour juger les auteurs des contraventions quel que soit la classe des contraventions notamment celles constatées par la police municipale. Le tribunal y siège à juge unique. Les intérêts de la société sont représentés par un officier du ministère public pour les contraventions des quatre premières classes, et le substitut du procureur de la République pour les contraventions de la 5ème classe. Il incombe au chef de service de sensibiliser régulièrement les agents sur la matérialité des faits dans leur rapport pour aider les tâches des officiers des ministères publics et du magistrat dans les poursuites et les sanctions applicables. Il est également important pour un chef de service d'établir de bonne relation avec le secrétariat du ministère public.

La liberté d'opinion est-elle réelle pour les fonctionnaires ?

La liberté d'opinion se définit par le fait que toute personne est libre de penser et d'exprimer ses opinions comme elle l'entend. Elle fait partie des droits appartenant à tout agent public. Toutefois, dans l'exercice de leurs missions, les fonctionnaires doivent respecter un devoir de réserve qui est inhérente à la loyauté vis-à-vis du chef du personnel de l'administration, et à la neutralité du service public. Enfin, la liberté d'opinion ne permet pas d'exprimer tout propos, et la liberté d'expression a des limites tenant notamment à des infractions définies par le Code pénal comme la diffamation, l'injure, l'incitation à la haine raciale…

Que vous inspire le couvre-feu ?

Le couvre-feu est un dispositif né au cours de la seconde guerre mondiale et imposé par l'occupant allemand. Il a pour but d'empêcher et de contrôler les déplacements la nuit. De fait, c'est une atteinte à la liberté d'aller et venir dans l'intérêt d'une autorité souhaitant préserver le maintien de l'ordre public. Le maire, dans le cadre de ses pouvoirs de police administrative, a la possibilité d'instaurer un couvre-feu dans des zones considérées comme sensibles et limiter les sorties des enfants mineurs non accompagnés après une certaine heure tardive (22 ou 23 heures). Toutefois, la mise en place d'un couvre-feu par un maire sera l'objet d'un contrôle maximum exercé par le juge administratif en application du principe posé par l'arrêt Benjamin en 1933. Les mesures restrictives de la liberté d'aller et venir doivent être notamment proportionnées au risque de trouble à l'ordre public et limité sur le territoire communal. De la même manière, les mesures de confinement prises par le gouvernement lors de la crise sanitaire du coronavirus ont été assimilées à un couvre-feu tendant à limiter la propagation du virus covid 19 sur le fondement du droit à la santé et à la protection des populations. Le couvre-feu n'était prévu que par la loi d'avril 1955 sur l'état de siège pour les autorités administratives titulaires du pouvoir de police comme le préfet de département. La loi sur l'état d'urgence sanitaire du 23 mars 2020 d'urgence pour faire face à l'épidémie de covid-19, a instauré un couvre-feu et défini diverses infractions.

Une contravention pour non-respect d'un arrêté municipal interdisant la consommation d'alcool sur la voie publique peut-elle être contestée ?

Tout contrevenant a la possibilité de contester une contravention sous réserve de ne pas payer l'amende. Un courrier de contestation doit être adressé au ministère public compétent. L'affaire sera portée devant le tribunal compétent pour trancher le litige en matière contraventionnelle à savoir le tribunal de police. Un des motifs de contestation pourrait porter sur l'illégalité de l'arrêté municipal. En effet, le juge pénal est amené à apprécier la légalité d'un acte administratif si l'issue du litige en dépend. Dès lors, la proportionnalité des mesures d'interdiction à l'échelle du territoire de la commune ou dans la durée fera l'objet d'une attention particulière. Il convient de rappeler que le juge pénal pourra relaxer le contrevenant pour absence d'élément légal en cas d'illégalité reconnue de l'arrêté municipal. Toutefois, sa décision est rendue au cas d'espèce et n'annule pas l'acte administratif puisque seul le juge administratif peut annuler un arrêté municipal à supposer qu'il soit saisi dans le délai de recours pour excès de pouvoir qui est de deux mois.

Indications de correction pour le 2d tableau

I Rappel des questions d'entraînement proposées

Que pensez-vous des arrêtés anti mendicité pris par certains maires ?

Qu'est-ce qu'un ordre illégal ?

Comment s'élabore le budget ?

Etes-vous pour ou contre la peine de mort ?

Etes-vous pour ou contre le port de la casquette ?

Combien d'acteurs impliqués dans la sécurité aujourd'hui ?

La sécurité est-elle un droit fondamental selon vous ?

Quel est le rôle du ministère public ?

Le port du voile sur l'espace public est-il autorisé ?

Un de vos agents suspendu de ses fonctions remet en cause votre légitimité sur un réseau social. Que faites-vous ?

Un maire peut-il refuser la mise à disposition d'une salle communale pour la fête de l'Aïd-el-Kebir ?

Pourquoi la CNIL doit-elle être connue d'un chef de service de police municipale ?

Un de vos agents a des difficultés à réaliser la mission que vous lui avez confiée. Que faites-vous ?

Le maire est contacté pour installer une fête foraine. Il est d'accord. Comment menez-vous le projet ?

Un propriétaire est-il complice de rires et cris de jeunes gens à son domicile qu'il laisse commettre la nuit ?

Parlez-nous de la procédure disciplinaire ?

Que pensez-vous de la privatisation des voitures radars ?

Faut-il terroriser les terroristes selon vous ?

Le maire peut-il infliger une amende administrative de 500 euros à un SDF qui reste au même endroit sur un espace public ?

Les qualités exigées pour être policier municipal sont-elles les mêmes que celles exigées par le statut militaire de la gendarmerie ?

Le maire peut-il interdire l'occupation d'un immeuble dont au rez-de-chaussée une boulangerie ayant endommagé les deux étages supérieurs ?

Vous intégrez votre poste à la tête d'un nouveau service. Que faîtes-vous ?

Vous n'êtes pas d'accord avec le projet d'un élu. Que faites-vous ?

Que pensez-vous des relations entre la police nationale et la police municipale ?

Que vous inspire la safe city ?

La déontologie c'est quoi ? est-ce sanctionnable ? comment ?

Qu'est-ce que la dépénalisation ?

II Réponses et conseils aux questions posées

Un maire peut-il refuser la mise à disposition d'une salle communale pour la fête de l'Aïd-el-Kebir ?

Une association peut demander à la mairie de disposer d'une salle communale. La fête de l'Aïd-el-Kebir répond sans doute au souhait d'une association de musulmans. Il s'agit donc d'une manifestation culturelle. Le maire détermine les conditions dans lesquelles ces locaux peuvent être utilisés, compte tenu des nécessités de l'administration des propriétés communales, du fonctionnement des services et du maintien de l'ordre public. Ainsi, et par principe, le refus de mettre à la disposition de l'association une salle municipale afin de permettre d'accueillir la célébration de la fête de l'Aïd-el-Kebir n'est pas possible, ce serait une atteinte aux libertés de réunion et de culte. De plus, l'égalité de traitement entre les associations suppose de ne pas faire de discriminations entre les demandes. Toutefois, un tel refus peut être fondé sur l'existence d'une menace à l'ordre public (troubles à la tranquillité publique par exemple) ou sur un motif tiré des nécessités de l'administration des propriétés communales ou du fonctionnement des services.

Le maire peut-il infliger une amende administrative de 500 euros à un SDF qui reste au même endroit sur un espace public ?

La loi du 27 décembre 2019 relative à l'engagement dans la vie locale et à la proximité de l'action publique, a notamment pour objet de renforcer les pouvoirs de police du maire en lui permettant, dans certains cas, d'infliger une amende administrative d'un montant maximal de 500 euros. Cette procédure est toutefois très encadrée et limitée à des situations identifiées. Elle ne vise que les faits présentant un danger pour la sécurité des personnes et ayant un caractère répétitif ou continu, et ne concerne que les manquements à un arrêté du maire en matière d'entretien des arbres et des haies en bordure du domaine public, d'encombrement et d'occupation sans titre du domaine public.

Ainsi, cela ne concerne pas les comportements de personnes, tels que les manifestations, le racolage ou la mendicité. Par ailleurs, le texte prévoit expressément que le fait pour une personne d'avoir installé sur la voie ou le domaine public les objets nécessaires à la satisfaction de ses besoins élémentaires ne peut faire l'objet d'une amende administrative. Ce dispositif ne peut donc pas être opposé aux personnes sans domicile fixe de par leur simple présence sur la voie publique.

Enfin, il convient de rappeler que la mendicité n'est plus un délit depuis 1994, sauf exceptions. La mendicité est ainsi interdite si réalisée de manière agressive, sous la menace d'un animal dangereux ou en présence d'enfants.

Comment s'élabore le budget ?

Le budget prévoit et autorise les recettes et les dépenses. Il est à la fois un acte de prévision puisqu'il constitue un programme financier évaluatif des recettes à encaisser et des dépenses à faire sur une année. C'est aussi un acte d'autorisation car le budget est l'acte juridique par lequel le maire est autorisé à engager les dépenses votées par le conseil municipal.

Le budget d'une collectivité est annuel. Toutefois, son élaboration repose sur différentes phases et différents documents budgétaires. Il y a d'abord le débat d'orientation budgétaire qui permet notamment aux élus d'avoir une vision sur la situation financière de la collectivité. Le budget est voté par l'assemblée délibérante en début d'exercice : il fixe les enveloppes de crédits permettant d'engager les dépenses pendant la durée de l'exercice. Il détermine aussi les recettes attendues, notamment en matière de fiscalité. Quant au compte administratif, établi en fin d'exercice, il retrace les mouvements effectifs de dépenses et de recettes de la collectivité. Le budget peut subir des modifications. Le budget primitif est voté et retrace l'ensemble des recettes et des dépenses pour l'exercice. Des budgets annexes retracent les recettes et les dépenses de services particuliers. Des décisions modificatives sont nécessaires en cours d'année, afin d'ajuster les dépenses et les recettes aux réalités de leur exécution. La date limite de vote des budgets locaux est fixée au 15 avril de l'exercice.

Un de vos agents suspendu de ses fonctions remet en cause votre légitimité sur un réseau social. Que faites-vous ?

Si cet agent a été suspendu de ces fonctions, c'est en raison d'une faute déjà commise et qui a donné lieu à une procédure disciplinaire. Or, tout agent public doit faire preuve de réserve et de mesure dans l'expression écrite et orale de ses opinions personnelles. En remettant en cause ma légitimité sur un réseau social, il ne respecte pas l'obligation de réserve qui s'impose à lui, même suspendu de ces fonctions. Le support de communication, qui est un réseau social, permet une publicité aux propos. Selon la teneur des propos émis, je suis en mesure de le poursuivre sur le plan pénal. Et dans la mesure où il ne respecte pas son obligation de réserve, il commet une faute pouvant engager une procédure disciplinaire. Il m'incombe d'en rendre compte à la hiérarchie.

Que pensez-vous de la privatisation des voitures radars ?

La voiture-radar banalisée permet de contrôler, de manière aléatoire, l'ensemble des routes ouvertes à la circulation publique (définition). Elle est un moyen d'intensifier la lutte contre les comportements dangereux, comme un radar à caractère fixe, mais ce dernier est prévisible pour les usagers, et peut constituer une limite. L'idée est d'induire ainsi un changement sur le comportement global des conducteurs.

L'utilisation des radars embarqués dans des véhicules banalisés, en confiant leur mise en œuvre à des prestataires privés agréés, a été expérimenté sous le contrôle de l'Etat. La décision du Premier ministre de déléguer la conduite des voitures radars à des opérateurs privés est conforme au pouvoir réglementaire qu'il détient par l'article 21 de la Constitution. De plus, les modalités de sa mise en œuvre n'ont ni pour objet ni pour effet de déléguer à une des missions de police aux prestataires privés, puisque que les missions qui leur sont confiées ne visent pas à leur permettre de rassembler les preuves d'infractions pénales ni d'en rechercher les auteurs. Ils se voient déléguer la seule exécution de tâches matérielles concourant aux missions de police judiciaire, et non d'une activité privée de sécurité. Les contrats ont pour seul objet de confier à des entreprises privées une prestation consistant à organiser la circulation de véhicules appartenant à l'administration dans le cadre d'un cahier des charges, sous la seule responsabilité de l'encadrement des sociétés prestataires, et non de mettre à la disposition de l'État des personnels qui seraient placés sous l'autorité hiérarchique directe des services de police et de gendarmerie. Le système est conforme au principe de légalité.

Le maire est contacté pour installer une fête foraine. Il est d'accord. Comment menez-vous le projet?

Il convient de prendre contact avec les forains organisateurs pour prendre connaissance des rapports qu'ils doivent posséder en matière de contrôle technique et aussi des garanties d'assurance. L'examen des documents que doit posséder l'exploitant des manèges pourrait justifier une interdiction ou l'injonction de réparations nécessaires. Il est indispensable de connaître les mesures de sécurité du public prises par l'exploitant pour apprécier s'il est nécessaire de renforcer les mesures envisagées. Parallèlement, il sera nécessaire de déterminer le lieu de la fête foraine, et la sécurité d'accès. Enfin, il sera nécessaire de vérifier que toutes les mesures de sécurité aient été respectées.

Vous n'êtes pas d'accord avec le projet d'un élu. Que faites-vous ?

En tant que chef de service de police municipale, ma légitimité tenant à mon expertise technique est de savoir informer le maire sur les tenants et les aboutissants de son projet. Aussi, je lui exprimerai mon point de vue argumenté au niveau professionnel bien sûr, et mon point de vue nuancé en exposant les raisons de mes doutes. Toutefois, l'élu reste décisionnaire, et je respecterai la décision finale qui sera adoptée. Mon rôle sera d'appliquer les consignes et de faire respecter la décision prise, et ce même si je suis en désaccord.

La déontologie c'est quoi ? est-ce sanctionnable ? comment ?

Cette question est relativement simple et amène tout candidat à évoquer les droits et obligations des fonctionnaires définis par la loi du 13 juillet 1983, et renforcée par la loi du 20 avril 2016, pour expliquer la notion de faute disciplinaire, puis la procédure disciplinaire.

Parlez-nous de la procédure disciplinaire ?

La procédure disciplinaire est déclenchée lorsqu'un agent public, titulaire ou contractuel, a manqué à ses obligations déontologiques. Il peut alors encourir une sanction disciplinaire proportionnée à la gravité de la faute reprochée, et sera informé de son droit de consulter son dossier individuel, et d'être assisté d'un défenseur de son choix. Les sanctions du 1er groupe sont prononcées sans consultation préalable du conseil de discipline. Les autres sanctions suppose la consultation du conseil de discipline. Ce dernier va délibérer, entendre l'agent voire des témoins, et motiver son avis. L'administration n'est pas tenue de suivre l'avis émis par le conseil de discipline et peut prononcer une sanction plus sévère. Dans tous les cas, sa décision doit être motivée. Le chef du personnel prononce la sanction infligée.

Le maire peut-il interdire l'occupation d'un immeuble dont au rez-de-chaussée une boulangerie ayant endommagé les deux étages supérieurs ?

Il convient d'abord de rappeler que le maire ne saurait mettre en œuvre ses pouvoirs de police administrative générale qu'il tire des articles L. 2212-2 et L. 2212-4 du code général des collectivités territoriales. En effet, le recours à ses pouvoirs de police administrative générale doit être réservé à des situations strictement encadrées dans la mesure où il n'emporte pas l'application des garanties et des procédures de police spéciale prévues par le code de la construction et de l'habitation en matière de bâtiments menaçant ruine.

En matière de péril, le maire doit prescrire la réparation ou la démolition des murs, bâtiments, édifices ou monuments funéraires menaçant ruine, précise l'article L. 2213-24 du code général des collectivités territoriales, mais dans les conditions prévues par le code de la construction et de l'habitation. L'article L. 511-2 du CCH prévoit notamment que « si l'état du bâtiment, ou d'une de ses parties, ne permet pas de garantir la sécurité des occupants, le maire peut assortir l'arrêté de péril d'une interdiction d'habiter et d'utiliser les lieux qui peut être temporaire ou définitive ». En cas de péril imminent, le même code permet également au maire d'ordonner l'évacuation de l'immeuble.

Face à ces règles, le conseil d'État a précisé qu'en présence d'une situation d'extrême urgence créant un péril particulièrement grave et imminent, le maire peut, quelle que soit la cause du danger, utiliser ses pouvoirs de police administrative générale, et notamment prescrire l'exécution des mesures de sécurité qui sont nécessaires et appropriées (CE, 10 octobre 2005, n° 259205). Cela peut comprendre l'évacuation de l'immeuble s'il présente un danger pour la sécurité des occupants.

Etes-vous pour ou contre la peine de mort ?

La peine de mort est la mise à mort d'une personne pour une faute qui est jugé suffisamment grave à cet effet (définition !). En France, elle a été abolie par la loi du 9 octobre 1981. Des pays appliquent toujours cette peine (Chine, Yémen, Arabie Saoudite, états des États-Unis…).

Concernant les arguments en faveur de la peine de mort, il est possible d'évoquer le respect de la dignité humaine des détenus condamnés à vie dans des établissements dont les conditions sont souvent indécentes et sans espoir de libération ou de réinsertion. Cette peine se veut exemplaire pour le respect des règles du mieux vivre-ensemble et pour maintenir et prévenir l'ordre public.

A l'inverse, la peine de mort peut paraître comme un acte de barbarie infligée de manière autoritaire par un État qui s'octroie un droit à la mort. Malgré la présomption d'innocence, le risque est de condamner un innocent. En 2007, la Constitution du 4 octobre 1958 a été modifiée pour insérer un nouvel article 66-1 disposant que « Nul ne peut être condamné à la peine de mort ».

Pour finir, chacun dispose de sa liberté d'opinion sur un sujet qui continue d'opposer les États.

Combien d'acteurs impliqués dans la sécurité aujourd'hui ?

Cette question a pour but de vérifier que les candidats font preuve de curiosité sur l'environnement sécuritaire global au-delà de la seule police municipale. La notion de « coproduction de sécurité » peut être évoquée dans la réponse. Chiffres globaux : environ 146 670 policiers nationaux, 96 035 gendarmes, 21 450 policiers municipaux, 167 800 salariés dans des sociétés de sécurité privée, oublier les militaires de l'opération Sentinelle. Soit près de 430 000 personnes.

Un de vos agents a des difficultés à réaliser la mission que vous lui avez confiée. Que faites-vous ?

Avant de convenir d'un entretien avec cet agent, je vérifie sa fiche de poste et reprend la définition de la mission confiée. Je lui demande les difficultés qu'il ressent, en m'efforçant de clarifier son ressenti : est-ce au niveau de ses propres compétences ? est-ce un manque de moyens ? est-ce en termes de temps ? Mon rôle sera de le soutenir dans la mission pour qu'elle soit réalisée, faire preuve d'empathie tout en reformulant les attentes, quitte à les réorienter. Il faut avoir une vision globale de la situation, tout en l'encourageant pour qu'il ne renonce pas, et faire en sorte qu'il reprenne confiance en lui pour mener à bien sa mission.

Les qualités exigées pour être policier municipal sont-elles les mêmes que celles exigées par le statut militaire de la gendarmerie ?

La gendarmerie a un statut militaire. C'est une force armée qui assure à la fois des missions civiles et des missions militaires, placée sous l'autorité du ministre de l'intérieur pour les missions de sécurité intérieure, et placée sous l'autorité du ministre de la défense pour les missions et le statut militaire.

La discipline la disponibilité, la loyauté, le sens du service public, la moralité sont des qualités exigées par tous les acteurs appartenant à une force de police. Au-delà de ces qualités, le statut militaire de la gendarmerie évoque également l'esprit de corps, l'abnégation (ou esprit de sacrifice) propres aux missions d'ordre militaire dans le rôle de « Paix – Crise – Guerre » liées à la défense du pays contre les menaces et les risques et remettant en cause sa souveraineté ou son intégrité.

Vous intégrez votre poste à la tête d'un nouveau service. Que faîtes-vous ?

D'abord, je m'efforcerai d'observer le fonctionnement du service pendant une semaine. Assez rapidement, j'organiserai une réunion avec les agents de mon service pour me présenter et que chacun se présente. Je demanderai à chacun leur vision du contexte du travail, des relations avec les administrés, et des difficultés rencontrées. Je ferai preuve d'écoute sans appréciation subjective. Ensuite, il sera nécessaire d'accompagner les agents sur le terrain. Régulièrement, je ferai le point par des réunions d'équipe ou pour des réunions informatives sur les orientations définies par les élus. L'objectif sera d'affirmer mon écoute et ma disponibilité, et mon souci de transparence. Ponctuellement, je mettrai en place des réunions avec les brigadiers chefs pour fixer les axes stratégiques et faire le point sur les avancées de l'activité du service, et les divers besoins.

La sécurité est-elle un droit fondamental selon vous ?

L'article L. 111-1 du Code de la sécurité intérieure apporte les éléments de réponse. En effet, il pose pour principe que la sécurité est un droit fondamental et l'une des conditions de l'exercice des libertés individuelles et collectives. Il ajoute que l'État a le devoir d'assurer la sécurité en veillant, sur l'ensemble du territoire de la République, à la défense des institutions et des intérêts nationaux, au respect des lois, au maintien de la paix et de l'ordre publics, à la protection des personnes et des biens. A ce titre, il associe à la politique de sécurité, les collectivités territoriales et le dispositif du CLSPD est un exemple de partenariat et de concertation entre les acteurs locaux, les acteurs institutionnels et bien d'autres partenaires. L'État associe également les représentants des professions, des services et des associations confrontés aux manifestations de la délinquance ou œuvrant dans les domaines de la prévention, de la médiation, de la lutte contre l'exclusion ou de l'aide aux victimes.

Pourquoi la CNIL doit-elle être connue d'un chef de service de police municipale ?

La CNIL, commission nationale de l'informatique et des libertés, est une autorité administrative indépendante, c'est-à-dire un organisme public qui agit au nom de l'Etat, sans être placé sous l'autorité du gouvernement ou d'un ministre. Son rôle est de veiller à la protection des données personnelles contenues dans les fichiers et traitements informatiques ou papiers, aussi bien publics que privés. Elle est chargée de veiller à ce que l'informatique ne porte atteinte ni à l'identité humaine, ni aux droits de l'homme, ni à la vie privée, ni aux libertés individuelles ou publiques.

En cela, les missions d'un chef de service sont concernées quand un projet confié porte sur un sujet pouvant impacter la vie privée ou les données des usagers. Il devra nécessairement identifier les contraintes juridiques, et évoquer les règlements en la matière, voir les avis et recommandations de la CNIL. A titre d'exemple, la CNIL s'est prononcée sur la lecture automatisée des plaques d'immatriculation, les caméras mobiles ou encore les caméras de vidéoprotection.

Faut-il terroriser les terroristes selon vous ?

Terroriser les terroristes a été évoqué par Charles Pasqua ministre de l'intérieur en 1986 lors d'une période d'attentats. Il convient de rappeler que le terrorisme est défini à l'article 421-1 du Code pénal comme un acte commis intentionnellement en relation avec une entreprise individuelle ou collective ayant pour but de troubler gravement l'ordre public par l'intimidation ou la terreur. La question posée amène donc à savoir qui pourrait terroriser un terroriste ? En effet, le juge a pour rôle de sanctionner en individualisant les peines, non pas de terroriser qui que ce soit. S'il le faisait, sa décision serait sans nul doute contestée et un recours formé. Enfin, l'application d'un dispositif de terreur serait à même de reproduire l'intimidation qui est propre à la définition du terrorisme.

Le port du voile sur l'espace public est-il autorisé ?

Le candidat ne se contentera pas de répondre en évoquant le texte légal à l'appui, il devra rebondir sur les compétences de la police municipale en la matière. Le voile se définit comme un accessoire à une tenue vestimentaire. Le port d'un voile n'est donc pas interdit. En revanche, le port d'un voile dissimulant le visage est interdit par la loi du 11 octobre 2010. Le législateur a estimé que de telles pratiques peuvent constituer un danger pour la sécurité publique et méconnaissent les exigences minimales de la vie en société. C'est une contravention de deuxième classe.

En l'état actuel du droit, nul ne peut légitimement exercer une contrainte physique à l'encontre d'une personne dissimulant son visage afin de lui refuser l'accès à un établissement ouvert au public ou la faire quitter ce lieu, y compris de faire ôter le vêtement qui dissimule le visage. Un agent public constatant la présence d'une personne dont le visage est dissimulé dans un établissement ouvert au public, ne peut qu'inviter cette personne à retirer le vêtement ou l'accessoire lui cachant le visage ou, en cas de refus, l'inviter à quitter le lieu. Il peut aussi avertir un officier de police judiciaire de la police nationale ou de la gendarmerie nationale pour faire cesser le trouble. L'agent de police municipale qui, en sa qualité d'agent de police judiciaire adjoint, n'est habilité qu'à relever l'identité des contrevenants pour dresser des procès-verbaux concernant trois domaines : les contraventions à un arrêté de police du maire, les contraventions au code de la route et les contraventions qu'il peut constater en vertu d'une disposition législative expresse. La loi du 11 octobre 2010 interdisant la dissimulation du visage dans l'espace public ne prévoit aucune disposition lui permettant de relever l'identité du contrevenant. L'agent de police municipale ne peut donc que rendre compte immédiatement de cette contravention à un officier de police judiciaire de la police nationale ou de la gendarmerie nationale. Seul ce dernier peut établir un procès-verbal de contravention à l'encontre de la personne se dissimulant le visage. Dans le cas où la personne refuse de se prêter au contrôle d'identité nécessaire à l'établissement du procès-verbal et si son identité ne peut être établie par un autre moyen, l'officier de police judiciaire peut la conduire dans des locaux de police ou de gendarmerie pour y procéder à une vérification d'identité. Cette procédure de l'article 78-3 de procédure pénale constitue la seule forme de contrainte susceptible d'être exercée sur la personne concernée pour lui faire quitter un lieu affecté à un service public.

Qu'est-ce que la dépénalisation ?

Dépénaliser une infraction, c'est la soustraire de cette qualification et supprimer les sanctions pénales encourues, sans pour autant supprimer toute sanction. Des actes ont pu ainsi être dépénalisés au nom de la santé publique comme l'interruption volontaire de grossesse ou à l'image de la mise en place de salles dite de shoot (consommation du cannabis). Depuis le 1er janvier 2018, le stationnement payant sur la voie publique a été dépénalisé, et ne relève plus de l'amende alors fixée à 17 euros. Désormais, une redevance d'occupation du domaine public relevant des compétences des communes est fixée, et l'usager doit verser un forfait post stationnement s'il ne verse pas la redevance ou s'il dépasse la durée accordée. Le maire ou le président de l'EPCI (en cas de transfert des pouvoirs de police du stationnement) demeure compétent pour déterminer par arrêté les lieux, les jours et les heures où le stationnement est réglementé.

Etes-vous pour ou contre le port de la casquette ?

Chacun est libre de porter une casquette qui est un accessoire à une tenue vestimentaire (définition !). Toutefois, s'agissant de la tenue de policier municipal, le port de la casquette est une obligation et l'arrêté du 5 mai 2014 en définit les caractéristiques. L'inscription « police municipale » permet aux usagers d'identifier les agents et de les distinguer d'autres autorités de police. A titre d'exception il serait envisageable qu'un agent ne la porte pas temporairement, si une prescription, est faite à titre individuel, par le médecin régional de la santé compétent, en présence d'un état médical la justifiant.

Qu'est-ce qu'un ordre illégal ?

L'ordre illégal est un ordre donné par une autorité légitime telle qu'un supérieur hiérarchique ou un élu qui n'est pas conforme aux lois et règlements en vigueur. Si agent public a une obligation d'obéissance hiérarchique et doit se conformer aux instructions de son supérieur hiérarchique, il a la possibilité de ne pas obéir à un ordre manifestement illégal et susceptible de compromettre gravement l'intérêt public.

Un propriétaire est-il complice de rires et hurlements de jeunes gens à son domicile qu'il laisse commettre la nuit ?

Les rires, cris et hurlements provenant d'un domicile sont des nuisances sonores et tapages nocturnes pouvant être constatées et verbalisées en tant qu'elles troublent la tranquillité publique des voisins, et constitutives d'une contravention. Les agents de police municipale seront à même de rendre compte de leur intervention en décrivant la matérialité des faits.

Il convient de rappeler qu'un complice est une personne qui facilite la commission d'une infraction. La question est de savoir s'il y a complicité de la contravention de bruit ou tapage nocturne troublant la tranquillité d'autrui, car le propriétaire a laissé les personnes présentes à son domicile commettre ces désordres. En tant que chef de service de police municipale, mon rôle n'est pas d'apprécier les faits et l'application des règles de droit qui incombe au juge compétent, le tribunal de police, si tant est qu'il soit saisi par l'officier du ministère public pour demander une sanction avec la qualification de complice. Mon rôle est d'aider aux poursuites en étant le plus précis sur les faits constatés, vus et entendus personnellement conformément à l'article 429 du Code de procédure pénale.

Quel est le rôle du ministère public ?

Le ministère public est chargé de défendre les intérêts de la société. C'est une autorité en charge de la conduite de la politique pénale et de l'action publique. L'article 31 du Code de procédure pénale dispose en effet que le ministère public exerce l'action publique, et requiert l'application de la loi, dans le respect du principe d'impartialité auquel il est tenu. Dans ce cadre, il peut recevoir des plaintes, dispose de l'opportunité des poursuites, tout en étant garant des libertés individuelles, et du principe de la présomption d'innocence.

Que pensez-vous des relations entre la police nationale et la police municipale ?

Les relations mettent en avant la notion de « coproduction de sécurité » d'ailleurs prônée par le rapport Fauvergue rendu en 2018 sur un continuum de sécurité pour une approche globale. Qu'il s'agisse de la police municipale, de la police nationale ou aussi la gendarmerie nationale, tous ont à cœur la protection de la population, et leurs missions de service public liées à la sécurité. La police municipale est reconnue comme étant la troisième force de sécurité en France. Les relations ne peuvent être que complémentaires pour assurer la sécurité au quotidien chacun dans leur rôle et compétences. C'est aussi l'idée des conventions de coordination mises en place pour établir un partenariat entre police municipale et police nationale. Il importe alors de bien coordonner les actions voire de mutualiser des moyens ou encore de de mettre en place des actions de formation commune pour mutualiser les pratiques.

Que pensez-vous des arrêtés anti mendicité pris par certains maires ?

Le maire est titulaire des pouvoirs de police administrative définis par le Code général des collectivités territoriales (art. L. 2212-2) comme le maintien et la prévention de l'ordre public. Interdire la mendicité sur le territoire de la commune met en balance la liberté d'aller et venir des personnes qui mendient, et les nécessités tenant au risque de troubles à l'ordre public. En conséquence, le maire doit déjà motiver cette mesure d'interdiction en démontrant l'existence de troubles réels au niveau local c'est-à-dire sur le territoire de la commune. De plus, l'arrêté pourrait faire l'objet d'un recours pour excès de pouvoir dans un délai de deux mois à compter de sa publication. En effet, en application de la jurisprudence Benjamin de 1933, le juge administratif sera amené à contrôler la proportionnalité des mesures d'interdiction sur l'espace et la durée.

Que vous inspire la safe city ?

La safe city est la déclinaison sécuritaire des smart city dite ville intelligente. Elle suppose la mise en place de caméras dotées de capteurs haute technologie. Ce dispositif est installé de manière courante en Chine, et n'en est qu'à ses prémices en France. Des contraintes technologiques, financières expliquent les freins en France, d'autant que la question de la vie privée et du doit à l'image est une autre problématique sensible en France. En effet, si la reconnaissance faciale est répandue en France, la population française n'a pas la même culture. Toutefois, la safe city offre plusieurs enjeux notamment la réactivité en termes de secours en pouvant identifier les bruits anormaux et porter secours à un individu qui crie par exemple. En cela, cette technologie mérite qu'on y prête une attention particulière tout en préservant les droits de chacun.

PARTIE 8
TEXTES POUR ALLER PLUS LOIN

CHAPITRE 1
LA POLICE MUNICIPALE

I POUVOIRS DE POLICE DU MAIRE DANS LE CODE GÉNÉRAL DES COLLECTIVITÉS TERRITORIALES

Police municipale

Article L2212-1

Le maire est chargé, sous le contrôle administratif du représentant de l'Etat dans le département, de la police municipale, de la police rurale et de l'exécution des actes de l'Etat qui y sont relatifs.

Article L2212-2

La police municipale a pour objet d'assurer le bon ordre, la sûreté, la sécurité et la salubrité publiques. Elle comprend notamment :

1° Tout ce qui intéresse la sûreté et la commodité du passage dans les rues, quais, places et voies publiques, ce qui comprend le nettoiement, l'éclairage, l'enlèvement des encombrements, la démolition ou la réparation des édifices et monuments funéraires menaçant ruine, l'interdiction de rien exposer aux fenêtres ou autres parties des édifices qui puisse nuire par sa chute ou celle de rien jeter qui puisse endommager les passants ou causer des exhalaisons nuisibles ainsi que le soin de réprimer les dépôts, déversements, déjections, projections de toute matière ou objet de nature à nuire, en quelque manière que ce soit, à la sûreté ou à la commodité du passage ou à la propreté des voies susmentionnées ;

2° Le soin de réprimer les atteintes à la tranquillité publique telles que les rixes et disputes accompagnées d'ameutement dans les rues, le tumulte excité dans les lieux d'assemblée publique, les attroupements, les bruits, les troubles de voisinage, les rassemblements nocturnes qui troublent le repos des habitants et tous actes de nature à compromettre la tranquillité publique ;

3° Le maintien du bon ordre dans les endroits où il se fait de grands rassemblements d'hommes, tels que les foires, marchés, réjouissances et cérémonies publiques, spectacles, jeux, cafés, églises et autres lieux publics ;

4° L'inspection sur la fidélité du débit des denrées qui se vendent au poids ou à la mesure et sur la salubrité des comestibles exposés en vue de la vente ;

5° Le soin de prévenir, par des précautions convenables, et de faire cesser, par la distribution des secours nécessaires, les accidents et les fléaux calamiteux ainsi que les pollutions de toute nature, tels que les incendies, les inondations, les ruptures de digues, les éboulements de terre ou de rochers, les avalanches ou autres accidents naturels, les maladies épidémiques ou contagieuses, les épizooties, de pourvoir d'urgence à toutes les mesures d'assistance et de secours et, s'il y a lieu, de provoquer l'intervention de l'administration supérieure ;

6° Le soin de prendre provisoirement les mesures nécessaires contre les personnes atteintes de troubles mentaux dont l'état pourrait compromettre la morale publique, la sécurité des personnes ou la conservation des propriétés ;

7° Le soin d'obvier ou de remédier aux événements fâcheux qui pourraient être occasionnés par la divagation des animaux malfaisants ou féroces.

Article L2212-2-1

Tel que modifié par la loi n°2020-105 du 10 février 2020 relative à la lutte contre le gaspillage et à l'économie circulaire

I.-Dans les conditions prévues au II, peut donner lieu à une amende administrative d'un montant maximal de 500 € tout manquement à un arrêté du maire présentant un risque pour la sécurité des personnes et ayant un caractère répétitif ou continu :

1° En matière d'élagage et d'entretien des arbres et des haies donnant sur la voie ou le domaine public;

2° Ayant pour effet de bloquer ou d'entraver la voie ou le domaine public, en y installant ou en y laissant sans nécessité ou sans autorisation tout matériel ou objet, ou en y déversant toute substance ;

3° Consistant, au moyen d'un bien mobilier, à occuper à des fins commerciales la voie ou le domaine public soit sans droit ni titre, lorsque celui-ci est requis en application de l'article L. 2122-1 du code général de la propriété des personnes publiques, soit de façon non conforme au titre délivré en application du même article L. 2122-1, lorsque cette occupation constitue un usage privatif de ce domaine public excédant le droit d'usage appartenant à tous ;

4° En matière de non-respect d'un arrêté de restrictions horaires pour la vente d'alcool à emporter sur le territoire de la commune, pris en application de l'article L. 3332-13 du code de la santé publique.

II.-Le manquement mentionné au I du présent article est constaté par procès-verbal d'un officier de police judiciaire, d'un agent de police judiciaire ou d'un agent de police judiciaire adjoint.

Le maire notifie par écrit à la personne intéressée les faits qui lui sont reprochés, les mesures nécessaires pour faire cesser le manquement ainsi que les sanctions encourues. Cette notification mentionne la possibilité de présenter des observations, écrites ou orales, dans un délai de dix jours, le cas échéant assisté par un conseil ou représenté par un mandataire de son choix.

A l'expiration de ce délai de dix jours, si la personne n'a pas pris les mesures nécessaires pour faire cesser le manquement, le maire la met en demeure de se conformer à la réglementation dans un nouveau délai de dix jours.

A l'issue de ce second délai et à défaut d'exécution des mesures prescrites, le maire peut, par une décision motivée qui indique les voies et délais de recours, prononcer l'amende administrative prévue au premier alinéa du I. Le montant de l'amende est fixé en fonction de la gravité des faits reprochés.

La décision du maire prononçant l'amende est notifiée par écrit à la personne intéressée. Elle mentionne les modalités et le délai de paiement de l'amende. Cette décision est soumise aux dispositions de l'article L. 2131-1.

Le recours formé contre la décision prononçant l'amende est un recours de pleine juridiction.

L'amende administrative est recouvrée au bénéfice de la commune dans les conditions prévues par les dispositions relatives aux produits communaux.

Le délai de prescription de l'action du maire pour la sanction d'un manquement mentionné au premier alinéa du I est d'un an révolu à compter du jour où le premier manquement a été commis.

Ne peut faire l'objet de l'amende administrative prévue au premier alinéa du I le fait pour toute personne d'avoir installé sur la voie ou le domaine public les objets nécessaires à la satisfaction de ses besoins élémentaires.

III.-Après avoir prononcé l'amende mentionnée au I, le maire peut, par une décision motivée qui indique les voies et délais de recours, faire procéder d'office, en lieu et place de la personne mise en demeure et à ses frais, à l'exécution des mesures prescrites mentionnées au quatrième alinéa du II.

Article L2212-2-2

Tel que modifié par la loi n° 2019-1461 du 27 décembre 2019 relative à l'engagement dans la vie locale et à la proximité de l'action publique

Dans l'hypothèse où, après mise en demeure sans résultat, le maire procéderait à l'exécution forcée des travaux d'élagage destinés à mettre fin à l'avance des plantations privées sur l'emprise des voies sur lesquelles il exerce la police de la circulation en application de l'article L. 2213-1 afin de garantir la sûreté et la commodité du passage, les frais afférents aux opérations sont mis à la charge des propriétaires négligents.

Article L2212-4

En cas de danger grave ou imminent, tel que les accidents naturels prévus au 5° de l'article L. 2212-2, le maire prescrit l'exécution des mesures de sûreté exigées par les circonstances.

Il informe d'urgence le représentant de l'Etat dans le département et lui fait connaître les mesures qu'il a prescrites.

Article L2212-5

Les missions des agents de police municipale et l'organisation des services de police municipale sont régies par les dispositions du titre Ier du livre V du code de la sécurité intérieure.

Police de la circulation et du stationnement

Article L2213-1 du CGCT

Le maire exerce la police de la circulation sur les routes nationales, les routes départementales et l'ensemble des voies publiques ou privées ouvertes à la circulation publique à l'intérieur des agglomérations, sous réserve des pouvoirs dévolus au représentant de l'Etat dans le département sur les routes à grande circulation. A l'extérieur des agglomérations, le maire exerce également la police de la circulation sur les voies du domaine public routier communal et du domaine public routier intercommunal, sous réserve des pouvoirs dévolus au représentant de l'Etat dans le département sur les routes à grande circulation.

Les conditions dans lesquelles le maire exerce la police de la circulation sur les routes à grande circulation sont fixées par décret en Conseil d'Etat.

Par dérogation aux dispositions des deux alinéas précédents et à celles des articles L. 2213-2 et L. 2213-3, des décrets peuvent transférer, dans les attributions du représentant de l'Etat dans le département, la police de la circulation sur certaines sections des routes à grande circulation.

Article L2213-1-1

Sans préjudice de l'article L. 2213-1, le maire peut, par arrêté motivé, fixer pour tout ou partie des voies de l'agglomération ouvertes à la circulation publique une vitesse maximale autorisée inférieure à celle prévue par le code de la route, eu égard à une nécessité de sécurité et de circulation routières, de mobilité ou de protection de l'environnement.

Le maire peut également, par arrêté motivé, fixer des règles dérogatoires à celles prévues par le code de la route pour la circulation des engins de déplacement personnel sur tout ou partie des voies sur lesquelles il exerce son pouvoir de police ainsi que sur leurs dépendances, dans des conditions fixées par décret.

Article L2213-2

Le maire peut, par arrêté motivé, eu égard aux nécessités de la circulation et de la protection de l'environnement :

1° Interdire à certaines heures l'accès de certaines voies de l'agglomération ou de certaines portions de voie ou réserver cet accès, à certaines heures ou de manière permanente, à diverses catégories d'usagers ou de véhicules ;

2° Réglementer l'arrêt et le stationnement des véhicules ou de certaines catégories d'entre eux, ainsi que la desserte des immeubles riverains ;

3° Réserver sur la voie publique ou dans tout autre lieu de stationnement ouvert au public des emplacements de stationnement aménagés aux véhicules utilisés par les personnes titulaires de la carte "mobilité inclusion" portant la mention "stationnement pour personnes handicapées" mentionnée à l'article L. 241-3 du code de l'action sociale et des familles, aux véhicules bénéficant d'un label " auto-partage ", aux véhicules bénéficant d'un signe distinctif de covoiturage ou aux véhicules à très faibles émissions au sens de l'article L. 318-1 du code de la route.

Article L2213-4

Tel que modifié par la loi n°2019-1428 du 24 décembre 2019 d'orientation des mobilités

Le maire peut, par arrêté motivé, interdire l'accès de certaines voies ou de certaines portions de voies ou de certains secteurs de la commune aux véhicules dont la circulation sur ces voies ou dans ces secteurs est de nature à compromettre soit la tranquillité publique, soit la qualité de l'air, soit la protection des espèces animales ou végétales, soit la protection des espaces naturels, des paysages ou des sites ou leur mise en valeur à des fins esthétiques, écologiques, agricoles, forestières ou touristiques.

Dans ces secteurs, le maire peut, en outre, par arrêté motivé, soumettre à des prescriptions particulières relatives aux conditions d'horaires et d'accès à certains lieux et aux niveaux sonores admissibles les activités s'exerçant sur la voie publique, à l'exception de celles qui relèvent d'une mission de service public.

Article L2213-4-2

Créé par la loi n°2019-1428 du 24 décembre 2019

I.-Afin de faciliter la constatation des infractions aux règles de circulation arrêtées en application de l'article L. 2213-4-1 et de permettre le rassemblement des preuves de ces infractions ainsi que la recherche de leurs auteurs, des dispositifs fixes ou mobiles de contrôle automatisé des données signalétiques des véhicules peuvent être mis en œuvre par les services de police et de gendarmerie nationales ou par les services de police municipale des communes sur le territoire desquelles a été instituée une zone à faibles émissions mobilité ou, pour la zone instaurée à Paris, par le service dont relèvent les agents de surveillance de Paris.

II.-La mise en œuvre des dispositifs de contrôle est autorisée par arrêté du représentant de l'Etat dans le département et, à Paris, du préfet de police.

Police des funérailles et des lieux de sépulture

Art. L2213-7 et suivants

II LIVRE V DU CODE DE LA SÉCURITÉ INTÉRIEURE : LA POLICE MUNICIPALE

Sommaire du Livre V du CSI dédié aux POLICES MUNICIPALES (voir le site Legifrance, rubrique codes)

TITRE Ier : AGENTS DE POLICE MUNICIPALE

Chapitre Ier : Missions, recrutement et modalités d'exercice

Section 1 : Missions (Article R511-1)

Section 2 : Nomination et agrément (Article R511-2)

Section 3 : Carte professionnelle, tenue et équipements

Sous-section 1 : Carte professionnelle (Articles D511-3 à D511-5)

Sous-section 2 : Tenue (Articles D511-6 à D511-8)

Sous-section 3 : Véhicules (Articles D511-9 à D511-10)

Section 4 : Port d'armes (Article R511-11)

Sous-section 1 : Armement des agents de police municipale

Paragraphe 1 : Armes susceptibles d'être autorisées (Articles R511-12 à R511-13)

Paragraphe 2 : Missions pouvant justifier le port d'armes (Articles R511-14 à R511-17)

Paragraphe 3 : Autorisation (Articles R511-18 à R511-20)

Paragraphe 4 : Formation et entraînement (Articles R511-21 à R511-22-2)

Paragraphe 5 : Conditions de port et d'emploi des armes (Articles R511-23 à R511-29)

Sous-section 2 : Acquisition, détention et conservation des armes par la commune (Articles R511-30 à R511-34)

Section 5 : Formation continue (Articles R511-35 à R511-40)

Section 6 : Dispositions diverses (Articles D511-41 à R511-42)

Chapitre II : Organisation des services

Section 1 : Mise en commun des agents de police municipale (Articles R512-1 à R512-4)

Section 2 : Convention de coordination des interventions de la police municipale et des forces de sécurité de l'Etat (Articles R512-5 à R512-6)

Section 3 : Convention locale de sûreté des transports collectifs (Articles R512-7 à R512-8)

Chapitre III : Contrôle par le ministre de l'intérieur

Le présent chapitre ne comprend pas de dispositions réglementaires.

Chapitre IV : Commission consultative des polices municipales

Section 1 : Composition (Articles R514-1 à R514-5)

Section 2 : Fonctionnement (Articles R514-6 à R514-11)

Chapitre V : Déontologie des agents de police municipale

Section 1 : Dispositions générales (Articles R515-1 à R515-6)

Section 2 : Devoirs généraux des agents de police municipale (Articles R515-7 à R515-16)

Section 3 : Droits et devoirs respectifs des agents de police municipale et des autorités de commandement (Articles R515-17 à R515-20)

Section 4 : Du contrôle des polices municipales (Article R515-21)

TITRE II : GARDES CHAMPÊTRES

TITRE III : DISPOSITIONS PARTICULIÈRES APPLICABLES À PARIS

III CIRCULAIRE DE PRÉSENTATION DES DISPOSITIONS APPLICABLES PENDANT L'ÉTAT D'URGENCE SANITAIRE ET RELATIVE AU TRAITEMENT DES INFRACTIONS COMMISES PENDANT L'ÉPIDÉMIE DE COVID-19 DU 25 MARS 2020

(extraits)

I. Les infractions spécifiques applicables pendant l'état d'urgence sanitaire

1) Les mesures prises dans le cadre de l'état d'urgence sanitaire déclaré le 24 mars 2020

Le décret n° 2020-293 du 23 mars 2020 prescrivant les mesures générales nécessaires pour faire face à l'épidémie de Covid-19 dans le cadre de l'état d'urgence sanitaire, pris en application de l'article L. 3131-15 du CSP, prévoit notamment les mesures énumérées ci-après. Ces dispositions entrent en vigueur le 24 mars 2020.

Il est rappelé que certaines de ces mesures ne sont pas applicables dans certaines collectivités ultra-marines, et que leur durée d'application varie selon les restrictions concernées.

- Concernant les déplacements et les transports (articles 3 à 6 du décret) :

Jusqu'au 31 mars 2020, tout déplacement de personne hors de son domicile est interdit à l'exception des déplacements pour les motifs suivants en évitant tout regroupement de personnes4 :

1° Trajets entre le domicile et le ou les lieux d'exercice de l'activité professionnelle et déplacements professionnels insusceptibles d'être différés ;

2° Déplacements pour effectuer des achats de fournitures nécessaires à l'activité professionnelle et des achats de première nécessité dans des établissements dont les activités demeurent autorisées par l'article 8 du décret n° 2020-293 du 23 mars 2020 ;

3° Déplacements pour motifs de santé à l'exception des consultations et soins pouvant être assurés à distance et, sauf pour les patients atteints d'une affection de longue durée, de ceux qui peuvent être différés ;

4° Déplacements pour motif familial impérieux, pour l'assistance des personnes vulnérables et pour la garde d'enfants ;

5° Déplacements brefs, dans la limite d'une heure quotidienne et dans un rayon maximal d'un kilomètre autour du domicile, liés soit à l'activité physique individuelle des personnes, à l'exclusion de toute pratique sportive collective et de toute proximité avec d'autres personnes, soit à la promenade avec les seules personnes regroupées dans un même domicile, soit aux besoins des animaux de compagnie ;

6° Déplacements résultant d'une obligation de présentation aux services de police ou de gendarmerie nationales ou à tout autre service ou professionnel, imposée par l'autorité de police administrative ou l'autorité judiciaire ;

7° Déplacements résultant d'une convocation émanant d'une juridiction administrative ou de l'autorité judiciaire ;

8° Déplacements aux seules fins de participer à des missions d'intérêt général sur demande de l'autorité administrative et dans les conditions qu'elle précise.

Les personnes souhaitant bénéficier de l'une de ces exceptions doivent se munir, lors de leurs déplacements hors de leur domicile, d'un document leur permettant de justifier que le déplacement considéré entre dans le champ de l'une de ces exceptions.

Le représentant de l'Etat dans le département est habilité à adopter des mesures plus restrictives en matière de trajets et déplacements des personnes lorsque les circonstances locales l'exigent.

Jusqu'au 15 avril 2020, des restrictions sont imposées aux navires de croisière et aux navires à passagers, ainsi qu'aux déplacements de personnes par transport commercial aérien.

- Concernant les rassemblements, réunions ou activités (article 7 du décret) :

Jusqu'au 15 avril 2020, tout rassemblement, réunion ou activité mettant en présence de manière simultanée plus de 100 personnes en milieu clos ou ouvert est interdit sur le territoire de la République.

Les rassemblements, réunions ou activités indispensables à la continuité de la vie de la Nation peuvent être maintenus à titre dérogatoire par le représentant de l'Etat dans le département, par des mesures réglementaires ou individuelles, sauf lorsque les circonstances locales s'y opposent.

Le représentant de l'Etat dans le département est habilité à interdire ou à restreindre, par des mesures réglementaires ou individuelles, les rassemblements, réunions ou activités ne relevant pas du premier alinéa lorsque les circonstances locales l'exigent.

- Concernant les établissements recevant du public, les établissements d'accueil des enfants, les établissements d'enseignement scolaire et supérieur ainsi que la tenue des concours et examens (articles 8 à 10 du décret)

Jusqu'au 15 avril 2020, les établissements relevant des catégories énumérées au I. de l'article 8 du décret ne peuvent plus accueillir du public. Il s'agit notamment des salles de spectacles, des restaurants et débits de boisson, sauf pour leurs activités de livraison et de vente à emporter, des salles d'expositions ou musées, ou encore des établissements sportifs couverts. En revanche, les établissements relevant de ces catégories peuvent continuer à recevoir du public pour les activités essentielles au bon fonctionnement de la Nation, tel que le commerce d'alimentation générale6.

La tenue des marchés, couverts ou non et quel qu'en soit l'objet, est interdite. Toutefois, le représentant de l'Etat dans le département peut, après avis du maire, accorder une autorisation d'ouverture des marchés alimentaires qui répondent à un besoin d'approvisionnement de la population si les conditions de leur organisation ainsi que les contrôles mis en place sont propres à garantir le respect des dispositions préservant la santé publique.

Les établissements de culte relevant de la catégorie V sont autorisés à rester ouverts. Tout rassemblement ou réunion en leur sein est interdit à l'exception des cérémonies funéraires dans la limite de 20 personnes.

Le représentant de l'Etat dans le département est habilité à interdire ou à restreindre, par des mesures réglementaires ou individuelles, les activités qui ne sont pas interdites en vertu des dispositions relatives aux établissements recevant du public énoncées ci-dessus.

Jusqu'au 29 mars 2020, est suspendu l'accueil des usagers dans les crèches et les établissements scolaires et d'enseignement supérieur. Toutefois, un accueil est assuré pour les enfants de moins de seize ans des personnels indispensables à la gestion de la crise sanitaire7.

- Concernant le contrôle des prix (article 11 du décret)

Les dispositions limitant le prix de la vente au détail des gels hydro-alcooliques destinés à l'hygiène corporelle sont applicables jusqu'au 31 mai 2020. L'article 11 du décret fixe le prix de vente maximum de ces produits, au détail ou en gros8.

- Concernant les réquisitions (article 12 du décret)

Jusqu'au 31 mai 2020, sont réquisitionnés les masques de protection respiratoires et antiprojection dont la liste est fixée aux I et II de l'article 12 et selon les modalités fixées par le III du même article9.

L'arrêté du 23 mars 2020 prescrivant les mesures d'organisation et de fonctionnement du système de santé nécessaires pour faire face à l'épidémie de Covid-19 dans le cadre de l'état d'urgence sanitaire, prévoit notamment l'interdiction aux pharmacies d'officine de délivrer, en   6
Ces dispositions sont applicables sur l'ensemble du territoire de la République. 7 Ces dispositions sont applicables au territoire métropolitain de la République, ainsi qu'en Nouvelle-Calédonie et en Polynésie française. Dans le respect des compétences des collectivités régies par les articles 73 et 74 de la Constitution, le représentant de l'Etat y est habilité à interdire ou à restreindre l'accueil dans les établissements mentionnés à l'article 9 lorsque les circonstances locales l'exigent. 8 Ces dispositions sont applicables sur l'ensemble du territoire le République, à l'exception de la Nouvelle-Calédonie et de la Polynésie française. 9 Ces dispositions sont applicables sur l'ensemble du territoire le République.

l'absence d'ordonnance, plus de deux boîtes de spécialités composées exclusivement de paracétamol pour les patients déclarant présenter des symptômes de type fièvre ou douleurs, et plus d'une boîte dans les autres cas. La vente par internet des spécialités composées exclusivement de paracétamol, d'ibuprofène et d'acide acétylsalicylique (aspirine) est également suspendue. Ces dispositions sont applicables jusqu'au 15 avril 202010.

2) La violation des mesures prises en application des dispositions sur l'état d'urgence sanitaire

L'article L. 3136-1 du CSP réprime la violation des mesures prises en application des dispositions sur l'état d'urgence sanitaire11.

En premier lieu, le fait de ne pas respecter les réquisitions prises en application des articles L. 3131-15 à L. 3131-17 du CSP constitue un délit puni de six mois d'emprisonnement et de 10 000 euros d'amende.

En second lieu, les violations des autres interdictions ou obligations édictées pendant l'état d'urgence sanitaire en application des articles L. 3131-15 à L. 3131-17 du CSP sont punies d'une contravention de la 4ème classe, pour laquelle est applicable la procédure de l'amende forfaitaire. Il est par ailleurs institué une gradation dans la répression de ces manquements. D'une part, si une nouvelle violation est constatée dans un délai de quinze jours, celle-ci constitue une contravention de la 5ème classe. D'autre part, en cas de violations constatées à plus de trois reprises dans un délai de 30 jours, les nouveaux faits constituent alors un délit puni de six mois d'emprisonnement et de 3 750 € d'amende.

L'établissement du délit suppose l'existence de trois verbalisations au cours des 30 jours précédant la constatation de la nouvelle violation, que ces verbalisations aient fait l'objet d'une amende prévue pour les contraventions de 4ème ou de 5ème classe12. Chaque nouvelle violation audelà de trois verbalisations pendant cette période constitue un nouveau délit.

S'agissant des contraventions de la 4ème classe, l'historique des verbalisations dressé à l'encontre d'une personne peut être consulté sur le fichier ADOC (Accès au Dossier des Contraventions), qui recense l'ensemble des contraventions des quatre premières classes relevées par radars ou procès-verbaux électroniques. Les OPJ, comme les APJ, ont désormais accès à cette application.

Dans l'établissement des procédures contraventionnelles de 5ème classe et délictuelles, la preuve devra être rapportée de ces verbalisations successives.

Ces infractions sont applicables aux faits commis à compter du 24 mars 2020, date d'entrée en vigueur du décret et de l'arrêté du 23 mars 2020 et des nouvelles dispositions de l'article L. 3136-1 du CSP. Elles ne sont toutefois applicables que pour les faits commis pendant la durée des mesures prises en application de l'état d'urgence sanitaire et dans les seules circonscriptions territoriales dans lesquelles ces mesures sont en vigueur.

A compter de cette même date, le décret n° 2020-260 du 16 mars 2020 portant réglementation des déplacements dans le cadre de la lutte contre la propagation du virus Covid-19 est abrogé et les contraventions prévues par le décret n° 2020-264 du 17 mars 2020 ne sont par conséquent plus applicables. Toutefois, les faits commis avant le 24 mars 2020 restent réprimés sur le fondement de ces contraventions13. Enfin, ces contraventions ne peuvent être prises en compte pour établir la réitération de la violation des mesures nécessaires afin de caractériser la contravention de la 5ème classe et le délit prévu à l'article L. 3136-1 du CSP.

Outre les officiers et agents de police judiciaire, ces infractions peuvent également être constatées par les agents de police municipale, les gardes-champêtres, les agents de la ville de Paris chargés d'un service de police, les contrôleurs de la préfecture de police et agents de surveillance de Paris lorsqu'elles sont commises sur le territoire pour lequel ces agents sont assermentés et que ces infractions ne nécessitent pas de leur part des actes d'enquête.

II. Le traitement des infractions commises dans le contexte de l'épidémie de Covid-19

Les restrictions apportées notamment à la liberté d'aller et venir, de réunion ou de commercer engendrent des réactions de résistance passives ou plus hostiles de la part de certaines personnes, notamment sur la voie publique. De la même manière, le confinement à domicile peut être de nature à aggraver les risques de violences conjugales ou sur les mineurs au sein de cellules familiales fragiles. La situation difficile que connaissent les établissements pénitentiaires est également susceptible de conduire à des passages à l'acte au sein de la population détenue envers le personnel de détention. Enfin, a été constatée l'émergence d'infractions commises par volonté de tirer profit de la situation de crise.

Si la conduite de l'action publique s'inscrit dans un contexte de forte réduction des moyens d'action des services d'enquête, il importe de préserver une capacité de réponse pénale forte à l'encontre des auteurs de ces infractions qui troublent particulièrement le pacte social en cette période spécifique.

1) Les infractions mettant en péril la santé publique

Les infractions les plus graves mettant en péril la santé publique appellent des réponses pénales rapides et fermes.

Les contrôles destinés à veiller au respect de ces différentes restrictions s'avèrent indispensables mais peuvent néanmoins susciter une réaction d'opposition de la part des personnes qui en font l'objet. Il vous appartiendra par conséquent de donner une suite pénale aux infractions d'outrage, de rébellion, voire de violences commises au préjudice des forces de sécurité intérieure, déjà exposées par leur présence sur le terrain, et qui ne doivent pas voir leur action entravée par de tels comportements.

L'infraction de rébellion peut ainsi être retenue pour sanctionner la résistance violente à l'exécution d'office, par la force publique, des mesures prescrites dans le cadre de l'état d'urgence sanitaire.

Il vous appartiendra de veiller à ce que les auteurs de ce type d'infractions soient déférés dans des délais rapides, dans le cadre des procédures de comparution immédiate ou à délai différé.

La direction des affaires criminelles et des grâces a été interrogée quant à la possibilité de recourir à la qualification délictuelle de mise en danger d'autrui, à l'égard des personnes qui commettent ou réitèrent des manquements à l'obligation de confinement.

Le délit de mise en danger d'autrui est défini par l'article 223-1 du code pénal comme : « le fait d'exposer directement autrui à un risque immédiat de mort ou de blessures de nature à entraîner une mutilation ou une infirmité permanente par la violation manifestement délibérée d'une obligation particulière de prudence ou de sécurité imposée par la loi ou le règlement ».

La mise en œuvre de cette incrimination se heurte aux exigences des éléments constitutifs requis : si la violation manifestement délibérée d'une obligation particulière de prudence ou de sécurité imposée par la loi ou le règlement apparaît constituée par le non-respect des mesures de confinement, l'exigence tenant à la caractérisation d'un risque immédiat de mort ou de blessures graves ne paraît pas remplie, au regard des données épidémiologiques connues. Du reste, demeurent autorisées des dérogations à ces mesures.

En l'absence de circonstances particulières, la qualification de mise en danger d'autrui doit ainsi être écartée au profit des nouvelles incriminations prévues par la loi du 23 mars 2020.

2) Les infractions commises dans la sphère familiale

Dans le contexte de confinement précité, il importe de prendre en compte le risque d'une hausse des violences intrafamiliales, qu'il s'agisse des violences conjugales ou des violences exercées sur les mineurs.

Vous veillerez à donner pour instructions aux forces de l'ordre d'exercer une vigilance accrue dans le cadre des interventions à domicile sur signalement du voisinage afin de mettre en œuvre très rapidement des mesures de protection appropriées. Le recours au téléphone grave danger doit être renforcé, le cas échéant en mutualisant les dispositifs au sein d'une même cour d'appel. De même, en lien avec les juges aux affaires familiales, il conviendra de s'assurer que, malgré la stricte limitation de l'activité juridictionnelle, la délivrance en urgence d'ordonnances de protection puisse demeurer effective. Le recours à l'éviction du conjoint violent doit être envisagé à chaque fois qu'une situation de danger est caractérisée, le cas échéant par une mesure d'interdiction de paraître au domicile conjugal et d'entrer en contact avec la victime, prononcée dans le cadre d'un contrôle judiciaire afin de permettre la sanction de sa violation.

3) La délinquance opportuniste

Outre ces infractions engendrées ou facilitées par les règles de confinement, de nombreux ressorts se trouvent confrontés à une délinquance opportuniste.

Les vols avec effraction, notamment dans les pharmacies, hôpitaux, cabinets médicaux en vue de dérober masques ou gels hydro-alcooliques mais aussi les faits d'escroquerie14 liés à ces mêmes produits doivent donc appeler une réponse pénale d'une particulière fermeté, qui en fonction de l'ampleur des faits pourront justifier des poursuites immédiates.

Les reventes desdits produits pourront recevoir la qualification de recel des infractions précitées, éventuellement de travail dissimulé par dissimulation d'activité ou encore de pratique commerciale trompeuse ou de tromperie, notamment dans l'hypothèse de masques dont l'origine aurait été frauduleusement modifiée, ou de masques périmés. Ils ont plutôt vocation à faire l'objet de poursuites ultérieures, par CRPC ou COPJ notamment.

Enfin, des infractions sont susceptibles d'être commises notamment par des gérants de pharmacie ou de parapharmacie, qui continuent de détenir et d'offrir à la vente des masques de protection respiratoire mentionnés par le décret du 23 mars 2020 susmentionné. Ces faits sont susceptibles d'être poursuivis sous la qualification de refus de se soumettre aux mesures de réquisitions des personnes et des biens prises en application du 7° de l'article L. 3131-15 du CSP, et réprimés par l'article L. 3136-1 du même code. L'ordonnance pénale ou la composition pénale pourront constituer des réponses opportunes.

Dans le cadre de ces procédures, il conviendra de saisir systématiquement ces masques et d'acter en procédure leur remise à l'Etat pour transmission aux autorités sanitaires (sauf dans l'hypothèse de masques périmés ou à l'origine incertaine).

4) Les infractions commises en détention

Les mesures de confinement affectent également la vie en détention. (…)

CHAPITRE 2

LES INSTITUTIONS

LE SUFFRAGE UNIVERSEL EN FRANCE

Sous la seconde République (1848-1852), le président de la République était élu au suffrage universel direct : il n'y en a eu qu'un seul Louis-Napoléon Bonaparte. De la IIIe République (1870-1940) à la IVe République (1946-1958), il fut élu par les membres de l'Assemblée nationale et du Sénat réunis en Congrès. En 1958, le Président de la République a été élu au suffrage universel indirect par un collège électoral spécifique composé des membres du Parlement, des conseillers généraux et des représentants élus des conseils municipaux, soit environ 80 000 électeurs. Ce système a fonctionné une seule fois pour l'élection de Charles de Gaulle à son premier mandat présidentiel. La révision constitutionnelle du 6 novembre 1962, approuvée par le référendum populaire du 28 octobre 1962, a établi le suffrage universel direct, date de l'élection du président de la République par suffrage universel sous la Vème République. Le référendum populaire du 24 septembre 2000 a mis fin au principe du septennat institué sous la IIIe République. Le mandat présidentiel est désormais d'une durée de 5 ans renouvelable.

EXTRAITS DE LA CONSTITUTION EN LIEN AVEC LES INSTITUTIONS

Article PREAMBULE -

Le Peuple français proclame solennellement son attachement aux Droits de l'Homme et aux principes de la souveraineté nationale tels qu'ils ont été définis par la Déclaration de 1789, confirmée et complétée par le préambule de la Constitution de 1946, ainsi qu'aux droits et devoirs définis dans la Charte de l'environnement de 2004.

En vertu de ces principes et de celui de la libre détermination des peuples, la République offre aux territoires d'outre-mer qui manifestent la volonté d'y adhérer des institutions nouvelles fondées sur l'idéal commun de liberté, d'égalité et de fraternité et conçues en vue de leur évolution démocratique.

Article 1 -

La France est une République indivisible, laïque, démocratique et sociale. Elle assure l'égalité devant la loi de tous les citoyens sans distinction d'origine, de race ou de religion. Elle respecte toutes les croyances. Son organisation est décentralisée.

La loi favorise l'égal accès des femmes et des hommes aux mandats électoraux et fonctions électives, ainsi qu'aux responsabilités professionnelles et sociales.

Article 2 -

La langue de la République est le français. L'emblème national est le drapeau tricolore, bleu, blanc, rouge. L'hymne national est la "Marseillaise". La devise de la République est "Liberté, Egalité, Fraternité". Son principe est : gouvernement du peuple, par le peuple et pour le peuple.

Article 3 -

La souveraineté nationale appartient au peuple qui l'exerce par ses représentants et par la voie du référendum. Aucune section du peuple ni aucun individu ne peut s'en attribuer l'exercice.

Le suffrage peut être direct ou indirect dans les conditions prévues par la Constitution. Il est toujours universel, égal et secret.

Sont électeurs, dans les conditions déterminées par la loi, tous les nationaux français majeurs des deux sexes, jouissant de leurs droits civils et politiques.

Le Président de la République

Article 5 - Le Président de la République veille au respect de la Constitution. Il assure, par son arbitrage, le fonctionnement régulier des pouvoirs publics ainsi que la continuité de l'Etat. Il est le garant de l'indépendance nationale, de l'intégrité du territoire et du respect des traités.

Le Gouvernement

Article 20 - Le Gouvernement détermine et conduit la politique de la Nation. Il dispose de l'administration et de la force armée. Il est responsable devant le Parlement dans les conditions et suivant les procédures prévues aux articles 49 et 50.

Article 21 - Le Premier ministre dirige l'action du Gouvernement. Il est responsable de la Défense nationale. Il assure l'exécution des lois. Sous réserve des dispositions de l'article 13, il exerce le pouvoir réglementaire et nomme aux emplois civils et militaires. Il peut déléguer certains de ses pouvoirs aux ministres. Il supplée, le cas échéant, le Président de la République dans la présidence des conseils et comités prévus à l'article 15. Il peut, à titre exceptionnel, le suppléer pour la présidence d'un Conseil des ministres en vertu d'une délégation expresse et pour un ordre du jour déterminé.

Le Parlement

Article 24 - Le Parlement vote la loi. Il contrôle l'action du Gouvernement. Il évalue les politiques publiques. Il comprend l'Assemblée nationale et le Sénat.

Les députés à l'Assemblée nationale, dont le nombre ne peut excéder cinq cent soixante-dix-sept, sont élus au suffrage direct.

Le Sénat, dont le nombre de membres ne peut excéder trois cent quarante-huit, est élu au suffrage indirect. Il assure la représentation des collectivités territoriales de la République.

Les Français établis hors de France sont représentés à l'Assemblée nationale et au Sénat.

Article 34 - La loi fixe les règles concernant :

-les droits civiques et les garanties fondamentales accordées aux citoyens pour l'exercice des libertés publiques ; la liberté, le pluralisme et l'indépendance des médias ; les sujétions imposées par la Défense nationale aux citoyens en leur personne et en leurs biens ;

-la nationalité, l'état et la capacité des personnes, les régimes matrimoniaux, les successions et libéralités ;

-la détermination des crimes et délits ainsi que les peines qui leur sont applicables ; la procédure pénale; l'amnistie ; la création de nouveaux ordres de juridiction et le statut des magistrats ;

-l'assiette, le taux et les modalités de recouvrement des impositions de toutes natures ; le régime d'émission de la monnaie.

La loi fixe également les règles concernant :

-le régime électoral des assemblées parlementaires, des assemblées locales et des instances représentatives des Français établis hors de France ainsi que les conditions d'exercice des mandats électoraux et des fonctions électives des membres des assemblées délibérantes des collectivités territoriales ;

-la création de catégories d'établissements publics ;

-les garanties fondamentales accordées aux fonctionnaires civils et militaires de l'Etat ;

-les nationalisations d'entreprises et les transferts de propriété d'entreprises du secteur public au secteur privé.

La loi détermine les principes fondamentaux :

-de l'organisation générale de la Défense nationale ;

-de la libre administration des collectivités territoriales, de leurs compétences et de leurs ressources ;

-de l'enseignement ;

-de la préservation de l'environnement ;

-du régime de la propriété, des droits réels et des obligations civiles et commerciales ;

-du droit du travail, du droit syndical et de la sécurité sociale.

Les lois de finances déterminent les ressources et les charges de l'Etat dans les conditions et sous les réserves prévues par une loi organique.

Les lois de financement de la sécurité sociale déterminent les conditions générales de son équilibre financier et, compte tenu de leurs prévisions de recettes, fixent ses objectifs de dépenses, dans les conditions et sous les réserves prévues par une loi organique.

Des lois de programmation déterminent les objectifs de l'action de l'État.

Les orientations pluriannuelles des finances publiques sont définies par des lois de programmation. Elles s'inscrivent dans l'objectif d'équilibre des comptes des administrations publiques.

Le Conseil constitutionnel

De l'autorité judiciaire

Article 64 - Le Président de la République est garant de l'indépendance de l'autorité judiciaire.

Il est assisté par le Conseil supérieur de la magistrature.

Le Défenseur des droits

Article 71-1 - Le Défenseur des droits veille au respect des droits et libertés par les administrations de l'État, les collectivités territoriales, les établissements publics, ainsi que par tout organisme investi d'une mission de service public, ou à l'égard duquel la loi organique lui attribue des compétences.

Il peut être saisi, dans les conditions prévues par la loi organique, par toute personne s'estimant lésée par le fonctionnement d'un service public ou d'un organisme visé au premier alinéa. Il peut se saisir d'office.

La loi organique définit les attributions et les modalités d'intervention du Défenseur des droits. Elle détermine les conditions dans lesquelles il peut être assisté par un collège pour l'exercice de certaines de ses attributions.

Le Défenseur des droits est nommé par le Président de la République pour un mandat de six ans non renouvelables, après application de la procédure prévue au dernier alinéa de l'article 13. Ses fonctions sont incompatibles avec celles de membre du Gouvernement et de membre du Parlement. Les autres incompatibilités sont fixées par la loi organique.

Le Défenseur des droits rend compte de son activité au Président de la République et au Parlement.

CHAPITRE 3
LES COLLECTIVITÉS TERRITORIALES

EXTRAITS DE LA CONSTITUTION EN LIEN AVEC LES COLLECTIVITÉS TERRITORIALES

Article 72

Les collectivités territoriales de la République sont **les communes, les départements, les régions, les collectivités à statut particulier et les collectivités d'outre-mer** régies par l'article 74. Toute autre collectivité territoriale est créée par la loi, le cas échéant en lieu et place d'une ou de plusieurs collectivités mentionnées au présent alinéa.

Les collectivités territoriales ont vocation à prendre les décisions pour l'ensemble des compétences qui peuvent le mieux être mises en œuvre à leur échelon.

Dans les conditions prévues par la loi, ces collectivités **s'administrent librement** par des **conseils élus** et disposent d'un **pouvoir réglementaire pour l'exercice de leurs compétences.**

Dans les conditions prévues par la loi organique, et sauf lorsque sont en cause les conditions essentielles d'exercice d'une liberté publique ou d'un droit constitutionnellement garanti, les collectivités territoriales ou leurs groupements peuvent, lorsque, selon le cas, la loi ou le règlement l'a prévu, déroger, à titre expérimental et pour un objet et une durée limités, aux dispositions législatives ou réglementaires qui régissent l'exercice de leurs compétences.

Aucune collectivité territoriale ne peut exercer une tutelle sur une autre. Cependant, lorsque l'exercice d'une compétence nécessite le concours de plusieurs collectivités territoriales, la loi peut autoriser l'une d'entre elles ou un de leurs groupements à organiser les modalités de leur action commune.

Dans les collectivités territoriales de la République, **le représentant de l'Etat**, représentant de chacun des membres du Gouvernement, a la charge des intérêts nationaux, **du contrôle administratif et du respect des lois.**

Article 72-2.

Les collectivités territoriales bénéficient de **ressources dont elles peuvent disposer librement** dans les conditions fixées par la loi.

Elles peuvent recevoir tout ou partie du produit des impositions de toutes natures. La loi peut les autoriser à en fixer l'assiette et le taux dans les limites qu'elle détermine.

Les recettes fiscales et les autres ressources propres des collectivités territoriales représentent, pour chaque catégorie de collectivités, une part déterminante de l'ensemble de leurs ressources. La loi organique fixe les conditions dans lesquelles cette règle est mise en œuvre.

Tout transfert de compétences entre l'État et les collectivités territoriales s'accompagne de l'attribution de ressources équivalentes à celles qui étaient consacrées à leur exercice. Toute création ou extension de compétences ayant pour conséquence d'augmenter les dépenses des collectivités territoriales est accompagnée de ressources déterminées par la loi.

La loi prévoit des dispositifs de **péréquation** destinés à favoriser l'égalité entre les collectivités territoriales.

Article 72-3.

La République reconnaît, au sein du peuple français, les **populations d'outre-mer,** dans un idéal commun de liberté, d'égalité et de fraternité.

La Guadeloupe, la Guyane, la Martinique, La Réunion, Mayotte, Saint Barthélemy, Saint-Martin, Saint-Pierre-et-Miquelon, les îles Wallis et Futuna et la Polynésie française sont régis par l'article 73 pour les départements et les régions d'outre-mer, et pour les collectivités territoriales créées en application du dernier alinéa de l'article 73, et par l'article 74 pour les autres collectivités. Le statut de la Nouvelle-Calédonie est régi par le titre XIII. La loi détermine le régime législatif et l'organisation particulière des Terres australes et antarctiques françaises et de Clipperton.

Article 73.

Dans les départements et les régions d'outre-mer, les lois et règlements sont applicables de plein droit. Ils peuvent faire l'objet d'adaptations tenant aux caractéristiques et contraintes particulières de ces collectivités.

Ces adaptations peuvent être décidées par ces collectivités dans les matières où s'exercent leurs compétences et si elles y ont été habilitées, selon le cas, par la loi ou par le règlement.

Par dérogation au premier alinéa et pour tenir compte de leurs spécificités, les collectivités régies par le présent article peuvent être habilitées, selon le cas, par la loi ou par le règlement, à fixer elles-mêmes les règles applicables sur leur territoire, dans un nombre limité de matières pouvant relever du domaine de la loi ou du règlement.

Ces règles ne peuvent porter sur la nationalité, les droits civiques, les garanties des libertés publiques, l'état et la capacité des personnes, l'organisation de la justice, le droit pénal, la procédure pénale, la politique étrangère, la défense, la sécurité et l'ordre publics, la monnaie, le crédit et les changes, ainsi que le droit électoral. Cette énumération pourra être précisée et complétée par une loi organique.

La disposition prévue aux deux précédents alinéas n'est pas applicable au département et à la région de La Réunion.

Les habilitations prévues aux deuxième et troisième alinéas sont décidées, à la demande de la collectivité concernée, dans les conditions et sous les réserves prévues par une loi organique. Elles ne peuvent intervenir lorsque sont en cause les conditions essentielles d'exercice d'une liberté publique ou d'un droit constitutionnellement garanti.

La création par la loi d'une collectivité se substituant à un département et une région d'outre-mer ou l'institution d'une assemblée délibérante unique pour ces deux collectivités ne peut intervenir sans qu'ait été recueilli, selon les formes prévues au second alinéa de l'article 72-4, le consentement des électeurs inscrits dans le ressort de ces collectivités.

Article 74.

Les collectivités d'outre-mer régies par le présent article ont un statut qui tient compte des intérêts propres de chacune d'elles au sein de la République.

Ce statut est défini par une loi organique, adoptée après avis de l'assemblée délibérante, qui fixe :

les conditions dans lesquelles les lois et règlements y sont applicables ;

les compétences de cette collectivité ; sous réserve de celles déjà exercées par elle, le transfert de compétences de l'État ne peut porter sur les matières énumérées au quatrième alinéa de l'article 73, précisées et complétées, le cas échéant, par la loi organique ;

les règles d'organisation et de fonctionnement des institutions de la collectivité et le régime électoral de son assemblée délibérante ;

les conditions dans lesquelles ses institutions sont consultées sur les projets et propositions de loi et les projets d'ordonnance ou de décret comportant des dispositions particulières à la collectivité, ainsi que sur la ratification ou l'approbation d'engagements internationaux conclus dans les matières relevant de sa compétence.

La loi organique peut également déterminer, pour celles de ces collectivités qui sont dotées de l'autonomie, les conditions dans lesquelles :

le Conseil d'État exerce un contrôle juridictionnel spécifique sur certaines catégories d'actes de l'assemblée délibérante intervenant au titre des compétences qu'elle exerce dans le domaine de la loi;

l'assemblée délibérante peut modifier une loi promulguée postérieurement à l'entrée en vigueur du statut de la collectivité, lorsque le Conseil constitutionnel, saisi notamment par les autorités de la collectivité, a constaté que la loi était intervenue dans le domaine de compétence de cette collectivité;

des mesures justifiées par les nécessités locales peuvent être prises par la collectivité en faveur de sa population, en matière d'accès à l'emploi, de droit d'établissement pour l'exercice d'une activité professionnelle ou de protection du patrimoine foncier ;

la collectivité peut participer, sous le contrôle de l'État, à l'exercice des compétences qu'il conserve, dans le respect des garanties accordées sur l'ensemble du territoire national pour l'exercice des libertés publiques.

Les autres modalités de l'organisation particulière des collectivités relevant du présent article sont définies et modifiées par la loi après consultation de leur assemblée délibérante.

Copyright

© 2020 tous droits réservés

Cette œuvre est protégée par les dispositions du Code de la propriété intellectuelle, notamment par celles de ses dispositions relatives à la propriétaire littéraire et artistique et aux droits d'auteur. Ces droits sont la propriété exclusive de l'éditeur. Toute reproduction intégrale ou partielle de ce livre non autorisée par l'auteur sous quelle forme que ce soit, électronique, numérisation, photocopie, mécanique, enregistrement, et toute diffusion non autorisée par écrit de manière expresse l'éditeur est formellement prohibée sous peine de poursuites. L'éditeur se réserve notamment tous droits au titre de la reproduction par reprographie entendue comme de la reproduction sous forme de copie sur papier ou support assimilé par une technique photographique ou d'effet équivalent permettant une lecture directe au sens des dispositions de l'article L. 122-10 du Code de la propriété intellectuelle relatives à la gestion collective du droit de reproduction par reprographie.

Printed in France by Amazon
Brétigny-sur-Orge, FR

14139697R00123